国家 211 工程重点学科建设
国家 985 工程建设
农业经济史丛书

北京农业政策的发展与演变
(1949—2010)

范 明 著

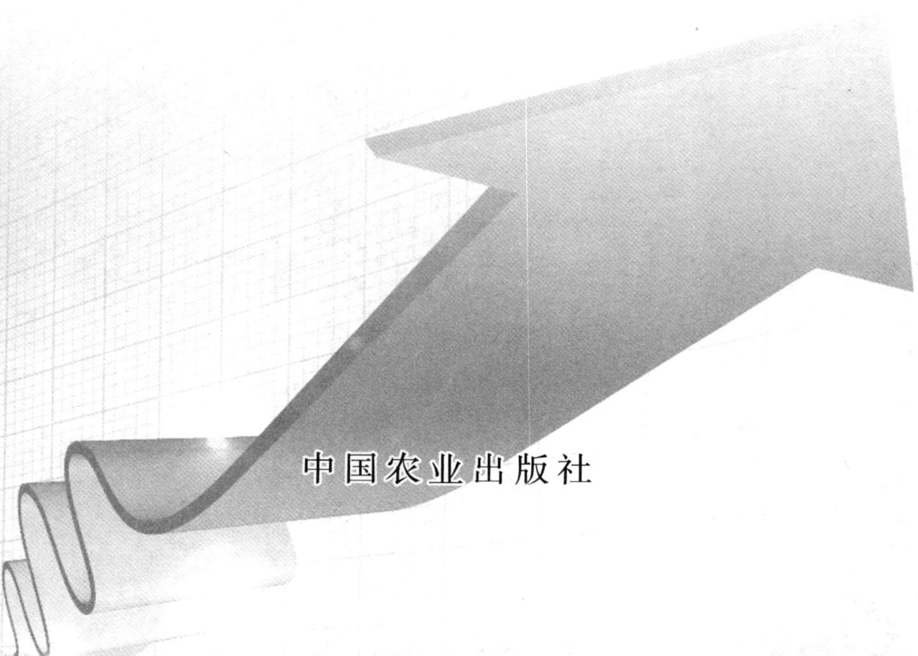

中国农业出版社

农业经济史丛书

总　　序

王秀清

农业作为一项为人类生存提供食物、纤维、饲料、能源和多功能的特殊产业，借由人类对粮食安全、能源安全和生态安全的担心而影响和改变着不同时期不同国家的农业经济根本性质以及与之相适应的农业政治态势。诚然，为了解决当今存在的农业问题，需要我们从未来发展的角度，从国际合作与分工的视野来寻求解决不同国家不同农业问题的出路，似乎没有必要考虑已经离我们远去的历史。当前我国乃至世界范围内的农业经济学者在农业经济研究过程中投入了大量的精力进行复杂的模型构建和计量经济检验，期望能够发现一些规律来指引当前乃至未来农业政策的制定。更有一些学者甚至不去思考农业经济发展背后的内在运行规律，仅仅通过所谓的统计检验来验证经济变量之间似是而非的关系。然而，如果我们改变所研究问题的时间跨度，你会发现有些变量在短期内非常显著，在长期内则不显著。而又有一些变量，在短期内不显著，在长期内则非常显著。如果我们想规划美好的未来，就必须在研究问题中放宽历史的视野，因为今天的农业现状和农业问题不是凭空而降的，它从历史走来、带有历史的烙印，同时创造新的历史并进而影响未来。我们深刻感受到需要通过农业经济史的研究来为农业经济研究和农业经济学科的发展提供史学营养。

中国农业大学作为我国农业高等教育的一家重要机构，曾经在农业史教育和研究方面取得突出的成绩，至今仍为学术界所称道。王毓瑚、董恺忱、于船、张仲葛、杨直民等农史学家曾经先后在中国农业古籍整理、比较农业史、中国畜牧史和中国古代农业史等领域做出杰出的学术贡献，促进了我国农史学科的发展与国际交流。然而，多年来，由于种种原因，中国农业大学的农史学科一直处于停滞状态。值得欣慰的是，近年来，一批年轻学者开始转向农业经济史的研究，这一研究取向得到了校方的鼎力支持，于 2006 年在农业经济管理一级学科目录下自主增设了农业经济史博士点，旨在为有志于从事农业经济史研究的年轻学子提供一个高水平的教育与研究平台，期望通过多年的努力，不仅能够从历史的角度发现一些农业发展的内在规律，而且可以从各国农业发展的经验中提炼总结出一系列迄今乃至今后仍然可以发挥作用或影响的制度、技术和政策。

为了系统地记录和展示这些年轻学者们在农业经济史领域取得的一系列学术进展，在中国农业大学 985 工程项目的支持下，决定不定期陆续出版“农业经济史丛书”，期望借此促进学术交流，增强农业经济学者的历史视野，最终为寻找解决我国农业农村经济发展中不断出现的新问题提供史学营养。

摘　　要

新中国成立以来，在相关政策的推动下，北京市农业得到了快速的发展，当然，在这其中也呈现出低谷与波峰的不同阶段。这种态势的形成与农业政策有着密切的关系。

概括而言，北京市农业政策的发展演变大致分为四个阶段：土地改革和农业生产恢复时期（1949—1952年）、社会主义改造和农业稳定发展时期（1953—1957年）、人民公社化和农业生产的低速增长时期（1958—1978年）、家庭联产承包责任制与统筹城乡发展时期（1979—2010年），每一个时期呈现出不同的特征。总体而言，改革开放之前与全国其他地区的差别不大，农业都是以服务于工业发展、服务于城市需要为中心展开；但是1978年之后，随着改革开放逐渐向纵深发展，作为首都北京的农业特色日益凸显。

改革开放之前，农业政策的制定主要围绕“农村保障城市供给”的战略目标，从巩固政权稳定、确保粮食安全的角度出发，在保证人民基本温饱问题得以解决的前提下，发展副食品的供给。相关政策主要是确保人们生存所需要的基本条件，因此农业政策制定的核心是如何确保增产。合作化的推行、农业技术的改进与推广都与这一政策目标密切相关，这一目标在20世纪70年代基本实现，其标志是大规模的农田水利基本建设初步完成和粮食问题基本解决。

随着改革开放之后经济的全面发展，20世纪80年代以后，北京市的粮食生产已退居北京农业的次要地位，保障蔬菜供给的菜篮子工程成为政策的重心之一，但种植区域逐步由近郊转向远郊。全国性市场的形成促进了农产品流通市场的发展，农业生产彻底摆脱了自给自足的生产状态，市场化的发展使人们获得生产生活资料的渠道日益多样化，粮食自足已不是城乡市民关注的首要问题，物质文化水平日益提高的人们开始追求旅游休闲，人们对环境、生态与食品的质量更为重视。因而，作为首都的北京在制定农业政策时更加注重确保统筹城乡发展、发展都市农业，北京农业政策的演进方向朝着推动农业现代化发展的方向迈进。随着城乡居民生活需求的不断变化，北京农业功能发生了根本性转变。

经过60余年农业政策的不断调整，北京市农业的生产条件、物质基础、生产技术等都发生巨大的变化，在耕地面积减少的情况下，保持了农业、农村的快速发展。具体表现为：农业生产总值不断增加，但所占比重逐渐降低；农产品产量大幅提高，近些年呈现下降态势；农业生产条件显著改善，农田灌溉成效明显；农民收入大幅提高，农业劳动力大量减少等。

从北京市农业政策总体变化趋势来看，北京市在响应国家号召、推动农业发展方面取得了重大的成就。改革开放之前，农业政策服务于政治需要的特征明显，“文革”期间虽然农业建设有所发展，但农业生产总体进展缓慢。改革开放之后，北京市农业政策进行了重要调整，特别是在规模经营、都市特色农业方面的成效显著。在未来的一段时期内，发展都市农业、开发沟域经济、进行规模化经营将是北京市农业政策的主要走向。

关键词： 北京市；农业政策；土地改革；规模经营；都市农业

Abstract

There was a rapid development of agriculture in Beijing, promoted by the relevant policies since the foundation of the new China. Certainly, different stances like the lows and waves happened at that time, and the foundation of stance must have a close relationship with the agricultural policies.

We can conclude that the Beijing agricultural policy can be divided into four stages: the period of land reform and agricultural production recovery (1949—1952), the period of socialist transformation and agricultural stable development (1953—1957), the period of the People's Commune and agricultural low speeding development (1958—1978), the period of the family-contract responsibility system and balance urban and rural development (1979—2010). Different characteristics were showed in every stage. Overall, however, the difference between Beijing and other cities were not distinct before the Reform and Open, when farming was always developed with supporting the industry and the urban need. But with Reform and Open developing gradually in depth, the agricultural character of Beijing was increasingly prominent as the capital.

Before the Reform and Open, the government made the policy around the strategic objective of "the rural area guarantee the city supply". That is to say, from a perspective of consolidating power stability and ensuring food security, we always develop the supply of non-staple foods on the premise that we can ensure the solution to basic food and clothing problem. The relevant policy is just to make sure the basic condition of people's living need, so that the core of the agriculture is how to ensure the yield-increase. The policy has a close correlation to promote the collectivization and to improve the agricultural technology. The objective was basically attained in the 1970s, of which the symbol was the accomplishment of the large-scale irrigation and water conservancy project and the solution to food problem.

In the 1980s, with the overall developing economy after the Reform and Open, the food production had taken a back seat, which was replaced by the shopping basket program that guarantees the supply of the vegetables. But with the planting area moving from the suburbs to the outer ones, the form of the national market promotes the development of agricultural product circulation market. Agricultural production has completely got rid of the state of self sufficiency, and market-oriented development made the paths to get the production and living materials increasingly diversified. The citizens have no longer concerned the food sufficiency as the most primary problem but the quality of environment, ecology and food. They began to pursue travelling and leisure with the material culture increasing day by day. The policy of Beijing is to make sure the balance between urban and rural development and the development of urban farming. The evolutional direction is to promote the development of agricultural modernization. The transition of the residents' need has made agricultural function radical change.

There were great changes in the production condition, material foundation and production technology in Beijing agriculture through the adjustment of policies in these sixty years. With the cultivated land reducing, the development still retained in a high speed. Shown in detail: the total output value keeps increasing, though the proportion gradually decreased; the production increased rapidly, which has a fall in these years; the production condition improves dramatically, and the effect of irrigation is obvious; the revenue of the farmers rises substantially, but the agricultural labor force decreases.

Viewed from the total changing trend, Beijing has played a very important role in answering the government's call and promoting agriculture development. Before the Reform and Open, the character that policy should serve for the politic was very obvious. During the Great Cultural Revolution, despite the development of agricultural construction, the progress of agricultural production was always slow. After the Reform and Open, the government adjusted the important policies and achieved remarkable results especially in scale operation and urban characteristic agriculture. The main trend of the policies will be around developing urban agriculture, valley economy and scale operation in the future.

Keywords: Beijing; agricultural policy; land reform; scale operation; urban agriculture

目 录

农业经济史丛书　总序
摘要
Abstract

第一章　绪论 …… 1

一、研究背景与意义 …… 1
（一）政策与农业政策 …… 1
（二）农业政策研究的重要意义 …… 2
（三）研究北京市农业政策的必要性 …… 5
二、研究现状与评述 …… 6
（一）农业政策学研究的兴起 …… 6
（二）我国农业政策研究 …… 7
（三）北京市农业政策的研究 …… 10
（四）研究现状所揭示的问题 …… 13
三、研究目标、方法与内容 …… 13
（一）本书的研究目标 …… 13
（二）研究方法、重点与难点 …… 14
（三）研究内容 …… 15

第二章　土地改革和农业生产恢复时期（1949—1952 年） …… 18

一、土地改革政策 …… 20
（一）土地改革政策演变 …… 20
（二）土地改革政策绩效评价 …… 26
二、农业合作政策 …… 32
（一）农业互助政策 …… 33

（二）爱国增产运动 …… 39
（三）生产救灾运动 …… 42
三、农产品流通与税收政策 …… 44
（一）物价政策 …… 44
（二）农业税收政策 …… 46
四、农村金融政策 …… 52
（一）农业信贷政策 …… 52
（二）农业保险政策 …… 54
五、农业科技推广与水利兴修 …… 55
（一）农业科技推广政策 …… 55
（二）水利兴修政策 …… 57
六、小结 …… 59

第三章　社会主义改造和农业稳定发展时期（1953—1957年） …… 61

一、农业合作化政策 …… 63
（一）推广阶段的农业合作化政策（1953年春—1955年春） …… 64
（二）高潮阶段的农业合作化政策（1955年11月—1956年春） …… 68
二、农产品流通与税收政策 …… 85
（一）统购统销政策 …… 86
（二）农业税收政策 …… 92
（三）粮食价格政策 …… 94
三、农村金融政策 …… 94
（一）农业信贷政策 …… 94
（二）农业保险政策 …… 95
四、农业科技推广与水利兴修政策 …… 95
（一）农业科技人员培养政策 …… 96
（二）农业科技推广措施 …… 98

五、小结 …………………………………………………………… 100

第四章　人民公社化和农业生产低速增长时期（1958—1978 年） ……………………………………… 104

一、农村合作政策新阶段——人民公社时期的政策 ……… 105
（一）北京郊区人民公社政策演变 ……………………… 106
（二）农村人民公社时期的分配政策 …………………… 117
二、农产品流通与税收政策 ……………………………… 123
（一）农产品流通政策　……………………………… 123
（二）农业税收政策 ………………………………………… 136
三、农村金融政策 …………………………………………… 140
（一）恢复与发展农村信用合作社 ……………………… 140
（二）农业信贷政策 ………………………………………… 141
四、农业推广与水利兴修政策 …………………………… 145
（一）农业科技推广政策演变 …………………………… 145
（二）农业科技推广的具体政策 ………………………… 148
五、小结 ……………………………………………………… 154

第五章　家庭联产承包责任制与统筹城乡发展时期（1979—2010 年） ……………………………………… 161

一、社会主义市场经济建设时期的农业政策（1979—2002 年）　………………………………………… 164
（一）土地制度变革——家庭联产承包责任制的确立 …………………………………………… 164
（二）农业“第二个飞跃”阶段——规模经营 ………… 168
（三）农产品流通与农业税收政策 ……………………… 173
（四）农村金融与社会保障政策 ………………………… 179
（五）农业科技推广政策 ………………………………… 181
（六）都市农业政策的试验 ……………………………… 182
二、统筹城乡发展、建设社会主义新农村时期的政策演变

（2003—2010年） …… 184
（一）土地制度改革——农村土地的确权与流转 …… 185
（二）集体经济产权改革与新型农业合作组织的建立 … 188
（三）农产品流通与农业税收政策 …… 191
（四）农村金融与社会保障政策 …… 194
（五）农业科技推广与农民培训政策 …… 200
（六）都市农业政策的全面推广 …… 205
（七）山区生态林补偿机制与沟域经济发展 …… 206
三、小结 …… 209

第六章　北京市农业政策演变特征与绩效评价 …… 219

一、北京市农业政策演进的阶段 …… 219
（一）改革开放前的农业政策 …… 220
（二）改革开放后的农业政策 …… 220
二、北京市主要农业政策变化特征 …… 222
（一）土地政策——从满足温饱的提供者到统筹城乡经济中的确权流转 …… 222
（二）农业合作政策——从高度集中的合作化到自愿参加的合作社 …… 225
（三）农产品流通政策——从计划经济的统购统销到市场经济的自由流通 …… 227
三、北京市农业政策成效 …… 229
（一）农业生产总值不断增加，但所占比重逐渐降低 … 230
（二）农产品产量大幅提高，近些年呈现下降态势 …… 230
（三）农业生产条件显著改善，农田灌溉成效明显 …… 232
（四）农民收入大幅提高，农业劳动力大量减少 …… 236
四、小结 …… 238

参考文献 …… 240

图表目录

图 4－1　1958—1977 年北京市粮食产量变化趋势 ……… 155
图 4－2　1958—1978 年北京市主要农产品产量变化 …… 155
图 4－3　1958—1978 年北京市农村有效灌溉面积变化………………………………… 158
图 5－1　1990—2010 年北京市平均每一从业人员创造农、林、牧、渔业产值……………………… 211
图 5－2　1978—2010 年北京市耕地变化 ………………… 217
图 6－1　北京市农业生产总值变化……………………… 231
图 6－2　北京市主要农产品产量变化…………………… 232
图 6－3　北京市“文革”期间耕地灌溉面积变化………… 233
图 6－4　1949—2008 年北京农业机械总动力变化 ……… 235
图 6－5　北京市农村居民年人均纯收入变化……………… 236

表 1－1　新中国农业分期（以国民经济计划为依据） …… 15
表 2－1　1949—1952 年北京市农业税完成情况 …………… 49
表 2－2　1949—1952 年屠宰税金额 ………………………… 50
表 2－3　1949—1952 年北京市农业人口变化 ……………… 59
表 3－1　1952—1955 年北京市农业互助合作情况 ………… 66
表 3－2　1952—1957 年北京市农业生产合作社发展变化情况 ……………………………………… 69
表 3－3　1953—1957 年北京市近郊蔬菜生产发展情况 ……………………………………… 90
表 3－4　1953—1957 年度北京市农业税收变化 ………… 94

表3-5　1953—1957年北京市农业基本生产条件变化 …… 101
表3-6　1953—1957年北京市农产品产量变化 …… 101
表3-7　1953—1957年主要农作物播种面积单位产量变化 …… 101
表4-1　1958—1982年北京市郊区人民公社变化 …… 114
表4-2　1958—1977年农业税征收情况 …… 137
表4-3　1958—1977年屠宰税历年税款入库情况 …… 139
表4-4　1958—1978年北京市蔬菜种植变动 …… 155
表4-5　1958—1978年北京市农林牧副渔总产值情况 …… 156
表4-6　1958—1977年北京市农村劳动力年纯收入变动情况 …… 159
表5-1　1983—1995年北京市农业保险相关情况 …… 180
表5-2　2003—2007年北京郊区农民合作医疗保险制度政策变化 …… 198
表5-3　北京市都市农业部分成效 …… 210
表5-4　1978—2008年北京市乡镇企业变化情况 …… 212
表5-5　北京郊区农民收入变动 …… 214
表5-6　1978—2008年北京市农村居民家庭人均支出 …… 216
表6-1　20世纪50年代以来北京市小麦品种演进 …… 234
表6-2　20世纪50年代以来北京市玉米品种演进 …… 235
表6-3　1963—2008年北京农业劳动力变化 …… 237

第一章

绪　论

一、研究背景与意义

（一）政策与农业政策

1. 政策学的兴起　现代意义的“政策”是指国家、政党为实现一定目标而制定的行为准则。“政”、“策”最初在古汉语中是分开使用的，“政”主要有“政治”、“政事”、“政权”、“正义”等含义，如“不在其位，不谋其政”（《论语》）、“政以正民”（《左传·桓公二年》）、“越明年，政通人和，百废俱兴”（范仲淹《岳阳楼记》）；“策”则有计谋、对策、政令等含义，《战国策》的“策”即是讲述战国时期各国之间发生事件时采取的各种对策与计谋。虽然古汉语中有此二字，但将二者合并组成“政策”一词，则源于日本。近代中国首次使用“政策”见于梁启超1899年所著的《戊戌政变记》，云：“按中国之大患在于教育不兴，人才不足，皇上政策首注重于学校教育之中可为得其本矣。”自此“政策”一词也就在中国广泛应用开来。

政策的分类很多，依据政府行为的影响范围，一般可以把政府政策分为不同类型和层次，如社会政策、经济政策、技术政策、农业政策、农业市场政策等。

2. 农业政策的涵义　由于农业本身作为弱质性产业的制约，农业政策与其他政策有着明显的区别（肖海峰，2005），成为学术界研究农业问题的重点关注对象。对于农业政策的涵义，学术界的意见并不统一。

一般认为，农业政策是指政府为了实现一定的社会、经济及农业发展目标，保持农业生产长期稳定增长，对农业发展过程中的重要方面及环节所采取的一系列有计划的措施和行动的总称。其内容主要包括农业经济结构政策、农业生产与再生产政策、农产品流通政策等，涵盖农产品市场与价格、土地、财政金融、农业支持、灾害救济等政策形式。由于农业问题和农民、农村问题的密切关系，广义的农业政策也涉及农业、农民和农村的其他领域。例如，农业环境政策和农村社会发展政策就超出了农业生产的范畴，也超出了经济范畴，它们不仅涉及社会学领域，而且也涉及政治学和自然科学领域。尽管它们不是严格意义上的农业政策，但是，由于研究、制定和实施政策的机构相同或重叠，实施政策的地域范围和受影响的人群相同，加上与主要农业政策之间的相互影响非常明显，这一类政策也应包括在农业政策的范畴之类。农业政策的主要目标是保持农业生产长期稳定增长。为了实现这一共同目标，各国政府通常在农业的生产结构、组织形式、资源配置以及生产要素和产品流通等领域制定一系列相互联系的政策，引导市场中各行为主体做出符合总体利益的决策，并保障最终目标的实现（庄小琴，2000；肖海峰，2005；钟甫宁，2009）。[①]

（二）农业政策研究的重要意义

农业政策在当代中国农业发展过程中占据重要地位。结合历史的演变经验，考察新中国成立以来中国农业的发展过程，不难得出这样的结论：要使中国农业迅速进入现代农业的发展轨道，一靠政策，二靠科学，三靠投入，其中政策是影响中国农业生产

① 需要指出的是，本书的注释结合历史学与经济学的方式进行标注。对当代学者的相关研究以文中注的形式出现，而对文献的标注则采用脚注，以求所列文献更为简洁、清晰。

的重要因素。“中国农业取得的成就都是正确政策引导的结果，中国农业发展中存在的失误也是错误政策的恶果”（许建文，2007）。李成贵（1999）认同以上观点，他认为，政策强烈地影响着农业的衰荣兴废。农业政策是农业发展的关键，又是农业衰退的根源。一方面，正确合理的政策总是带来农业的繁荣和农村经济全面发展。另一方面，一国农业停滞不前，往往不是由于资源不足，而是由于糟糕的政策，这在历史上有很多典型的案例。

政策总是植根于一定的社会环境之中，当我们分析农业政策时，必须对这个政策在具体的社会政治、经济环境中如何发挥作用作全面了解。新中国成立初的土地改革政策就极大地解放了生产力，最大限度地调动了农民的生产积极性，促进了农业生产产值的大幅度提高；而错误的集体化政策则造成了 1959—1961 年严重的农业危机。改革开放以来家庭联产承包责任制的实施，带来了中国农村地区引人注目的变化，导致农业生产率的显著增长，据 Lin（1987）的估算，中国从生产队体制向家庭责任制的转变，使农场生产率平均增长 20%。从这一变迁过程中扬长避短，并总结经验，有助于中国农业的长远发展。林毅夫（1992）的研究还表明，1979—1984 年中国的农业增长中，家庭承包制改革等政策性因素所带来的生产提高占了将近一半。李成贵（1999）也认为，我国自 1978—1984 年农业的成功彰显了政策的重要作用，利用生产反映函数估计，这 6 年农民实际收入增长中，政策性因素的贡献超过 40%。近些年中国经济发展的数据表明，各项政策对于农业的发展效果明显。若采用中国的贫困定义，农村地区贫困线以下人口的数量从 1978 年的 2.5 亿降至 2006 年的 2 100 万，1980 年至 2007 年期间，农村家庭的实际人均收入提高了将近 5 倍，年增长率约为 6%（OECD，2009）。与之相对应，1959—1961 年三年灾荒死亡人数达 3 000 余万，造成这种现象的主要原因并非通常所说的气候因素，而是由于政策失误这一实质性原因所致。林毅夫指出，当时的政策安排导致原来的合约关系变成了一次性博弈，个人“自我实施”的协约无法维持。庄小琴（2000）的分析认为，政策对农业发展的作用主要有指导作用、协调作用、激励作用、调控作用、约束作用等。因此，对农业政策的研究具有重要的历史意义。

目前，从本质来讲，中国作为农民国家的性质并没有发生根本性的变化。中国农村人口有 8 亿多，到 21 世纪中叶，以人口峰值 16 亿计算，农村人口还有 8 亿（贺雪峰，2004）。对于中国而言，“农村研究之所以重要，不仅在于农村问题对于中国现代化的极端重要性，而且在于中国农村问题的极端特殊性”。“在全球化日益成型，中国被世界边缘化的危险性和中国农村被城市边缘化的必然性的双重作用下，8 亿农民中的 5 亿劳动力如何就业，人均不足 2 亩①的土地如何为农村提供过得稍微体面一点的生活，城市如何容下亿万农民的迁入，等等，都是没有国际先例的”（吴重庆，2002）。如此一来，国家要建设农村，实行“城市反哺乡村，工业反哺农业”的伟大战略，就必然会自外而内、自上而下地继续向农村输入各种政策、法律和制度。农村政策研究是中国农村研究的一部分，需要从理论导向的农村研究中吸取营养以充实自己，但必须取其精华、弃其糟粕。

从中国经济建设的现实看，作为一个后发的工业化国家，中国要想迅速地实现民族国家的崛起，完成国家工业化、城市化进程，就不得不在农业领域展开国家政权建设的政策实践，通过强化对农村社会的控制能力来提取有限但必要的小农经济剩余以达到积累原始发展资本的目标。由此而来，各种政策、法律和制度自外而内、自上而下源源不断地输入到农村社会，以求按照政策设计者的战略意图改造、改善农村政治社会的基础环境秩序。为了更有效地促进经济发展，必须不断地调整政策，使其适应变化的社会现实。在政策变迁过程中，农村社会是一个“受体”，在

① 亩：非法定计量单位，1 亩＝（10 000/15）m^2。下同。

强制性输入的政策、法律和制度面前没有讨价还价的能力。因此，一旦政策的设计出现偏差，脱离了中国农村的实际情况，弊端就会随之呈现（贺雪峰，2008；赵晓峰，2009）。明显的是，在 20 世纪 90 年代，各种达标升级导向的农村政策最终给乡村社会带来了严重的治理性危机，以致李昌平认为“90 年代的三农政策基本错误”。一再失误的农村政策恶化了国家与农民的关系，削弱了国家在乡村社会的合法性基础，使执政党在新世纪之初不得不致力于扭转局势。正是在这样的背景下，以税费改革为先导的一系列支农惠农政策相继得以实施。因此，对这一问题的研究也具有重要的现实意义。

从学术界的要求看，正如 2009 年 OECD（经济合作与发展组织的简称）所指出的那样，政策回应应当解决影响土地的使用权问题，提供包括获得信贷在内的农村服务、经济多元化、环境保护等资源。经合组织各国的经验以及中国的许多政策试验表明，如果实现上述条件，中国农村便可以成为国家平衡发展与增长的动力源泉。这也为本研究提供了巨大的动力。

（三）研究北京市农业政策的必要性

北京作为首都，其农业具有科教、信息、文化优势和显著的区位、资金优势，肩负着生产、服务、生态、生活四大功能。新中国成立 60 余年间，这四大功能随着国家政治、经济形势的变化而不断调整。同时，北京农业又受到水、耕地等自然资源严重匮乏，以及农业自身污染严重、生产成本与机会成本日益提高、农民素质提高缓慢的制约（文化等，2005）。如何使这些优势得到充分发挥，将劣势造成的危害减轻到最低程度，是各级政府十分关注的问题之一，为此政府频繁地出台了各项农业政策。据统计，截至 2003 年年底，北京市出台的正在使用的扶持农业发展的地方性法律、行政法规、条例、政策和各类行业发展规划 170 个，基本涵盖了农村发展的方方面面，取得了显著的成效。据陈涛、王东（2007）的调研结果，1998—2000 年北京郊区的支农政策体系使广大农村面貌在短短的二三年时间里发生了巨大变化：郊区生产总值增幅高达 82%，郊区农民年人均纯收入每年都以高于 7%的速度增加。

需要指出的是，北京农业政策不仅对本地具有重要影响，对全国农业经济也具有指向性的作用。北京的农业与全国其他地区既有共性，也有首都赋予的特殊属性，这种特殊性使其农业政策的制定有别于其他地区。特别是市场经济建立后，北京市农业政策的发展演变更加明显，随着其制定区域农业政策自主性的逐步加强，首都都市农业的特色日益显现。究竟是什么原因造成了这一演变，它对农民生活的实际影响有多大，它的未来趋势如何，这些都是值得研究和探索的重要课题。本书的研究将立足于此，希望在探索新中国成立以来北京市农业政策发展演变的基础上探求其内在的规律以及未来的演进方向，进而提出具有普遍意义的政策建议。

二、研究现状与评述

（一）农业政策学研究的兴起

作为经济政策的一个重要组成部分，农业政策研究吸收了经济政策研究的许多精髓。西方学术界对经济政策的研究始于 19 世纪 40 年代。伴随资本主义经济危机的出现，德国历史学派经济理论家曾经提出，国家要干预经济生活，要把经济政策作为经济科学的研究对象。1890 年，资本主义世界经济危机发生以后出现“经济政策论”，这可以说是研究经济政策的先声。在社会主义国家中，有关经济政策学的概念提出是在 20 世纪 80 年代以后，但运用经济理论研究经济政策的现象早在马克思时代就已经出现。毛泽东提出的正确处理好农村轻重关系、正确处理好各种经济利益关系和权力关系的思想，邓小平提出的发展经济的“三个有利于”标准等，都对社会主义经济政策的制定和实施有着极大的影响（钟甫宁，2009）。由于农业自身的特点及其在国民经济中所处的地位，需要政府采取措施对其进行干预。由此出现了农业政策学的研究。

截至目前，农业政策学作为专著或者教材已经出现了若干部，如杨学成（1990）、杨德祥（1993）、钟甫宁（2000；2003；2009）、庄小琴（2000）、肖海峰（2005）等，这些著作在介绍农业政策的含义、内容以及研究方法上均起到启示与教育作用，但是，其中无论是框架结构还是内容论述均需要根据新形势的出现而加以更新补充，并尽量减少其中的类同之处。

（二）我国农业政策研究

近些年来，学者对农业政策的研究已取得较大进展，研究内容主要包括农业政策的历史演变、入世后农业政策的调整方向、农业政策实施效果的评估等方面。这些研究既有宏观的分析，也有微观的具体政策的研究，文献数量众多。但李成贵（1999）指出，“改革开放近20年来的人类智慧对农业政策的研究已广泛而深入……有关的文献可谓汗牛充栋，并使得对如此浩瀚的文献的任何简短的概括都可能有严重的疏漏”。不过，他同时认为，“目前农业政策研究的困境比农业政策本身的困境似乎更为严重”，研究内容过于集中于农产品价格政策、农村土地政策、农业投资政策等，对于农业政策的全局审视和综合研究却显得“相对沉寂而薄弱”，这种局面为我们研究农业政策拓展了思路。实际上，从目前的研究状况看，现有成果更多的是集中在经济学、管理学角度的审视，对于农业政策演变的“史”的研究力量明显不足。因而，从历史演变的角度，对我国农业政策演变的研究进行梳理，十分必要。

从新中国成立以来我国农业史演变的脉络看，农业政策广泛涉及土地政策、税收政策、农产品流通政策、农业合作政策等多个方面，这些政策的演变与内涵引起众多学者的关注。从历史演变的角度看，新中国成立后农业政策的演变呈现出两条基本线索：一是围绕国家利益与农民利益关系进行演变；二是农业政策的演变史是一个发展观的演变史（朱四海，2005）。当然更多学者还是认为，这种演变实际上体现了农业养育工业政策向工业反哺农业政策的转变，工业化初期，我国选择了农业养育工业的政策，对农业实行“多取少予”政策；进入21世纪，我国步入工业化中期阶段，开始了农业养育工业政策向工业反哺农业政策的转变（郑有贵，2007）。许建文（2007）对中国当代农业政策的发展演变进行了系统的阐释，他将新中国成立以来中国的农业政策划分为四个阶段：1949—1952、1953—1957、1958—1977及改革开放以来，分别探讨了土地改革政策、支持和帮助农业恢复的经济政策以及推广传统农业技术经验的政策；农业合作化政策、农产品统购政策、农业技术发展战略与技术改造政策；人民公社经济政策、传统农业向现代农业技术政策的转变；农业经济体制、农科教相结合与可持续发展的农业技术政策等。可惜的是，该书在对农业政策的评价分析方面尚缺乏深入研究，难以明晰政策与经济绩效之间的关联。张永东（2010）系统阐释了1949年后中国农村制度的变革史，他将中国的农村政策分为中国农村制度的建立——土地革命运动，农业互助合作运动——农村集权政策的最初实施，农业合作化运动——农村集权体制的建立，人民公社运动——农村高度集权体制的形成，土地承包运动——农村高度集权体制下的有限改革等五个阶段。同样，这一专著也缺乏总体性的评价。此外，许经勇（2009）以土地改革、统购统销、农业合作化与“人民公社化”、乡镇企业、金融改革、农业产业化等为中心，对中国农村经济制度60年的变迁进行了分析。张晓山、李周（2009）分析了新中国农村60年发展与变迁的历史脉络，这一探讨区别于前几部专著，是以专题的形式展开分析的。

对于具体农业政策的总体研究方面，叶明勇（2009）对新中国成立后的土地改革、农业合作化和家庭联产承包责任制三项重大农业政策进行了分析。他认为，土地改革彻底清扫了封建制度的障碍，农业合作化的结果是建立国家和集体土地所有制，家庭联产承包责任制的实施为市场经济体制铺平道路，三个时代的重大农业政策带来中国农业经济三次制度变迁，渐次推进了国家工业化建设。高其荣（2011）对1958—1965年中国农业税政策演变及效果进行了考察。1958年《农业税条例》颁布，统一了全国农村税制，成为农业为国家工业化输送资金的重要保证之一；"大跃进"期间，中国农业税实行高税率，且由于纳税人不统一、不依率计征、征税漏洞多、地区间负担不均等因素，挫伤了农民生产积极性。何忠伟等（2003）分析了新中国成立以来我国农业补贴政策的演变过程，认为入世前农业补贴政策的演化是由政府主导的强制性制度变迁，政府垄断性供给农业补贴制度，农民的财产所有权和独立人格没有完全确立，政府与农民在补贴及其他福利上的博弈是一次性的，农民处于劣势，导致其政策效率的低下；而在WTO框架下，农业补贴政策通过政府与农户的多重博弈，将形成一种更为理性而有效的制度安排。

这些农业政策是如何制定的，其依据何在？郑有贵（2001）进行了理论性的探讨，他对新中国成立以来影响重大农业政策制定的农业基础理论、农业规模经济理论、合作经济理论、所有制理论、分配理论、农业增长论、政策的阶段论等若干重大理论的演变与创新进行了分析，并认为，这些理论的创新与发展是我国农业政策正确制定的基础。

我国农业政策的制定与执行在取得巨大成就的同时，也存在不少问题。主要问题如下：

（1）制度缺陷导致农业国内支持水平一直偏低。邢孝兵等（2004）指出现行管理体制和运行体系下，名义上用于农业的支持与农业实际得到的支持不符，而且差距可能会很大。宗义湘（2006）指出我国农业法律中没有明确的支持项目，缺乏可操作性，农业政策支持手段比较单一。彭红碧、杨峰（2010）认为制度供给远未能满足农业经济发展的需求，重要原因之一就是政府没有发挥其应有的保护作用，即政府未能以农业经济发展需求为导向而主动地提供制度资源的有效供给，仅在“三农”问题十分严重、突出的时候才被动地给予一定的政策支持和保护。

（2）农业政策成本较高。钱克明（2005）指出粮食直补政策虽然取得一定的社会和政治效果，但经济效果不明显，2004 年实施粮食直接补贴、良种补贴和农机具补贴这三项，政府至少拿出 150 亿元资金，按增产粮食 387.5 亿千克计算，新增的每千克粮食的直接补贴成本至少为 0.4 元，边际成本很高。蒋学雷等（2005）认为随着农业税的取消，对以农业为主要税源的落后地区来说，等于减少了地方主要财政收入，乡镇政府面临很大的财政问题，农村道路、灌溉、教育、医疗卫生等公共事业以及农业科技服务投入都将面临很大的难题。

（3）农业政策支持结构不合理。钱克明（2003）、邢孝兵等（2004）认为中国农业国内支持政策措施绝大部分属于 WTO 规定的“绿箱”政策措施的范围，缺乏与农民收入相关的支持措施，具有明显的支持结构缺陷特征。曾富生、朱启臻（2010）指出中国农业补贴政策中粮食公共储备支出过高，而基础设施、农村教育及培训、营销与推广、信息咨询等投入明显不足；另外，补贴重点也不够明确，补贴领域主要集中在粮棉产品，对其他品种的补贴还不够普及。

（三）北京市农业政策的研究

概而言之，北京农业政策可以划分为促进农业结构调整、促进合作组织发展、促进企业发展、促进落后区域发展、鼓励发展安全食品、促进农民就业等类型（杨秋玲，2005）。研究分析北京农业政策的论文很多，但主要集中在改革开放以后的农业政策，对改革开放之前的农业政策涉及不多。

对改革开放之前农业政策的研究，主要集中在土地改革以及合作化等描述性的文献中。如祝遵璜（1988a；1988b）、赵有福（1992；2004）、实业（1992）、钟泠（2007）对京郊土地改革进行了分析统计，并对郊区土改经验进行了总结；祝遵璜（1989；1992）对京郊农业合作化的演变进行了分析，这些分析主要是对史实的梳理与还原。郭晓燕（2008）在此基础上，主要集中分析了京郊农业互助合作运动的冒进偏向与纠偏努力，认为“急躁冒进的问题从农业互助合作运动的开始就有所显露，运动的推进过程实际上就是冒进与纠偏的过程。但是，由于全党受到认识水平的局限，对中国如何搞社会主义、农村如何发展生产力等问题存在着认识误区，致使急躁冒进问题一再出现、难以根治。”周五一（2005）、赵有福（2006）集中分析了人民公社的兴衰演变，王荣梅（2008）对海淀区人民公社进行了深入分析。

学者的研究集中在改革开放之后农业政策的研究上。齐福全（2008）系统地对改革开放 30 年以来北京农村体制改革中的经营体制、集体经济与产权组织、乡镇企业改革、农地制度等问题进行了分析，并对未来的走向做出了判断，他认为，深化土地产权改革、完善农村合作经济组织、加快乡镇综合改革等是北京市未来变革的目标。

对北京具体农业政策的研究，主要涉及农地制度、农业合作、农业保险、农村社会保障、农民就业与劳动力转移等多个方面。

在农业政策出台的背景方面，赵子征等（2004）认为，城乡二元体制结构性矛盾的存在，需要出台系统的统筹城乡发展的政策，以加快实现农业的现代化。农地制度方面，王晓川等（2007）通过分析北京农村集体建设用地规划管理现状，明确农村集体建设用地规划管理工作中存在的问题及根源，提出符合北京实际的农村集体建设用地规划管理体系建议。

对农业支持与保护政策的研究是学术界关注的重点，具体研究范围包括农业保险、农业支持、信贷政策、合作组织等方面。农业保险方面，庹国柱等（2010）系统地分析了北京市农业保险巨灾风险分散制度选择、北京市农业保险巨灾风险准备金规模研究与测算、北京市农业保险巨灾风险准备金制度的完善、北京市巨灾风险的再保险安排依据等问题，旨在为北京市政策性农业保险的巨灾风险提供管理政策的依据，同时也为其他省、直辖市、自治区在建立和完善政策性农业保险巨灾风险管理制度时提供参考。郭心义等（2010）对北京市政策性农业保险制度进行了分析，指出，无论是从制度要求、现实需求还是从政策需求来看，北京市建立政策性农业保险巨灾风险防范机制都是十分必要的；设立农业保险巨灾风险保障基金、建立农业再保险制度、发行农业保险巨灾风险证券等政策性农业保险巨灾风险的分散途径各有利弊，应构建多层次的农业保险巨灾风险防范机制。北京市科委软科学处（2005）分析了国内外农业支持政策对北京的启示作用。伊海龙（2006）结合具体案例，对北京市农业合作组织进行了分析，指出它在促进农业走向现代化、工业化、城镇化、转移农村劳动力等方面有重大的现实与历史意义。何忠伟等（2010）在北京市目前农村小额信贷发展实践的基础上，探讨了北京市在政策上应如何支持小额贷款公司，促进农村发展。蒲应龚等（2009）颇具新意地探讨北京农村信贷的宏观制度，认为北京农村信贷的宏观制度已经实现了由合作信贷与商业信贷并存转化为商业信贷制度。

其他方面，毕小刚等（2008）探讨北京农村水务政策，指出农村水务工作在实现北京城市总体规划中占重要位置。目前在投入政策与管理方式上形成以政府投入为主，外资投入、受益农民投入并存的多渠道投入体制。针对农村水务面临的形势，北京市建立完善了四级水务管理体制，形成了政府监管、农民参与、社会监督的良性运行管理体制。在保障北京市水源安全、供水安全、水环境安全，提高农村用水效率的同时，探索建立农村水务良性运行管理机制，以水资源的可持续利用支撑城市发展。杜玲等（2009）通过实地调研并结合北京市相关文件及统计年鉴数据，归纳了粮食直补政策在北京市的发展变化过程，分析了政策实施带来的初步成效，一方面提高了农民的纯收入，增加了种地收益产值，从而增强了农民从事粮食生产的积极性；另一方面，粮食直补政策对北京市的种粮面积及粮食产量也有重要相关影响。同时指出，目前粮食直补政策存在补贴标准不稳定，狭小的农业生产规模影响政策实施效果等问题。在此基础上，提出需坚持执行合理稳定具体的粮食直补政策，加强资金发放程序的监督管理，并设立合理的粮食规模经营标准，加大规模生产补贴力度等建议。

北京市农业政策的评价方面，杨秋玲等（2005）对1998—2003年的北京市农业政策进行了评价，包括政策内容的评价、国家政策的衍生性以及政策自主性和体系化的演变等内容。

（四）研究现状所揭示的问题

虽然对北京市农业政策的研究已经取得了较为丰富的成果，但在作为历史学与经济学的结合研究方面仍存在较大的缺陷，具体表现为：

从研究内容看，学术界对于北京农业政策的发展演变缺乏明确的脉络归纳，也缺乏政策与实效之间的分析；从研究时段看，对改革开放前的农业政策缺乏细致的探讨；从研究方法看，多数是政策性的研究成果，而在学术价值上尚待发掘。

三、研究目标、方法与内容

（一）研究目标

总体目标：通过考察新中国成立以来北京市农业政策的发展演变，揭示其中的得与失，探求其中的规律，分析其演变的原因、特点，进而探讨农业政策的效果。

具体目标：北京市农业政策的演变阶段划分，农业政策的效果与评价，北京市农业政策的特性及其与中国农业政策的关系，北京市农业政策未来演进方向。

（二）研究方法、重点与难点

1. 研究方法 对于农业政策分析，已有比较成熟的分析规范和分析框架，众多著作或教材都对农业政策的研究方法进行了概述。例如，肖海峰（2005）认为农业政策背景的研究主要应当运用实证研究法，包括历史分析法、结构分析法、调查法、模型估计法等。本书在借鉴这些方法的基础上进行研究。当然，作为经济史的研究，本书主要使用历史文献分析法，通过档案资料、文献资料对重要政策的制定过程、内容与当时的作用进行分析。任何事物都有发展演变的历史过程，如果不寻根问底，就很难说明事物的现状和未来，经济现象更是如此。任何现行政策总有其历史继承性，这是从事政策研究时不能忽视的问题①。

2. 本研究的重点与难点 本研究的重点在于从北京市农业政策的演变中探求规律，并归纳其区别于其他省份的具体特点及其演进特征。

本研究的难点在于通过梳理历史发展脉络对北京市具体农业政策做出效果评价以及根据客观规律总结未来走向。

---

① 例如，对我国农户经营规模过小的现状分析就必须历史地看待这一问题。如果只是简单地对现状给予评价，或者简单地与欧美国家家庭农场加以比较，必然得出不切实际的结论。从历史发展的角度分析，就会发现中国农户经营规模小是一个长期的历史现象，而不仅仅是实行家庭联产承包责任制后才出现的问题。1950—1980 年，我国曾经试图扩大经营规模，但由于生产力没有质的改变，实践证明是不成功的，后来又不得不退回到以家庭为单位的经营规模。如果了解这一历史背景，在考虑中国未来的规模发展时，也许会更客观地考虑中国的实际情况，而不是不顾客观条件、片面追求经营规模的简单扩大。

（三）研究内容

1. 对农业政策的分期 农业作为国民经济的基础部门，其发展与其他经济部门的运行有着密切的联系。因此，对农业的考察和探讨必须放到整个国民经济发展的背景之下，对农业进行适当的分期，以求“更准确地认识农业发展的现状，为农业的进一步发展确立正确的方向，更重要的是对不同发展阶段农业部门所具备的特征的了解，能使我们更清楚地认识农业在整个国民经济发展中的地位以及农业与其他产业部门的互动关系，从而为确立适当的经济发展战略和农业发展政策提供理论依据”。（农业部软科学委员会课题组，2000）

论文对北京市农业政策的分期将在借鉴新中国农业分期的基础上进行划分。从目前史学界的研究进展看，对于这一分期主要有两种不同的观点：

一种是以标志性的事件进行划分（刘斌、张兆刚、霍功，2004）：土地改革和农业生产恢复时期（1949—1952 年），社会主义改造和农业稳定发展时期（1953—1957 年），人民公社化和农业生产的剧烈波动时期（1958—1965 年），“文革”和农业生产低速增长时期（1966—1978 年），家庭承包经营制度和农业高速增长时期（1979—1984 年），农业在波动中增长时期（1986—1999 年），跨入新世纪的农业发展时期（2000 年至今）。

另一种是以国民经济计划的时期进行划分，如表 1-1：

表 1-1 新中国农业分期（以国民经济计划为依据）

时 期	起止年限	重大事件
恢复时期	1949—1952	解放战争，土地改革
“一五”时期	1953—1957	农业集体化运动
“二五”时期	1958—1962	人民公社，三年困难
调整时期	1963—1965	三级所有，队为基础

（续）

时　期	起止年限	重大事件
“三五”时期	1966—1970	“文革”；农业学大寨
“四五”时期	1971—1975	“文革”；农业学大寨
“五五”时期	1976—1980	拨乱反正，家庭承包制
“六五”时期	1981—1985	改革开放，家庭承包制
“七五”时期	1986—1990	家庭承包制，农业徘徊
“八五”时期	1991—1995	家庭承包制，市场经济
“九五”时期	1996—2000	家庭承包制，农业产业化经营
“十五”时期	2001—2005	家庭承包制，农业税费改革
“十一五”时期	2006—2010	家庭承包制，新农村建设
“十二五”时期	2011—2015	家庭承包制，农业信息化

资料来源：杨德才《中国经济史新论（1949—2009）》（上册），北京：经济科学出版社，页 22～30。

两种划分方式既有类似，又有不同。两种划分方式虽表述不同，但内容一致。后者的划分更为详细，但前者对相关阶段的划分是在相同政治或经济体制背景下的区分，这一体制是当时社会的主流制度，从经济史的研究看，更能反映历史的面貌，更能找到区别与联系及脉络延承。故而，论文将在借鉴两者的基础上，对北京市农业政策的演进阶段进行划分。具体划分为：土地改革和农业生产恢复时期的农业政策（1949—1952 年），社会主义改造和农业稳定发展时期的农业政策（1953—1957 年），人民公社化和农业生产低速增长时期的农业政策（1958—1977 年），家庭联产承包责任制与统筹城乡发展时期农业政策（1978—2010 年），论文的阐述以此展开。

2. 本书的研究内容　本书的研究内容将分为六部分，具体章节纲目如下：

第一章　绪论：对研究背景、意义及理论方法进行介绍。

第二章　土地改革和农业生产恢复时期的农业政策（1949—1952年）：重点介绍百废待兴时期北京农业政策的产生背景、效果。本部分主要运用历史文献分析法，特别是借鉴档案资料、北京地方志等对此一时期的问题展开讨论。

第三章　社会主义改造和农业稳定发展时期的农业政策（1953—1957年）：重点介绍北京市农业政策在这一时期的成就，政策出台原因。

第四章　人民公社化和农业生产低速增长时期的农业政策（1958—1977年）：重点展现人民公社时期北京农业政策的实施效果以及长期动荡时期的北京农业。

第五章　家庭联产承包责任制与统筹城乡发展时期的农业政策（1978—2010年）：重点展现新时期北京市农业政策的特性，特别是统筹城乡发展以及新农村建设。

第六章　北京市农业政策演变特征与绩效评价：重点概括新中国成立以来北京市农业政策的发展路径，通过数据对比分析推断有关政策的绩效。

第七章　结论：对北京市农业政策进行总结与评价。

第二章

土地改革和农业生产恢复时期（1949—1952 年）

1949 年 1 月 31 日，北平和平解放，6 月接管工作顺利完成，千年古都进入新的发展时期。按当时的行政区划，1949 年北京郊区有人口 8.17 万户，38.2 万人，耕地 111.02 万亩。粮食种植面积 92.31 万亩，平均亩产 45.5 千克，总产量约为 0.42 亿千克。

作为元、明、清等王朝的统治中心，相对于全国其他地区，京郊农业所受的战乱以及盘剥更为严重，新中国成立初北京已成为工农业经济严重落后、商品经济高度不发达的畸形高消费城市（《劳动志》），人民生活十分困苦。新中国成立初期生产衰退严重，工农业停滞，物资奇缺，商业萧条，物价飞涨。1948 年 8 月到 1949 年 1 月，物价上涨了 140 多倍，经济凋敝不堪。新中国成立前夕，200 余万人口的北平，失业人员多达 27 万余人，城镇在业人员仅为 43.3 万人；卫生条件十分落后，疫病经常流行。1949 年，全市仅有卫生机构 61 个，病床 3 001 张，卫生技术人员 4 218 个，当时，全市婴儿死亡率高达 117.6‰，平均期望寿命只有 52.05 岁（国家统计局，2004）。新中国成立时，全市地方财政收入仅为 0.24 亿元。

新中国成立前，经过长期战乱的北京经济处于历史发展的低潮期：工业基本上没有现代化的工厂，零散落后、企业规模小、生产能力低。传统手工业濒临破产，1948 年北京传统手工艺仅有厂家 871 个，比 1932 年减少了 1 346 家，减少了将近 2/3。商业规模相当小，虽然有过较好的基础，但经过连年的战乱，已是一副衰败景象，许多店铺都处在倒闭的边缘。根据《京师总商会各行商号》（宣统年间刊本）记载，1909—1911 年全市共有 40 个行业、4 541 家商铺。根据《冀察调查统计丛刊》第一卷记载：1935 年，商业行业增加到 92 个，商铺 1.2 万家。北京市人民政府 1949 年统计结果显示，全市商业行业共有 128 个，商铺 7 万余家。商业从业人员从 1925 年占全市人口的 13.9%发展到了 1948 年的 19.3%。

郊区的农业生产条件更是十分落后，基本上是手工劳动、半自给的自然经济，商品率很低，生产条件很差，农业生产表现为对种植业特别是粮食生产过度倚重的单一结构。种植业在农业生产中的主体地位异常突出，种植业以外的其他农业发展较为缓慢，农业内部比例极度不协调。但种植业的产量并不高，1949 年粮食平均亩产仅 63.8 千克，农副业总产值只有 1.37 亿元（《人民生活志》）。

种种残破不堪的局面已经表明，北京农业生产功能的恢复是使该市财政经济状况得到根本好转的首要条件。为改变农业基础的薄弱以及长期的战争导致的生产水平落后、粮食供应紧张的状况，恢复创伤严重的农业生产力成为党迫切的任务。1949 年 12 月，在全国农业会议上，周恩来特别指出："农业的恢复是一切部门恢复的基础，没有饭吃，其他一切就都没有办法。"① 当时华北局的主要负责人薄一波认为："民以食为天，无论是解决中国几亿人口的吃饭问题，还是恢复和发展国民经济，都必须继续

① 周恩来著，中共中央文献编辑委员会编：《周恩来选集》下卷，北京：人民出版社，1984 年，页 5。

把乡村作为关键环节去抓。”[①] 作为北京市经济恢复的重点，农业生产能力的恢复也能够为城镇化和工业化准备资金、技术以及人力资源奠定坚实的基础。为此，1949—1952 年间，北京市根据党中央提出的农业恢复三大政策：土地改革、爱国丰产以及农业科技普及推广，迅速投入到恢复、改造和发展生产的中心任务中[②]。

一、土地改革政策

（一）土地改革政策演变

传统中国社会，特别是民国时期，土地占有的不均等始终是一个突出的矛盾。一般认为，占人口 10%左右的地主、富农占有土地总数的 70%～80%；而占人口 90%的劳动人民只占有土地总数的 20%～30%。[③] 这一土地制度，严重妨碍了农业生产率的提高，使广大农民陷入贫困落后的境地。[④] 废除不平等、不合理的土地所有制，实现耕者有其田成为民主革命的重要主题。早在建党伊始的 1922 年 6 月 15 日，中共中央执行委员会发表《中共中央第一次时局的主张》，旗帜鲜明地向全国人民表明了共产党的政治立场时，宣布“肃清军阀，没收军阀官僚的财产，将他

---

① 薄一波：《若干重大决策与事件的回顾》上卷，北京：中共中央党校出版社，1991 年，页 19。

② 彭真：《恢复与发展生产是城市工作的中心任务（1949.4.16）》，见：北京市档案馆，中共北京市委党史研究室编：《北京市重要文献选编（1948.12—1949）》，北京：中国档案出版社，2003 年，页 392～399。

③ 当然，有学者并不认同这种观点，如赵冈（2006）认为，“到了 20 世纪，大地主已经是寥若晨星了。”

④ 当然，有学者对土地改革与社会生产力之间的积极作用持否定态度。珀金斯（1984）认为，在旧中国，“一般说来，同农业最密切相关的制度，自 14 世纪以来并未发生显著的演变。另一方面，人们也不是真正需要去改革这些制度。这些制度本身并不是进步的媒介，但也不是提高农业产量的主要障碍。”因此，土地改革对生产力的作用“不能用任何数量方法来衡量，不管是精确的，还是粗略的。”

们的田地分给贫苦农民”。从那时起，实行土地改革就成为共产党的重要政治主张。1947年10月10日，中共中央公布的《中国土地法大纲》明确规定：“废除封建性及半封建性剥削的土地制度”，“废除一切地主的土地所有权”。新中国成立时，全国约有26 400多万农业人口的新解放区尚没有进行土地改革，“必须发动农民群众，建立农民团体，经过清除土匪恶霸、减租减息和分配土地等项步骤，实现耕者有其田”。①

北平刚解放时，郊区共有人口35.48万多人，土地1 004 071亩，人均占地2.8亩。但北平各阶级占有土地的情况与全国基本一致：占农村人口5%的地主、经营地主和资本家兼地主占有土地的27.3%；占农村人口4%的富农、佃富农和农业资本家占有土地的10.1%，33%的中农占有土地的38.7%；40.4%的贫农只占有土地的16.6%。寺庙、教堂和社会团体的土地占5.2%（《人民生活志》）。可以说，郊区56%的土地被只占人口总数9.3%的地主阶级占有，且均为优质土地，88.3%为稻田，58.3%为菜园，57.6%为水地②。

近郊与远郊土地占有率有所区别，远郊地主占有的土地量比近郊大。如远郊的槐房、巴沟、六郎庄、北坞、龙河、小红门、集贤村七个村，占人口7.8%的地主占有44.1%的土地。近郊的百万庄、五路居、三里河、羊坊店、大火车站、侯庄、上园7个村，占人口2.1%的地主占有19%的土地。且不论在远郊或近郊，地主占有的多是好地。远郊7个村子，地主占有稻地的65.8%；近郊7个村子，地主占有水浇地的25.5%，园地

---

① 中央文献研究室编：《建国以来重要文献选编》第1册，北京：中央文献出版社，1992年，页7。

② 《关于北京郊区的农业合作化运动概况》，见：北京市档案馆，中共北京市委党史研究室编：《北京市重要文献选编（1956）》，页699。

的 33.2%。①

同时，由于北京市郊区靠近都市，也有一般农村所没有或者很少有的特点：人多地少；土地集中程度高，剥削量大，大地主多是官僚、军阀和封建贵族；不少地主兼营工商业，也有的资本家占有少量土地出租；农业生产呈现商品化趋势，关厢、集镇杂居大量非农业人口；存在着教堂、寺庙、社会团体等占有的特殊土地（曹子西等，1994）。以海淀区为例，占全区人口 5%的地主、富农占有 33.2%的土地，土地高度集中；而非农业人口中的城镇资本家、工商业者、商贩、手工业者、自由职业者等在农村中占有土地 2.5 万亩；一些社会团体，如中法大学在温泉村有地 400 余亩，其中葡萄园 30 亩，除雇工自种葡萄园和土地 110 亩外，其余全部出租。清华大学校外有地 200 亩，燕京大学校外有稻田 20 亩，旱地 10 亩（钟泠，2007）。土地分布的严重不均必须通过土改予以解决。

与其他地区相比，北京的土地改革进行较早。早在和平解放前，中国共产党就认真考虑了北平的土地改革问题。1949 年 1 月 6 日，彭真在《掌握党的基本政策，做好入城后的工作》的报告中，针对入城后的农民工作问题指出："对农民应该宣传我们的土改政策。北平近郊今年是否分地还未决定，打算先调查一下，提出具体办法以后解决。但必须宣传我们的土改政策，可以对贫雇农说，在你们组织好以后就可以分地。对中农，我们决定采取不侵犯态度，对其土地不动，应该团结他们。对地主不打不杀，对地主的工商业也不侵犯，但对少数保甲长（坏分子）则必须进行斗争。"② 彭真的讲话指出了北平这种特大城市土地改革

---

① 北京市委郊区工作委员会：《北京市委郊区工作委员会关于土地改革的总结报告》，北京市档案馆，2-20-971。

② 彭真：《掌握党的基本政策做好入城后的工作》，见：北京市档案馆，中共北京市委党史研究室编：《北京市重要文献选编（1948.12—1949）》，页 74。

的特殊性，为北平农村土地改革指明了方向。1月26日，毛泽东进一步明确了这种特殊性，在给东北野战军和北平市委等单位的电报中指出："我军进入北平后，乡村土地改革办法绝不能施行于大城市附近"，"在大城市工作的作风绝不能搬用在乡村工作的作风。在大城市，凡事均须重新考虑，一举一动都要合乎城市的情况"。①

1949年2月，针对北平土地问题的实际情况，北平市委完成《关于北平郊区土地占有关系及今后土地改革问题》的报告，4月以《关于北平市辖区农业土地问题的决定》呈报中央，5月31日由北平市军事管制委员会正式公布。《决定》共12条，首先阐述了辖区农业土地问题的复杂性及其与一般农村的不同。比如地价地租受其土地所在位置的影响大，所产生的利益为少数寄生的土地所有者侵吞；土地私有制影响农业乃至工业与城建事业的发展；经营者身份复杂，存在大批非农业人口等。继而阐述郊区土地改革的方针：没收封建地主阶级之土地归国家所有，由国家酌量分配给农民使用；对依靠土地为生的地主，在没收土地时应留予大体相当于普通中农之一份土地；对罪大恶极、为广大群众所痛恨的恶霸分子，应领导群众进行有组织的控诉斗争，但严禁乱扣乱打或其他变相肉刑，对需要处刑和判罪者，须由法院依法判处。并明确规定：保护工商业，不动中农，对于地主出租的有进步设施的农田及园艺仍归原耕用者使用。

《决定》重点强调了作为大城市的北平在土地政策上和其他农村地区的不同：没收地主土地和征收富农出租土地实行国有，而不是归农民私有，农民有使用权而无权买卖；没收地主土地和征收富农出租土地之后，不是采取平分土地的办法，而是按实际需要分配给农民使用；对土地使用实行一般"原耕、原用不动"

① 中共中央文献研究室编：《毛泽东年谱》下卷，北京：人民出版社，1993年，页446。

的政策。这主要是考虑了北京将来用地需求、郊区人多地少的现实，保护了社会生产力和技术进步等因素（实业，1992）。

《决定》按照彭真1月6日的讲话精神，对自耕农、富农、地主、佃农、土豪劣绅等所属土地以及荒地进行了细分。6月7日，北平市委开始布置在高碑店、平房、槐房、张郭庄、巴沟、小村、北湖渠、东河沿、上岸等9个村进行土地改革试点工作。[①] 试点中发现，土改总体效果不错，“对各方面都有利，是农民可以接受的”。但是，“有些村的贫雇农认为可分的土地少，不够耕种”，遂调整为“四不动”和“五动”（《农村经济综合志》）。“五动”指地主、富农或公有的荒地，恶霸、地主、富农强占强租的土地，地主、富农租入的公地及租入其他地主、富农的土地，和尚、道士经营的庙地，地主、富农无力经营或经营不良的土地等五种情况在土改中要动；“四不动”，是指中农的土地绝对不动，为城市供给蔬菜的园地不动，有进步或改良设备的农田不动，雇工不愿分租土地的不动。

经过调整，1949年10月12至17日，北京市委召开郊区扩大干部会议，彭真和柴泽民分别作了《发动农民，自己动手消灭封建》和《郊区土地改革工作计划》的报告，阐述郊区土地改革的目的与方法。这次会议是在中共中央华北局于10月10日发布《关于新区土改决定》后召开的，该《决定》要求“除绥远不实行平分土地外，其他各新区及恢复区一律于今冬明春全部完成平分土地的任务”。[②] 彭真指出了北京郊区土地改革的目的是“领导农民消灭城郊封建土地制度，分配土地，组织和发展生产”。改革过程中，要充分发挥农民的主动性，干部不能“包办”、“代

① 北京市农村经济研究中心编：《北京市农村改革发展60年大事记》，北京：中国农业出版社，2010年，页2。

② 北京市农业局史志办公室：《北京农业生产纪事（1949—1990）》，北京：北京出版社，1993年，页15。

替”，要特别注意区别地对待地主、富农的财产。柴泽民的报告则详细地说明了土地改革的具体方法，特别强调维护进步设施的稳定，以保障城市人民蔬菜、水果的供应。[①] 从本次会议的内容看，当时土改的基本政策是在保证贫雇农获得土地的基础上，更注意维护社会稳定，故而对地主审慎对待，除了极少数民愤极大的土豪劣绅外，都要适当维护他们的权益，同时保证他们合法的工商业，这有利于统一战线的开展，尽快进入社会主义建设中。[②]

北京市的土改工作分三个阶段进行：1949年10月下旬开始的第一批73个村，1950年1月初完成；1950年1月初开始的第二批102个村，2月底完成；1950年3月初开始的第三批88个村，4月初完成。[③] 每一阶段具体的实施步骤包括酝酿准备、没收土地和分配斗争果实。这三个步骤不能机械地分开，每一个步骤的具体工作与方法也有所差别。比如酝酿准备阶段既有66个村子从反恶霸开始，又有从退“上打租”（即预收田租）开始，也有从生产救灾开始。[④] 分配土地和农具时，采取较为灵活的调剂的方法，“把应分配的土地按产量分为若干等级，并照顾位置的远近，再参照种地的原有土地数量，以人口为单位分配。分配

① 北京市农业局史志办公室：《北京农业生产纪事（1949—1990）》，北京：北京出版社，1993年，页16。

② 柴泽民的报告显示第三阶段土改的66个村一共处理130名恶霸，其中40名大恶霸由政府处置，其他教育后释放。柴泽民：《关于土地改革、农业生产、生产救灾工作的报告》，见：北京市档案馆，中共北京市委党史研究室编：《北京市重要文献选编（1950）》。

③ 柴泽民：《关于土地改革、农业生产、生产救灾工作的报告》，见：北京市档案馆，中共北京市委党史研究室编：《北京市重要文献选编（1950）》，页361。

④ 北京市委郊区工作委员会：《北京市委郊区工作委员会关于土地改革的总结报告》，北京市档案馆，2-20-971。

时经过自报公议、农会（或农代会）审核、大会通过等三个过程”。[①] 之所以不用平分，主要是因为郊区存在人口多，土地、农具资源少。

为扩大土改参与面，“保障农民阶级对地主阶级斗争的行动统一，使全体男女农民团结成一个不可分离的整体”，北京市特别注意发动妇女的力量。1949 年 11 月 17 日中共北京市委郊区工作委员会发布“关于在郊区土地改革中对妇女工作的指示”，要求将“全体农民农妇参加土地改革运动，准备明年大生产”作为当前郊区妇女工作的中心任务。同时注意动员妇女加入农会，发展女党员、女团员，以建立妇女群众中的领导核心。[②]

（二）土地改革政策绩效评价

新中国成立后，北京的土地改革是政府通过垄断权力所实行的一次强制性的制度变迁形式，其初衷在于提供一种以往制度无法实现的收益。虽然理性的制度变迁力图通过最大限度地降低交易费用来达到所有利益相关主体的同意一致性，实现帕累托最优，但是，通过这样一场以剥夺或均分地主、富农等不同阶层的多主体的土地拥有者的变革形式，从制度创新伊始即意味着其无法实现同意的一致性，贫农与地主、富农，甚或中农之间利益的强烈矛盾和冲突必然需要通过国家的强力介入来完成。国家在这一变革过程中，以使国家与占人口最多数的广大贫农获得土地产权、取得“同意一致性”为目的，进而实现其“耕者有其田”的意识形态绩效，这一项以多数人利益为变革目的的制度创新形式是一种有效率的制度安排。

---

① 《京郊第一批进行土改村庄开始调剂土地，向农民解释政策采取自报公议办法》，《人民日报》1949.12.21。

② 《中共北京市委郊区工委会指示 发动郊区妇女参加土地改革》，《人民日报》1949.12.20。

新中国成立后，北京的土地改革工作虽然也曾由绝对平均主义思想演化为“左”倾错误思潮，表现为一些人要求平分一切比自己财产多的人的财产，进行乱打、乱罚、乱没收等问题（刘裕清，1985），但总体平稳进行，“各阶层情绪安定”[①]，政策得以较好地贯彻落实，在政治、经济等领域绩效显著，积累了宝贵的经验。

京郊的土地改革共没收了地主土地和征收富农出租土地 402 885 亩，大小农具 66 804 件，水车和大车 2 279 辆，耕畜 1 743 头，粮食 1 332 000 斤，房屋 22 278 间，得到土地的农民 52 009 户，217 091 人。[②] 各区县中，海淀区共没收地主、征收富农多余的土地计 53 368.5 亩，没收地主多余的房屋 3 677 间，各种农具 14 279 件，水车 221 架，牲畜 373 头，大车 254 辆，粮食折合玉米 228 070.5 千克。分配给无地、少地的农民 10 587 户、43 800 多人（钟泠，2007）。作为老解放区的怀柔，1949 年 4 月 30 日就基本完成土改。据 1947 年对 113 个村的统计，有10 223户贫雇农和中农，共分得土地 129 777 亩，房屋 10 597 间（《怀柔县志》）。丰台县共没收征收土地 36 723.87 亩（包括非本区地主、富农在内的土地），房屋 3 103 间，粮食折合玉米31 159千克，牲畜 292 头，大车 236 辆，手推车 57 辆，水车 431 架，普通农具 14 634 件，草 5 000 千克。土改后，地主每人平均占地由 10.7 亩下降为 2.43 亩，贫农人均占地由 1 亩上升为 2.08 亩，雇农人均占地由 0.1 亩上升为 1.82 亩（《丰台县志》）。大兴县没

① 《郊委向市委的报告（1950.7.1）》，见：北京市农村经济研究中心编：《北京市农村改革发展 60 年大事记》，页 5。

② 柴泽民：《关于土地改革、农业生产、生产救灾工作的报告》，见：北京市档案馆，中共北京市委党史研究室编：《北京市重要文献选编（1950）》，页 361；《当代中国的北京》（上）（中国社会科学出版社 1989 年版，页 65）所引数字有所区别，“没收地主土地和征收富农出租土地 394 796 亩，大小农具 69 083 件，耕畜 1 743 头，粮食 1 332 000 斤，房屋 22 278 间，得到土地的农民共计 229 892 人。”以报告为准。

收和征收土地112 125亩，房屋8 300多间，牲畜730多头，大车352辆；顺义没收和征收72 135亩，房屋8 241间，牲畜561头；通县没收和征收土地379 500亩，各区县将土地分配给了贫下中农①。

通过土地改革，农民的觉悟大大提高。获得土地的农民争相入党，《人民日报》记述，当时驹子房村的农民屈大甫说："要不是共产党，我一家人都要饿死了，共产党来救了我，往年劳动一年打下的粮食倒不少，交了租、还了债就光了。我知道共产党是救穷人的，我要坚决入党。"南庄子村新党员交党费有人交2 000元，"现在有了地种，政治上翻了身，多交党费，我心中情愿"。② 据统计，土改第一批，北京市郊区被批准加入中国共产党的共有668人，建立了70个党支部；1 500余人加入新民主主义青年团，成立了72个团支部；农会会员由22 030人，发展为33 512人。③ 土改完成后，郊区有263个村建立了农会组织，发展会员11.65万人；有222个村建立了党支部，201个村建立了共青团支部；④ 84 000人参加了农会，占郊区农业人口的23%。⑤ 其中，丰台县新提拔村干部57名，充实了村政权；农会会员由土改前的15 592人，发展到20 495人，成为农村的依靠力量；农村党支部由土改前的4个，发展到29个，共产党员由40人发展到164人；发展新民主主义青年团员315人，新建团支部25个（《丰台县志》）。海淀区新建立了28个党支部，发

① 《中国农业全书》总编辑委员会编：《中国农业全书·北京卷》，北京：中国农业出版社，1999年，页209。

② 《京郊土地改革中先进农民六百余参加中国共产党》，《人民日报》1950.1.22。

③ 《京郊首批土改胜利结束，农民得地十五万亩，发展农会会员三万余人》，《人民日报》1950.1.27。

④ 北京市农村经济研究中心编：《北京市农村改革发展60年大事记》，页5。

⑤ 柴泽民：《关于土地改革、农业生产、生产救灾工作的报告》，见：北京市档案馆，中共北京市委党史研究室编：《北京市重要文献选编（1950）》，页361～362。

展党员 307 名，共建立农村团支部 29 个，发展团员 671 名，其中正式团员 512 名，候补 159 名；建立 236 个治安小组，组员达 4 296 人（钟泠，2007）。土地改革巩固了党在基层的统治基础，改造了村政权，提拔了一批土改中的积极分子做村干部，淘汰了群众不满意的分子。[①] 京郊农民无论在政治地位，还是经济地位上都有了重大的转变。

土地改革提高了农村生产力后，农民生产积极性大大提高，柴泽民在 1950 年 7 月 5 日指出，北京郊区的农民，在土地改革以后，立即热烈响应人民政府对农业提出的增产一成的号召，“如果没有土地改革，在几千年的封建土地制压榨下的广大农民就不能获得解放，他们的生产积极性也就不能发挥出来。”[②] 1950 年北京市农业生产增产一成，春耕期间，共打井 310 眼，修旧井 422 眼，扩大浇地 10 995 亩。[③] 其中，丰台县全区粮食单产比 1949 年增加 20 千克，蔬菜增加 66 千克（《丰台县志》）。京郊十五区的黄土岗村 1950 年的农作物产量将较常年增加 21%，比 1949 年收获量增加 3 倍，[④] 郊区经营制度出现了农场经营、互助组、个体经营等多种经济成分（《农村经济综合志》）。

同时，由于土改取消封建地租剥削，保留了一切进步设备与使用进步设备所耕种土地的使用权，并且只需向政府缴纳农业税，无需向地主交租，使拥有设备的农业资本家的生产积极性大大提高。北京南郊十四区龙河村的农业资本家力树基过去每亩水地每年约可收 200 千克大米，给地主交租需 100 千克左右；1950 年交农业税加上累进，多者不过小米 50 余千克。这就使农业资

① 《关于执行 1950 年度工作计划的报告》，见：北京市档案馆，中共北京市委党史研究室编：《北京市重要文献选编（1950）》，页 308。

② 北京市农村经济研究中心编：《北京市农村改革发展 60 年大事记》，页 6。

③ 《中国农业全书》总编辑委员会编：《中国农业全书·北京卷》，页 208。

④ 《土地改革提高了农业生产力，黄土岗村努力实现增产计划》，《人民日报》1950.6.17。

本家今后有可能以更多的剩余投入生产。[①]

郊区妇女和男人一样在土改中参加了选举、划阶级、抽补土地等工作，觉悟以及政治地位也得到提高。十四区槐房、西五号、十八里店、旧宫等 18 个村统计，共有 4700 多名妇女参加了农业生产。[②] 南宫村高淑珍领导 7 名妇女组成了互助组，不仅把他们自己的土地锄了 4 遍，在一起打短锄地，还挣小麦一石四斗，并且给军属帮忙锄地 20 亩。[③] 对京郊 14 区 23 个土改村的统计显示，共有 52 个妇女被批准入党，138 个妇女参加了新民主主义青年团。[④]

土改改变了农村中的一些不良习惯和落后迷信思想。比如，一些单身农民土改前有喝酒、赌钱、嫖娼等恶习，土改后纷纷戒掉，并争取在一二年内要成家立业。[⑤]

作为新解放区中土地改革较早的大城市，北京市土改也收获了许多宝贵的经验。比如对不同阶层采取灵活区别对待的政策，特别是对富农问题的处理方面，由于政治和军事形势已经根本不同，与老解放区的消灭富农经济相比，产生明显的转变，对富农经济采取保护措施。据薄一波回忆，当时北平市郊区（不包括当时归河北省管辖，后来才划归北京的通县专区的一些县），富农占有土地 88 700 亩，其中出租 20 500 亩，土改征收的就限于这 2 万多亩地，其他不征。[⑥] 这个规定十分明确，没有用“暂行”之

---

① 《京郊龙河村土地改革中取消封建地租剥削　保护进步农业设备有利农业资本家发展生产》，《人民日报》1950. 3. 1。

② 《土地改革后的京郊农村，十四区农民努力增产一成》，《人民日报》1950. 6. 17。

③ 《京郊农村的变化》，《人民日报》1950. 9. 27。

④ 《京郊十四区经过土地改革 妇女觉悟空前提高 积极工作努力生产》，《人民日报》1950. 3. 16。

⑤ 北京市委郊区工作委员会：《北京市委郊区工作委员会关于土地改革的总结报告》，北京市档案馆，2－20－971。

⑥ 薄一波：《若干重大决策与事件的回顾》上卷，页 118。

类的规定，[①] 这样做的效果，在经济上"对郊区农业生产的恢复和发展，已经证明极为有利"[②]；而在政治上则有利于保护中农，孤立地主，从而可以巩固贫雇农与中农的联盟，扩大农村统一战线[③]。事实证明，土改后没有出现郊区封建势力向农民反攻的情况[④]，在一种"比较和平"的氛围中进行改革[⑤]；而且富农积极参加到生产建设中去。原先的地主、富农虽然经过土地改革，了解了政府政策的正确，但他们仍旧担心雇工算剥削，"再来一次斗争"。经过工作，使他们逐渐打消了这种顾虑，"该雇工的赶快雇"，连过去常不参加劳动的富农家里的妇女们也参加了生产[⑥]。黑塔、双槐树两村79户地主，除4户地主搬至城内居住外，只有3户未参加农业劳动，其他62户地主有82人开始参加了农业劳动[⑦]。对富农的保护也带动了贫下中农的生产积极性，西郊黄村贫农朱文魁说："现在保存了富农的土地财产，大家更没顾虑，更要努力生产、发家致富了。"小红门村贫农黄宝贵也说："动富农的土地财产，就像在农民前头划了一道线，谁也不敢冒过去，现在谁在生产上都没顾虑了。"[⑧]

土改中，农会发挥了重要作用，柴泽民认为，"郊区的二百

---

① 刘少奇：《关于北平接管工作中的一些问题的报告要点》，见：北京市档案馆，中共北京市委党史研究室编：《北京市重要文献选编（1948.12—1949）》，页338。

② 北京市农村经济研究中心编：《北京市农村改革发展60年大事记》，页6。

③ 北京市委郊区工作委员会：《北京市委郊区工作委员会关于土地改革的总结报告》，北京市档案馆，2-20-971。

④ 《郊委向市委的报告（1950.7.1）》，见：北京市农村经济研究中心编：《北京市农村改革发展60年大事记》，页5。

⑤ 《关于三大运动的一些问题（1951.11）》，见：北京市档案馆，中共北京市委党史研究室编：《北京市重要文献选编（1951）》，页533～534。

⑥ 《八里庄的生产新气象》，《人民日报》1950.4.3。

⑦ 北京市委郊区工作委员会：《北京市委郊区工作委员会关于土地改革的总结报告》，北京市档案馆，2-20-971。

⑧ 《京郊农民纷纷发表意见　拥护土地改革法　热切关心新区农民兄弟的翻身》，《人民日报》1950.7.6。

多个乡村农会和十一万多会员，是土地改革运动的核心力量；以农民代表会的形式在它的周围团结了全郊区三十多万农民打垮了地主阶级，改革了土地制度。”① 这一经验十分重要，《土地改革法》即明确规定了“农民代表大会及其选出的农民协会委员会，为改革土地制度的合法执行机关”，说明基层组织的重要性。

北京市的土改实践为全国大中城市提供了许多借鉴。比如处理郊区土地改革时，要注意与农村土改的区别，因为郊区农村靠近都市，一些情况是一般农村所没有或很少有的，如人多地少，农村生产商品化程度较大，许多地主兼营工商业，农村中杂居有大量非农业人口等，这必然决定了两者在土地问题上存在区别（尤国珍，2010）。1950 年 1 月 13 日，中央人民政府政务院发布的《关于处理土地改革与市郊农业土地问题的指示》中明确指出，郊区与农村土改应有“若干区别”，比如“没收地主的土地、征收旧式富农出租的土地，一律归国家所有，由市人民政府管理，并分配给无地或少地的农民使用。”② 1950 年 11 月 21 日公布的《城市郊区土地改革条例》，对地主资产的处置、没收土地的处理、富农土地的分配等政策予以明确阐述，③ 所列政策与《关于北平市辖区农业土地问题的决定》中的相关规定如出一辙。

二、农业合作政策

互助合作在中国有着悠久的历史，中国古代的“社”、“会”产生之初都是基于家族互助、宗族互助、同乡互助产生的民间社会的组织形式（陈宝良，1996）。但在整个古代社会，这一组织

---

① 《京郊农民纷纷发表意见　拥护土地改革法　热切关心新区农民兄弟的翻身》，《人民日报》1950.7.6。

② 北京市农村经济研究中心编：《北京市农村改革发展 60 年大事记》，页 4。

③ 《城市郊区土地改革条例》，《人民日报》1950.11.23。

形式都是作为非正式组织的形式存在的。新中国成立初，为了摆脱已经延续了 2 000 多年的自耕自足的自然经济的生产状态，北京市通过大力推行农业互助合作政策，将其上升为正式的制度形式。互助组的建立，为以后合作社、人民公社的建立奠定了基础，新中国成立初的爱国增产运动、生产救灾运动多是以此为基本单位开展的。

（一）农业互助政策

互助组的存在是农民应对人多地少、生产资料匮乏的必然选择和自发要求，是一种民间的非正式制度。从规模经济的角度看，新中国成立初分散、落后的小农经济生产工具拥有量严重不足，个体经营力量薄弱，所提供的生产率无法适应大规模经济建设的要求。只有把农民组织起来，才是向前、向上发展的新出路（陈海秋，2002）。1949 年通过的《共同纲领》第 34 条规定，土改后，“应组织农民及一切可以从事农业的劳动力以发展农业生产及其副业为中心任务，并应引导农民逐步地按照自愿和互利原则，组织各种形式的劳动互助和生产合作”，鼓励各地积极引导农民进行互助合作生产。

实际上，早在土改前，北京就已经出现了临时性的民间自发的互助组。当时的互助组主要分为两种类型，分别是以南苑区鹿圈村贫农霍凤岐互助组为代表的 24 个贫农、中农为主体的临时性的季节互助组以及由地主庄园中的单身雇工组成的合作耕种组织“锅伙”，在土改中有 16 个。1949—1952 年，北京市出现了三种类型的互助组：一是农忙时农民自发组织的临时性的、不固定的互助组；二是由临时性互助组通过扩大提高或党团员带头组织的互助组，有等价记工制度；三是稻田区的互助组，按技术高低及劳动力强弱实行民主评资，是一种较高级的互助组。由于各种互助组不统一，特别是临时性的互助组由于缺乏领导，还停留在原始的水平，对互助组有顾虑，认为“互助”就是“互亏”，

“集体干活像劳动改造”[①]；部分干部也错误地认为“京郊地少人多，劳动力有剩余，用不着互助”，甚至出现“强制编组”的偏向，需要政府统一的协调组织[②]。

1950年3月，北京市委、市政府在春耕前召开的郊区扩大干部会议上，提出了建立互助组的相关政策：第一，必须掌握自愿和等价互利的原则，开始应在群众习惯的原有组织形式基础上，建立小型互助组，然后逐步地改进推广；第二，办互助组完全是群众自己的事，干部不能强制代替；第三，组员之间实行人、畜换工，必须做到公平合理，等价互利（《农村经济综合志》）。

这一政策有力地推动了北京郊区互助组的发展。第十五区榆树庄的农民最早响应号召，组织了15个劳动互助组，各地解决牲口缺乏的拨工互助组、变工互助组、合犋互助组、拔麦互助组等纷纷建立。但当时仍有很多农民喜欢单干，不喜欢集体劳动，存在“郊区劳动力多，不需要互助”的错误观点，需要“培养良好的典型互助组，使农民看到‘组织起来’的好处，逐步地把他们吸引到互助组里来。”[③]

1950年11月12日，北京市委根据中央政治局扩大会议有关农业互助合作的精神，提出畜力、农具的互助合作之外，应“试办土地入股合作社”的设想，进行一次制度创新的尝试。导致本次设想出现的主要原因是针对部分地区农民土改后逐渐富

---

① 《北京市人民政府郊区工作委员会关于1951年京郊生产互助工作报告（1952.1.5）》，见：北京市档案馆编：《国民经济恢复时期的北京》，北京：北京出版社，1995年，页518。

② 《北京市人民政府郊区工作委员会关于郊区劳动互助的情况报告（1951.4.30）》，见：北京市档案馆，中共北京市委党史研究室编：《北京市重要文献选编（1951）》，页317～318。

③ 石岩：《为美好生活而奋斗 京郊土改后农民劳动实况》，《人民日报》1950.7.9。

裕，互助组逐渐涣散，“日常农业生产中的互助要求大大降低以至消失”的现实提出的，北京市希望通过土地入股的合作社方式提高互助组的层次，向“土地入股、统一经营”的初级社迈进。这一政策一度受到质疑，有人认为“土地入股也就是一季”，但在这种合作逐渐呈现优势时，农民把分得的国有土地或私有土地合伙经营成为一种重要的形式。不过，随着合作社的发展，一些菜区的合作社根据生产情况希望采取土地不分红，完全实行按劳分配的政策，北京市农林局主张“在群众完全自愿的条件下，可以试办土地不分红的农业合作社”，但“不能提倡号召”，因为各村情况不一致。这种情况反映出合作社能否发展扩大的关键在于“生产是否搞好”，而不在于“土地分不分红”。如果这类合作社办好，对于促进京郊合作社的合法化、集体化有着重要的意义。① 据统计，1952 年春试办的 10 个合作社中，有 8 个是“土地入股，统一经营，地劳按比例分红”的初级社，2 个是土地不分红的高级社（曹子西等，1994）。

需要注意的是，土地不分红的高级社是北京市郊区，特别是近郊区别于其他农村的重要特征。这类地区主要是菜区，在增进收益的过程中，劳动力和技术投资起主要作用，加之这些土地多数是没收地主的或者征收富农出租的土地，所有权归国家，土地分红影响不大，故而容易开展。②

1951 年 9 月，中央人民政府为规范各地互助合作工作，召开第一次全国农业互助合作会议，通过了《关于农业生产互助合作的决议（草案）》，12 月下发各级党委试行。《决议（草案）》要各地农业互助合作运动根据生产发展的需要和可能，采取经济

---

① 《北京市人民政府农林局关于建立土地不分红的农业生产合作社的意见》，见：北京市档案馆，中共北京市委党史研究室编：《北京市重要文献选编（1952）》，页 640～642。

② 《中国农业全书》总编辑委员会编：《中国农业全书·北京卷》，页 212～213。

发展、稳步前进的方针，并规定了自愿互利、典型示范、国家帮助的原则，反对急躁冒进、强迫命令和放任自流的错误。北京市执行中央的指示，鼓励支持互助组的建立。1951 年，郊区组织建立的互助组共有 4 426 个，其中常年互助组 1 709 个，参加农户 2.20 万人，占近郊农民的 23.1%。① 1952 年，占近郊农民的比例增加到 61.8%（曹子西等，1994），占全区比例达到 59.1%（《农村经济综合志》）。

1952 年 4 月 29 日，北京市政府和市委郊区工作委员会同时对当前互助组问题及如何开展做出指示。指示在肯定互助组成就的同时，重点指出需要解决的问题：一是加强领导机构的设置；二是对村干部进行合理分工；三是不允许地主、富农参加互助组；四是大田互助组不许雇工，但农忙时可雇短工和技术工。②同时，确定了 1952 年郊区互助合作运动的方针：（1）有领导、大量地发展临时性的简单的劳动互助，纠正认为临时性和季节性的变工换工不算互助而不加领导的偏向；（2）在群众对于简单的劳动互助已有习惯和认识的村庄，必须逐步地推广结合改进技术及副业生产的常年互助组；（3）选择互助较久、骨干较强、有公共财产的互助组，在组员完全自愿的条件下，重点试办农业生产合作社。同时要求 1952 年全郊区组织起来的农户应占总农户的 50%，其中常年互助组应占 10%～20%。每区可试办一个农业生产合作社，没有条件的可以不办。北京市委根据这一指示，提出每区试办一个社，“只许办好，不许办坏”的精神。③ 6 月 20 日，市委郊委再次重申了互助组举办过程中仍旧存在严重的“右”倾情形，指出下一步需要仿照河北省的办法，设置专门机

---

① 北京市农村经济研究中心编：《北京市农村改革 60 年大事记》，页 8；《中国农业全书》总编辑委员会编：《中国农业全书·北京卷》，页 210。

② 《关于目前京郊互助合作运动进行情况的报告》，见：北京市档案馆，中共北京市委党史研究室编：《北京市重要文献选编（1952）》，页 216～219。

③ 北京市农村经济研究中心编：《北京市农村改革 60 年大事记》，页 10。

构，通过评比、参加等方法发现问题，交流经验。[①] 在市委市政府相关政策的推动下，1952 年春，正式部署建立初级合作社时，各区区委正式批准的是 10 个，另外还有 16 个“锅伙”也改名为试办社（《农村经济综合志》）。

当时的互助组呈现出两个发展态势：一些互助组发展到初级合作社，甚至高级合作社阶段，或者举办集体农庄。其中，丰台黄土岗村殷维臣互助组和陈留村刘庆常互助组要求直接试办土地不分红的高级社。1952 年 3 月 20 日，北京第一个农业生产合作社——第十二区（丰台）黄土岗殷维臣农业生产合作社成立。该年冬，丰台白盆窑村也开始试办高级社。但农业生产合作社仍代替不了用机械作业的大田大面积的合作试验，7 月 29 日，彭真建议在郊区建立一个示范性集体农庄，在大面积的土地上实行机器耕作。这个示范点选在南苑海子里的姜场、钱庄子、中立堂三个自然村。通过对姜场等村的调研，了解到其中的问题并提出解决方法后，北京市郊区工作委员会认为建立集体农庄是有条件的，但开办农庄必须注意三个问题：一是参加人员必须是自愿的，不能强迫；二是农庄必须是民主且有严格纪律的；三是参加人员循序渐进，不能一次太多，这样集体农庄可以开办下去。

在互助组发展的同时，也出现了一些不容回避的问题，农林局将其总结为三大问题：运动发展不平衡问题，先进村已组织起来的占 80%～90%，例如，石景山区达到 91%，而相距不远的刘娘府却只有两三个临时互助组；供销合作跟不上去也是很大问题，全区只有 20 多个与供销社订立了“结合合同”，即便是这些合同也未认真执行；等价两利政策由于“死分死记”而没有很好

① 《关于郊区互助合作运动领导中的问题及解决意见的报告》，见：北京市档案馆，中共北京市委党史研究室编：《北京市重要文献选编（1952）》，页 261～266。

地贯彻[①]，这些问题影响了互助组的健康发展。北京市政府郊区工委通过培训互助合作干部，贯彻等价互利政策，鼓励坚持举办互助组和合作社，使干部认识到“要走向社会主义就必须组织起来，走向集体化，提高生产”。[②] 刘仁强调，组织起来是发展农业生产的根本道路，是成立合作社的基础，要通过培养典型互助组，使农民意识到“组织起来”这一问题的关键。[③]

互助组虽然是一种交易费用较低的、小规模合作的有效率的产权组合模式，但由于它较好地实现了生产资料和劳动力之间有效的合作，仍旧克服了以往力量分散的缺点；其所采取的农户自愿互利的原则，使农户具有了退社的自由选择权。因此，“互助组内部的互助行为虽然带有合作性质，但退出机制加强了对成员的行为约束与自律，构成互相之间的监督，加上成员之间的相互了解程度较高，机会主义行为几乎不存在，因而合作经济本身固有的缺陷得到了克服。”（沈滨、柳建平，2003）从政府与农民关系的角度看，两者之间对经济利益的最大化追求也取得了一致。因此，互助组仍旧是一种有效率的制度形式。

不过，正如有研究者指出的，这种互助合作毕竟只是一种简单的劳动协作关系，并没有改变农民对土地的私有关系，它仅仅体现了集中劳动和分工协作的优越性，而且，“这种仍然以私有为主的产权结构与社会主义主流意识形态的规定差距太大，在一场国家为主的强制性的制度变迁中，只限于低水平合作的互助组，必然为新的组织形式所替代”（彭新万，2009），最终导致合

① 《北京市人民政府农林局关于1952年京郊互助合作运动总结（1953.1.22）》，见：北京市档案馆，中共北京市委党史研究室编：《北京市重要文献选编（1953）》，页33～35。

② 北京市农村经济研究中心编：《北京市农村改革发展60年大事记》，页10～11。

③ 《关于开展爱国增产运动的报告》，见：北京市档案馆编：《国民经济恢复时期的北京》，页325。

作社的兴起。

在相关政策的推动下，截至1952年12月底，全郊区各种类型的互助组共有12 043个（包括农业合作社36个），比1951年增加了1.72倍；组织起来的农民74 315人，占全郊区总农户的58%，组织起来的劳动力97 108人，占全郊区农业劳动力总数的43%；组织起来耕作的土地68万亩，占全郊区耕地总面积的55%。常年互助组发展到5 199个，占总数的43%，改变了“春组织、夏消沉、秋冬涣散”的局面，[①] 从而为1953年大规模的互助合作运动打下了基础。

（二）爱国增产运动

爱国增产运动最早发生在工业领域，抗美援朝运动开始后，北京市委关于抗美援朝运动开展情况的报告中号召开展生产竞赛，获得中央肯定。毛泽东号召各中央局、分局、大军区及所属省市区党委“亦应照着这个方向去做”。全国性的生产劳动竞赛随之展开。据1950年12月10日的《人民日报》报道，抗美援朝、保家卫国生产竞赛运动已经在全国的24个省及13个城市中广泛展开（许新年、王东，2006）。北京市的爱国增产运动一个鲜明的特点就是始终与政治相结合，提出了“增加生产，支持中国人民解放军”的口号，这种爱国热情有力地促进了农业生产的发展。

北京市意识到，“开展伟大的爱国增产节约运动，对于迅速改进提高工农业生产，积累我们国家的财富，改善人民的生活，加速我们祖国的工业化，是有决定意义的”[②]，因此，在政策上

① 《北京市人民政府农林局关于1952年京郊互助合作运动总结（1953.1.22）》，见：北京市档案馆，中共北京市委党史研究室编：《北京市重要文献选编（1953）》，页26。

② 《关于开展爱国增产运动的报告》，见：北京市档案馆编：《国民经济恢复时期的北京》，页326。

予以大力支持。早在1950年初，北京市就对生产节约和农业增产做出了政策规定。1月13日，成立了生产节约委员会，又组织了华北农业科学研究所、农业大学、农业部水利推进社、农业部棉产改进处、市合作总社、人民银行北京分行、卫生工程局、公共卫生局、处理粪便事务所、京郊农场管理局、市府研究室等先后两次召开郊区农业生产准备会议，拟定农业增产计划。会议提出了增产的方法："疏浚河渠以预防涝灾；凿井开渠以增辟水田和预防旱灾；用各种方法增肥、积肥、推广农作物优良品种；植树造林；保护与适当增添牲畜，以解决部分农民缺少种籽与农具的困难。"① 4月11日，北京市人民政府又颁布了奖励农业生产办法。从制度上保障农民的地权，获得土地的农民只要获得国有土地使用证即获得长期使用权，政府保障其合法权益；对开垦荒地，经营菜园、果园、鱼塘、藕池等特殊种类的予以奖励，前者"免征3年农业税并拥有长期使用权"，后者"一律按其总产量的常年批发价平均减半折米计征农业税"②。北京各部门通过发放生产贷款、贷肥等形式支援开展增产运动。各地响应政策，积极开展增产竞赛运动。比如，二十区怡乐庄向瀛海庄提出了挑战，条件是：不荒一亩地，不闲一个人，做到增产二成③。为了更进一步推进生产发展，1950年11月20日至23日，郊区召开农民代表会，会议中心议题就是开展抗美援朝爱国增产运动。

1951年2月，政务院正式将群众性的奖励劳模和生产竞赛运动作为发展农业的10项措施之一，《人民日报》于3月9日登

① 《京市府郊区工作委员会讨论农业增产计划　加强领导协助翻身农民作到今年产量增加一成》，《人民日报》1950.1.16。

② 《关于对农民及农业经营者发展生产奖励办法的布告》，见：北京市档案馆，中共北京市委党史研究室编：《北京市重要文献选编（1950）》，页167～168。

③ 《疏渠积肥挑战增产　京郊农村紧张生产　廿区里十三麦苗黑壮丰收有望》，《人民日报》1950.4.8。

载了山西平顺县西沟村李顺达互助组的挑战书[①]，爱国增产运动在全国农业互助组和劳模中开展起来。3 月下旬，郊区 16 区（门头沟）大峪村农业劳动模范冯德珍响应挑战，由此揭开了北京郊区农业丰产竞赛运动的序幕。其后，殷维臣、霍凤岐、刘玉昆互助组以及棉花丰产模范、蔬菜、水稻丰产能手等纷纷迎战。1952 年 4 月，北京市召开第一届农业劳动模范大会，到会互助组代表和各种丰产模范纷纷向李顺达等农业生产合作社和互助组应战，保证水旱地每亩平均产量最低要比 1951 年增产 2 成[②]。截至 5 月，郊区有 8 个组（社）、6 个单干户参加全国性的增产竞赛迎战，112 个村、215 个组（社）、134 户以连环的形式有组织地投入竞赛运动[③]。在实践中，北京市政府意识到虽然增产竞赛运动取得了很大的成绩，但同时也有很多偏向与问题需要解决，比如运动发展不平衡、自上而下号召多、思想教育差、存在形式主义等，在制定政策时不断规范制度、加强激励机制进行调整。10 月 27 日，北京市制定了《1952 年农业丰产奖励办法》，以制度的形式"鼓励全郊区农民组织起来，开展爱国丰产竞赛运动，创立丰产新纪录，争取普遍提高作物的单位面积产量"，办法制定了奖励对象、范围、类别以及标准等，从物质和精神两方面加大对农民的支持力度[④]。

北京市爱国增产运动在很多方面取得收获。比如防旱抗旱方

---

① 关于李顺达互助组的相关事迹，参考《李顺达等八个农业生产合作社和互助组的介绍》，上海：华东人民出版社，1953 年；《李顺达互助组介绍》，《人民日报》1952.4.2。

② 《北京郊区召开第一届农业劳动模范大会　到会互助组代表和各种丰产模范纷纷向李顺达等农业生产合作社和互助组应战》，《人民日报》1952.4.5。

③ 《北京市人民政府郊区工作委员会关于京郊爱国增产竞赛运动总结报告（1952.8）》，见：北京市档案馆，中共北京市委党史研究室编：《北京市重要文献选编（1952）》，页 452～453。

④ 《北京市 1952 年农业丰产奖励办法》，见：北京市档案馆，中共北京市委党史研究室编：《北京市重要文献选编（1952）》，页 557～559。

面取得巨大成绩，在保证 30 965 亩耕地按时用水的同时，扩大浇地面积 20 522 亩。同时，通过不断的尝试，特别是与政治的结合，巩固了新中国政权的稳定，积累了宝贵的经验。激励机制的不断创新也从制度上取得收获。

（三）生产救灾运动

明清时期，作为首都的北京一遇灾荒即承担了救荒的职责，开设粥铺、减免赋税是当时的主要救济方式。新中国成立后，北京市在保证灾民基本生活的前提下，改变了以往的消极救济方式，积极鼓励灾民投入生产救灾中，通过以工代赈的形式主动开展重建自救工作。

新中国成立初期，新中国遭受了遍及长江、淮河、汉水、海河流域 16 省区的特大洪水灾害，灾情严重，当时政权刚刚建立，如果因灾荒而引起动乱将危及新政权的稳固。1949 年 12 月，政务院发出了《关于生产救灾的指示》，内务部发出《关于加强生产自救劝告灾民不往外逃并分配救济粮的指示》，号召开展生产救灾运动。由于各种防灾设施在战乱中损毁，北京市灾情也较为严重。1950 年，北京郊区连续降水 110 毫米，为常年同期 5 倍，约有 36.7 万亩农田遭受雨涝。1951 年，北京市郊区又发生麦蚜虫灾，大兴县黄村出现蝗虫灾并很快进入南苑区境内，1952 年 5 月，郊区麦田再次发生虫灾。此外，作为特大城市，贫民和外来灾民多，京郊救灾具有城市、农村、本地和外来的复杂性和严重性。面对这种严重局面，北京市组织各部门建立了生产救灾办公室，开展了卓有成效的救灾运动。

需要注意的是，互助组在生产自救的过程中起到了很大的作用。北京市通过互助组开展副业生产，提倡以工代赈，这两项政策有效地帮助灾民渡过春荒。北京市还针对特殊户，特别是无劳动力的军属，开展代耕—优抚工作，1949 年开展时还是零乱无计划临时性的派工，至 1950 年已改进为全面有计划地实行工票制、包工制[①]，并成立了土地代耕合作社。1952 年针对抗旱工作提出，保证军属土地不荒芜，产量不低于一般农民。[②]

但新中国成立初的生产救灾工作仍旧暴露出若干问题，比如耕工用人及土货没销路、外来灾民较多等，北京市要求“结合护麦工作，检查播种，继续进行打井开渠贷水车，以防秋旱，贯彻代耕及掌握重点，及时救济老弱孤寡；麦收后节约食用，提倡农村互助借贷”[③]。

1951 年秋至 1952 年春，北京雨雪稀少，京郊 80 万亩春耕播种工作困难很大，北京市制定专门的政策，引导生产抗旱工作。具体措施为扩大宣传力度，树立“人定胜天”的信心，积极开发水源，开展保墒、养墒运动；同时组织检查组，督促农村合理积肥，加强生产工具和良种使用等利用力度；各级成立专门的生产抗旱委员会，并建立每周一、四的电话汇报工作制度。[④]

生产救灾的成效显著，1950 年共组织了 59 259 人参加了以工代赈和副业生产，收入粮食 7 145 万千克，通过成立的京郊教养院安置外来灾民 15 000 人，遣送 1 500 人回乡生产，发放救济粮 16 万千克，解决了 4 500 人的生活问题，贷放给农民粗粮 9.5 万千克，基本保证“没饿死人”。1950 年春季，京郊除凤河主流外，坝河主流与支流、凤河支流、凉水河上流、北桥河、清河上流龙须沟及南旱河下流均已疏浚完毕，总计全长 74 058 米，挖泥 332 584 立方米。这些工程全部是在结合救灾、不误农时的原

① 柴泽民：《关于土地改革、农业生产、生产救灾工作的报告》，见：北京市档案馆，中共北京市委党史研究室编：《北京市重要文献选编（1950）》，页 361。

② 《关于代耕工作的几项规定》，见：北京市档案馆，中共北京市委党史研究室编：《北京市重要文献选编（1952）》，页 272～274。

③ 《北京市人民政府郊区工作委员会关于郊区生产救灾工作的报告》，北京市档案馆，009－001－0091。

④ 《关于京郊春耕生产防旱工作的指示》，见：北京市档案馆，中共北京市委党史研究室编：《北京市重要文献选编（1952）》，页 101～103。

则下用以工代赈的方式进行的。12 万亩良田免于涝灾，沿河一带 4 万余农民的农业生产获得保障，参加挖河的 12 000 余灾区农民共获工赈小米 25 万余千克，顺利渡过了春荒。[①] 同时，提高了党和人民政府的威信，有灾民评价“共产党领导下的白碱地都能变成黄金”[②]。

三、农产品流通与税收政策

（一）物价政策

北京地区的农产品流通早在春秋战国时期就已开始，当时的蓟城是北方地区的商贸中心。民国时期北京有名的粮食市场主要有朝阳门市场（东市）、四面钟市场（南市）、西直门市场（西市）、天坛市场等。当时的粮食流通主要是以私人经营、自由流通的形式进行的（《种植业志》）。

新中国成立前的北京物价飞涨，通货膨胀严重，即使是 1949 年，由于粮食匮乏严重，北京也先后与于 5 月、7 月、8 月、11 月四次发生粮价大波动。北京市先后从外地调拨粮食 5.31 亿千克缓解粮食危机。[③] 1949 年 3 月，由国营贸易公司和供销合作社分别负责管理粮食、日用工业品、杂品的价格。新中国成立后，北京市委和市政府直接管理物价工作，积极组织国营贸易公司和供销合作社调运商品，平抑物价以安定市民生活（《农村经济综合志》）。北京市先后成立北京市粮食交易所和四个粮栈，规定粮食交易必须通过交易所进行，禁止场外交易和买空卖空。北平市政府贸易公司开始连日进行批售，使小米、大米等价格均落 2～3 元（旧人民币）。4 月 7 日，北平市贸易公司为照

① 《京郊挖河工程大部完成　沿河十二万亩良田可免涝灾》，《人民日报》1950.4.19；《京郊春耕播种基本完成》，《人民日报》1950.5.20。

② 《北京市人民政府郊区工作委员会 1950 年工作总结》，见：北京市档案馆编：《国民经济恢复时期的北京》，页 459。

③ 《中国农业全书》总编辑委员会编：《中国农业全书·北京卷》，页 228。

顾市民生活，将粮食批发价及代售店零售价均降价出售。对合作社（人民政府批准者），均按低于批发价4%供给，机关团体、全公营学校等均按低于批发价2%供给（《物价志》）。同时，响应中央提出的控制物价上涨的指示，对粮食和布匹进行抛售，压制涨价之风，同时对私商征税。1950年，北京市又颁布《粮食交易所交易管理暂行规则》和《取缔非法商业行为暂行办法》，使涨价之风得以暂时平息。[①] 粮食的恐慌引起中央高度关注，1951年4月2日，中央将北京等城市的小麦、小米、面粉、大米价格直接掌握，不给予地方机动权；可以机动的有玉米、高粱，价格可上下机动4%（《物价志》）。到1952年，市粮食公司的批发量已占全市粮食总量的90%以上（《种植业志》）。

在这一过程中，北京市成立的供销合作社也发挥了重要作用。合作社成立于1949年2月22日，先后设立有粮栈、油盐门市部、菜站等，各郊区农村也成立了基层合作社。1951年，对郊区农村合作社的统计显示，郊区农村供销社已发展到109个基层社，占郊区260个行政村的40%以上，有社员8.9万人，占35.4万多农业人口的25%以上。[②]

北京市政府对一些操纵物价的商贩予以镇压，从政治上予以威慑，保证物价的稳定。1951年11月5日，依法惩办了阜成门外菜市场的5名菜霸，对蔬菜市场的整顿、菜市场秩序的好转及稳定菜价起了积极作用，保障了菜农的利益。12月，供销合作总社又设立蔬菜经理部，并在天桥、广安门、阜成门、东直门等4大菜市场设立菜站，经营蔬菜批发，稳定菜农的销路。

---

① 《中国农业全书》总编辑委员会编：《中国农业全书·北京卷》，页253；北京市档案馆，中共北京市委党史研究室编：《北京市重要文献选编（1950）》，页10～13，17～19。

② 北京市农村经济研究中心编：《北京市农村改革60年大事记》，页7。

（二）农业税收政策

农业税古称田赋，约公元前21世纪至公元前16世纪间，我国就出现了早期的贡赋制度。夏、商、周分别实行的贡、助、彻三法，就是我国农业税的雏形。自公元前594年鲁国实行初税亩后，农业税就成为压在中国农民身上沉重的经济负担。1928年国民政府第一次全国财政会议，确定田赋正式划为地方税。田赋划归地方后，各省基本上按土地肥瘠定税率，按亩征收，交纳方式统一折纳银元。至于田赋附加，税收划分后国民政府财政部颁布了限制征收的八条办法，规定田赋正税附加的总额不得超过当时地价1%，已超过者不得再加附捐。但各省却以建设不足为由继续征收，特别是1931年后，几乎各项经费皆取于田赋附加和摊派，致使田赋附加税超过正税的若干倍（叶振鹏、赵云旗，2005）。改革农业税制成为必然的举措。

1949年3月1日，北平和平解放后，按照“发展生产，保证供给，繁荣经济，公私兼顾”的方针对税收予以整顿。首先取消国民政府一切不合理之苛杂捐税，使旧税制中37种税目，减少到21种，“其他税收，暂时一律由原征收机关，按原税目税率继续征收”①。后根据调查减少到17种，即营利事业所得税、利息所得税、印花税、货物税（包括酒、烟）、矿产税、屠宰税、筵席税、娱乐税、旅店捐、房捐、契捐、交易税、营业税、使用牌照税、摊贩牌照税、临时营业税、地价税等。② 因许多税收与农业关联不大，本部分仅分析农业税、屠宰税与市场流通中的交易税等相关政策的演变。

1. 农业累进税 新中国成立初，针对1949年9月29日通

① 《北平市人民政府关于北平市税收暂行办法的布告》，见：北京市档案馆，中共北京市委党史研究室编：《北京市重要文献选编（1948.12—1949）》，页193。

② 子谷：《北京市解放以来的税收工作》，《人民日报》1949.11.18。

过的《中国人民政治协商会议共同纲领》第四十条对税收的规定（“国家的税收政策，应以保障革命战争的供给、照顾生产的恢复和发展及国家建设的需要为原则，简化税制，实行合理负担”），以及新老解放区土地改革的具体情况，分别在老解放区采取比例税制和累进税制两种税制。北京郊区的农业税实行的是有免税点的单一累进税制。农业累进税是中国共产党在长期的革命实践中提出的区别阶级、划分阶层的征税办法，它最早体现在鄂豫皖苏维埃政府 1931 年 8 月公布的《粮食收集储藏暂行条例》中。该条例规定了按阶级成分的划分原则向富农、中农征税以及对雇农、贫农免征免收的办法。

之所以在北京这种新解放区实施累进税，是因为当时该地区尚未完成土改，土地占有率存在差别；而 1952 年后，虽然除了西藏自治区外，我国其他新解放区都完成了土改，但由于新的土改政策仍旧保留，维护了富农、中农经济，这与老区土改大体上按人口平分土地有很大不同，因此仍旧维系累进税。陆和健（2004）认为，根据土地所有制情况实行不同税制，是国民经济恢复时期我国农业税的一个显著特征，这个特色在一定程度上起了巩固农民个体经济、导致农民中农化趋势的作用。

北京郊区的农业累进税方案于 1949 年开始实施。1949 年 10 月 30 日，北京市人民政府郊区工作委员会公布了《农业累进税暂行办法》，该办法规定依据常年产量，以 9 市斗[①]玉米为一标准亩，每人全年平均收入扣除免税点后，所剩之标准亩为负担亩。根据负担亩的多少按税等计分，即得负担分数，按负担分数确定征税额。负担分数共分 13 等，最低的 2 个负担亩以下者按 0.8 分计；最高的 24 个负担亩以上的按 2 分计，不再累计；对虚报、瞒报者予以惩罚。[②] 11 月 1 日，财政部对《暂行办法》的

① 市斗，非法定计量单位，1 市斗＝10 升。下同。

② 《北京市农业累进税暂行办法（草案）》，北京市档案馆，009-002-00351。

一些条文进行修改，并要求12月底前完成秋征工作[①]。11月22日，北京市第二届人民代表会议通过《关于征收农业累进税决议案》，决定根据北京市郊区常年最低产量及农民负担能力，规定1949年共征收农业累进税1 300万千克小米，根据郊区灾情，分别减免200万千克小米。征收办法为“按秋二夏一之比例，分两次征收，即今年（1949）秋天征收税额约2/3，明年（1950）麦收再征1/3，农民无夏收者，一次收齐”[②]。

为保证改革后的农业税为百姓认可，京郊各区通过举办村干训练班、学习农业税收办法、建立试点村的方法，保证其顺利推行。各试点村主要考察农业税的累进负担办法是否公平合理，有无畸轻畸重的现象以及是否能达到奖励生产的目的。[③]

1950年9月5日，中央人民政府公布了《新解放区农业税暂行条例》，这是新中国第一部统一的比较系统的农业税税法。《暂行条例》规定“新解放区农业税，以户为单位，按农业人口每人平均农业收入累进计征”，并列出免纳或减免赋税的土地类型。该条例明确指出，农业人口主粮每人年均不到75千克的免征，税率从75.5～95千克的3%至1 705.5千克以上的42%。为了统一政策，执行中央《新解放区农业税条例》，符合京郊土改后的实际情况，1950年9月，北京市制定了《郊区1950年农业税征收补充办法》，规定秋征税率为10.95%，并制定了21级秋征税率累进表。各阶层全年负担比例，大体上为：贫农8%，中农15%，富农20%；负担最低者为4.1%，最高者为20.2%。同时规定了受灾减免办法，并按中央政务院11月的指示精神和北京市需要，随农业税附征30%附加。

---

① 本年度秋征工作由于土改推迟至冬季。

② 《关于征收农业累进税决议案》，见：北京市档案馆，中共北京市委党史研究室编：《北京市重要文献选编（1949）》，页860～861。

③ 《京二届代表会决议案 市郊区农民积极拥护试验执行农业税决定》，《人民日报》1949.11.30。

表 2-1 1949—1952 年北京市农业税完成情况

单位：万元，%

年份	本年度财政收入总数	农业税收入总计	农业税收入所占比例
1949	2 386	803	33.7
1950	6 570	1 117	17.0
1951	14 037	1 174	8.4
1952	20 903	1 534	7.3

资料来源：北京市地方志编纂委员会编《北京志·综合经济管理卷·财政志》，北京：北京出版社，2000 年。

1951 年 6 月，中央人民政府政务院颁布《关于 1951 年农业税收工作的指示》，规定：全国各地区农业税，地方附加不得超过正税的 20%，随同农业税附征。北京市政府的农业税率改为最低 6%，最高 30%，实施附加为农业税 20%的 48 级累进税制。同时按照中央要求将夏征和秋征作为一个征收年度。

1952 年 6 月，中央人民政府政务院在颁布的《关于 1952 年农业税收工作的指示》中规定：全国各地农业税的地方附加一律取消。北京市按照中央要求取消了一些附加，起征点按照中央要求的 75.5 千克执行。需要注意的是，为了保证蔬菜的生产供应，在对菜田定产时予以 5 折优惠。为防止棉田种植面积的盲目扩大，采取按负担产量每石①加征玉米 4.75 千克，产籽棉不足 35 千克不予加征。② 据《北京志·综合经济管理卷·财政志》相关统计，1949—1952 年农业税合计征收 4 629 万元，但所占比例由 33.7%降至 7.3%，反映出农业税不是北京市政府主要财政收入来源。

---

① 石，非法定计量单位，1 石=60 千克。下同。

② 北京市财政局编：《新中国农业税史料丛编》第 6 册，北京：北京出版社，1987 年，页 3。

2. 屠宰税与交易税

（1）*屠宰税*。屠宰税历史悠久，可与农业税相提并论。近代屠宰税起源于清末光绪年间，是向屠宰单位和个人征收的一种税。屠宰税的征税范围主要是屠宰生猪、菜羊、菜牛等三种牲畜以及马、驴、骡、骆驼等四种牲畜。1949 年开始，北京市政府将屠宰税作为保留税种，按实际重量从价 10%的税率征收屠宰税。1950 年 1 月 30 日，中央人民政府政务院发布新中国税制建设的纲领性文件——《全国税收实施要则》，其中规定全国共设立 14 种税收，屠宰税是其中之一。1951 年 5 月，北京市颁布的《北京市屠宰税稽征办法》中规定，屠宰税对全市普通食用牲畜开征，以猪、羊、菜牛 3 种牲畜为征税对象；对耕畜、运输畜的马、骡、驴、驼、耕牛等以及种禽、乳畜、胎畜、幼畜，采取限制宰杀；对老、弱、残不堪用的耕牛、马、驴、骡、驼等牲畜经屠宰场检验或持有郊区乡（村）、合作社证明可入场屠宰，照章征税（《税务志》、《财政志》）。

表 2-2　1949—1952 年屠宰税金额

单位：万元

年份	金额	年份	金额
1949	94	1951	257
1950	179	1952	321

资料来源：北京市地方志编纂委员会编《北京志·综合经济管理卷·税务志》，北京：北京出版社，2001 年。

（2）*交易税*。交易税于民国时期开征，抗战时期的河北老解放区在乡村集镇设置，以向买方课征。多年经验证明：这一税收对于加强市场管理、减少牙纪等中间人对买卖双方苛重的封建性剥削有很大作用。北平解放后，北京市政府将交易税作为保留税种，并把敌伪时期的临时性的营业税和一时所得税并为商税，按营业额的 4%向买方课征。北京市粮食、牲畜的交易主要集中在几个市场，粮食市场有四面钟、西直门及先农坛三处，日交易量分别为 35 万～75 万、2.5 万、10 万千克。牲畜市场有德胜门外骡马市场、马甸牛羊市场及猪店业等，均由原来的骡马店、牛羊店等组成[①]。

1949 年 4 月 15 日，北平根据前华北人民政府颁布的交易税暂行办法，规定以前征课的牙行收益税取消，开始在城郊的集镇上开征。当时主要是在郊区针对牲畜、粮食、棉花、土布四项货物征税。但是由于课征对象不同，按照当时的政策根据“货不重征”的原则，在郊区不再征收行商税，造成一些投机粮商就在城内买粮，再运到城外去卖。这样，商人既逃避了交易税，又逃避了行商税。反之，则出现双重负担的情形。[②] 为了纠正偏差，1950 年 1 月 6 日规定在市内除在城内照征行商税外，全面开征粮食及牲畜交易税，棉花、土布因市内税源小，暂时没有开征。这种两税同时课征的政策形成重征，妨碍了城乡经济交流。

1950 年 7 月 1 日，北京市政府颁布《关于调整地方税部分的布告》，取消土布交易税，郊区只征收牲畜、粮食、棉花交易税，城区则只征收粮食、牲畜交易税，征收场所为市场和集市。[③] 1950 年 12 月，北京执行政务院财经委员会取消自由成交不纳交易税的新决定，交易税的课征范围，已不限于有牙纪的市场征收，而是凡集中成交者均应交纳交易税。1951 年 12 月，北京市人民政府税务局下发通知，行栈自行经营买卖应税货品应照

---

① 《交易税和行商税能同时征收吗?》，《人民日报》1950.1.16；《京市交易税征收概况》，《人民日报》1950.4.10。

② 《北京市人民政府党组关于税收和工商业问题向市委并中央、华北局的报告(1950.6.9)》，见：北京市档案馆，中共北京市委党史研究室编：《北京市重要文献选编（1950)》，页 251～252。

③ 《北京市人民政府党组关于调整地方税部分的布告（1950.7.1)》，见：北京市档案馆，中共北京市委党史研究室编：《北京市重要文献选编（1950)》，页 283～284。

征交易税。同时，税务局还先后规定一些享受免征范围的单位或个人，如 1951 年 7 月，北京市人民政府税务局为减轻农民负担，鼓励生产起见，合作社为收购棉花所付棉农之粮食，免征交易税，经签报中央财政部批准同意免征（《税务志》）。1952 年 7 月，市税务局下发农业机关收购备荒种子免征交易税的通知（《农村经济综合志》）。

四、农村金融政策

北京解放以前，中央已经充分预计到稳定金融物价是北京这样一个消费型大城市的严重问题。为此，先后从解放区运入粮食 1 500 万千克、食油 14 万千克、煤 10 万吨以及天津“中纺”及本市积存的纱布供应市场，同时坚决肃清伪币、建立人民币市场，采取严厉打击金融投机、由政府统一制定物价等措施，北京解放之初保持了金融物价的相对稳定。土改完成后，大量获得土地的贫雇农缺乏生产和生活资料，通过金融政策的开展拉动生产的恢复，成为当时一个重要的任务。

（一）农业信贷政策

解放前北京市存在大量高利贷剥削，农民债务沉重。为支持农业发展，新中国成立初，北京市军管会于 1949 年 10 月 10 日颁布法令，规定土改前劳动人民所欠地主、富农高利贷性质的债务一律废除。但农民与农民间的债务、工商业来往账项及其他友谊性质的借贷仍有效；凡农民因债务抵押与地主、富农及高利贷者的土地财产，一律无条件归还农民；土改后借贷关系不在废除之列，利息概由双方自行约定。[①] 同时分别在 1949 年和 1952 年决定由银行和信用合作社进行信贷工作。对于民间的借贷，则规

① 《北京市军管会关于本市辖区农村债务问题处理的布告》，见：北京市档案馆，中共北京市委党史研究室编：《北京市重要文献选编（1949）》，页 726。

定“借贷自由，利息由双方自由议定”。

农行北京分行是国家专业性银行，在北京农村金融体系中发挥着主导的作用。1949 年北平解放时，北平市农村金融业务由北平合作银行办理。1951 年农业合作银行成立后，北京市在中国人民银行北京市分行设立农村信贷部，开展农村信贷业务。农村信用社是劳动群众集体所有制性质的合作金融组织，1950 年 8 月，中国人民银行在六郎庄供销社试办信用合作业务。12 月，正式成立了北京郊区第一个供销社信用部。到 1951 年 4 月，全郊区共建了 12 个供销社信用部。1951 年 8 月 6 日，中国人民银行、全国供销合作社联合总社发出《关于改变供销社信用部领导关系的联合指示》，规定：“各地农村存、贷款业务（货币与实物），均由当地信用合作社或银行办理”（《金融志》）。根据上述联合指示，北京市决定各区供销社附设的信用部，应根据各自的条件及群众要求改组为信用合作社或信用小组。之后，随着农业合作化的进程，农村信用合作组织逐步发展。据 1952 年 7 月 30 日统计，北京市郊区已建立信用互助小组 69 个，1952 年末已发展到 150 个。

北京市农业信贷的一个突出特点是对私贷予以提倡，以此弥补农贷可能涉及不到的层面。但是“带动私贷的成数及是否必须带动，均须斟酌贷户经济能力，灵活掌握，以免发生无力筹办私资的贫穷贷户不能获得贷款的偏向。”贷款的方法采取自报公议，由村政府及村社共同担保。①

农业贷款、贷物在生产中得以广泛使用。1950 年，为完成增产一成的目标，协助农民解决缺乏生产资料的困难，北京市共计贷款折合小米 225 万千克，贷款分肥料、种籽、农具、牲畜、打井和副业六种，按需要缓急、困难大小、用民主评议方法分别

① 《关于 1951 年京郊农贷情况报告》，见：北京市档案馆编：《国民经济恢复时期的北京》，页 494～495。

贷给。但在贷款中出现了一些偏向，存在平均分配和没有按实际贷给的问题，以及个别农民将贷款用于吃喝，不用于生产的现象。[①] 为此，市政府郊委会针对这些偏向指示各区迅速纠正，务使贷款切实用于发展农业生产；同时并与市银行和市合作总社等组织检查小组到各区检查。[②] 在贷款、贷物中，北京市注意根据实际情况予以调整，1950 年春贷肥即分为两种方式：西郊、北郊、丰台、南苑等四区由市合作总社协同市人民银行购买粪干、豆饼等肥料，农民自己取运；石景山、门头沟、东郊、长辛店等四区由农民自行购买。[③]

经过广泛的宣传组织，1951 年 3 月底已吸收存款物折合玉米 51 244 千克，共放出款物折合玉米 32 560.5 千克；存实占 96.65%，存款占 3.35%，放出的实物占 97.7%；款项占 2.3%；存款来源中，贫农、中农占 90%，地富农占 10%，存款额中，贫中农占 89%，地富农占 11%，[④] 这反映了当时农民存在重实物轻货币的习惯，贫中农由于土改后生产的需要成为贷款的主力。信贷的开展作用显著，促进了经济作物的种植，扩大了籽棉和花生的面积，打破了农民只知种普通作物的保守思想；变旱、碱、洼地为稻田或水浇地；改进了灌溉技术；增加了农户收入。[⑤]

（二）农业保险政策

在推广农业信贷措施的同时，北京市还结合农贷大力开展农

---

① 《京郊农业贷款工作　部分地区发生偏向　郊委会已注意检查纠正》，《人民日报》1950. 4. 8。

② 《争取完成增产一成 京发放郊区农贷》，《人民日报》1950. 4. 1。

③ 《京供销合作总社突击春季贷肥 配合郊区大生产》，《人民日报》1950. 4. 1。

④ 《中国人民银行北京分行关于京郊开展农村信用业务初步总结（1951. 4. 30）》，见：北京市档案馆编：《国民经济恢复时期的北京》，页 481。

⑤ 《中国人民银行北京分行关于京郊开展农村信用业务初步总结（1951. 4. 30）》，见：北京市档案馆编：《国民经济恢复时期的北京》，页 496～499。

业保险业务，率先确定了普遍推行牲口保险，重点试办棉花保险。1950 年，中国人民保险公司北京分公司在全国率先开办了牛、马、驴、骡四种大牲畜保险和棉花等农作物收获保险。农业保险政策要求贷户必须投保，同时鼓励农民组织起来，以村生产部或信用部为对象，实行集体投保。①

为了保证投保牲畜的生命健康，“保险公司委托郊委会与农业大学兽医工作站进行牲畜防疫注射，并每月检查牲畜健康，随时医治牲畜疾病；所有预防、医疗等费用，一律免收。牲畜因疾病、胎产、阉割、火灾、雷击或意外触伤而死亡时都由保险公司按照所保的金额十足赔偿。”② 这在一定程度上，大大降低了牲畜的死亡率。

农业保险政策在新中国成立初的农业生产中发挥了重要的作用。1950 年承保牲畜 2 600 头，1951 年承保 13 567 头，1952 年承保 26 000 头，已占当年全市大牲畜总量的 80%（《农业经济综合志》）。在此期间，共发生牲畜死亡 1 570 头，死亡率占投保率的 28%，支付赔款、医疗费用合计 20.53 万元，占总保费收入的 90.8%。1950—1953 年，棉花、小麦、水稻承保 47 500 亩，保费收入合计 59 916 元，支付赔款合计 100 838 元，赔付率合计 168.3%（《金融志》）。但在农业保险推广过程中，部分地区存在强制性、片面追求数量、手续混乱等问题，农业保险业务于 1953 年暂时停止。

五、农业科技推广与水利兴修

（一）农业科技推广政策

面对落后的生产局面，北京市重视技术的改进与提高，在选

① 《中国人民银行北京分行关于京郊开展农村信用业务初步总结（1951.4.30）》，见：北京市档案馆编：《国民经济恢复时期的北京》，页 496。

② 《京郊举办牲畜保险受到农民热烈欢迎 市府发放秋季牲畜贷款》，《人民日报》1950.9.27。

育良种、革新技术、病虫害防治方面获得了很大的提高。

1. 选育良种 1950年先后推广的优良品种有“华农1号”谷、“燕大811”谷3 000千克、“华农2号”玉米2 450千克、“银坊”水稻40 000千克等。1951年推广使用花生根瘤菌1万多亩。1952年推广的“811”良种谷2 400亩，平均亩产超过当地谷的50%左右。新品种的推广为粮食增产创造了良好的条件。

2. 技术改进 作为以农立国的传统农业国家，自汉代以来的农业生产工具长期不变，直至1949年仅有美国遗留的10多台拖拉机。郊区农业生产主要靠手工劳动，劳动条件极差，阻碍了生产力的提高。新中国成立后，北京市政府郊区工作委员会在第11区（南苑）、第13区（海淀）、第14区（北郊）建立3个新式农具推广站，负责新式农具推广工作，其后有扩展到7个。1950年，开始推广步犁、马拉播种机、水车和喷雾器等新式农具。1951年推广新式农具514件，其中新式步犁189件、耘锄166件。据1950—1953年的不完全统计，近郊区先后推广新式农具2 000多件。

此外，在种植制度上也取得创新。1951年8月以来，先后在郊区召开小麦密植技术座谈会，推广密植方法，改变过去的“宽行大垄”（行距为33～66厘米）耕作方法。郊区的19万多亩秋播麦中有1.2万亩改大行为小行，行距留到33厘米左右，每亩播种量由原来的4～6千克，增加至2.5～3.75千克，有的达到4.5千克。南苑区37个村，种麦2.8万亩，其中有0.8万亩实行了密植。

3. 病虫害防治 1950年冬北京市少雪天暖，温度较往年高，这为各种虫子的滋生创造了条件，麦田中的麦蚜、红蜘蛛和麦叶蜂严重危害小麦生长。1951年建立病虫害防治站，开展病虫防治技术。1951年4月16日，市政府郊区工作委员会发出紧急通知，要求各区、村加强防治工作，做到“及时发现，就地消灭”，号召群众普遍打、连续打，直到彻底消灭。

到 5 月中旬，据 4 个区的统计，共发动群众 4.1 万人（次），在 2.8 万亩麦田中捕捉麦蚜、红蜘蛛、麦叶蜂 109.5 千克。西郊广源闸村农民金鸿乐创造了“推麦蚜车”，成功率极高。7 月 3 日，北京市人民政府特予奖励，奖给奖金 100 万元（旧币）和奖状。中央农业部也在全国推行了这一办法。该年，北京市推广化学农药“666”（六氯环己烷）和防治地下害虫用的“氟矽酸钠”、“砒霜”；推广“赛力散”拌种防治小麦黑穗病，推广使用“1605”（对硫磷）粉剂防治治疗大白菜菜蚜，郊区开始使用有机磷杀虫剂。

（二）水利兴修政策

新中国成立前，由于社会制度及经济技术条件的限制，长期以来北京地区农村水利发展极为缓慢。1949 年，北京地区仅有水浇地 1.42 万公顷（21.31 万亩），占当时耕地面积的 2.68%。平原区有 16.73 万公顷（251 万亩）易涝地和 4.67 万公顷（70 万亩）盐碱地，种不保收（《水利志》）。针对 1949 年京郊秋涝 223.7 万亩的情况，北京市提出疏导河流 69 千米、挖泄水沟 117 条，使 12 万亩免除涝灾的任务，号召农民充分利用水井扩大灌溉面积。[①] 为此，北京郊区掀起兴修水利的热潮。3 月，先后疏挖凤河、坝河、北小河、清河的全部以及南旱河、草桥河、凉水河的一部分，动土 120 万立方米。4 月，完成 6 条水利工程。北京市水利防汛工作的主要施工方式有包工制、军工制、以工代赈制和零工，并成立了市指挥部、村指挥部、河兵和部队等机构。[②] 各渠道管理按照渠道灌溉面积的多寡，成立大小不同的群

① 《1950 年工作总结》，见：北京市档案馆编：《国民经济恢复时期的北京》，页 464～465。

② 《1950 年防汛工作总结》，见：北京市档案馆编：《国民经济恢复时期的北京》，页 420～428。

众性的渠道水利委员会。[①]

农田水利建设效果明显。虽然1950年夏降水雨量高于往年，但由于排水速率增大，排水的周期得以缩短，往年需要10～15天排水期3天就下去了，被涝成灾面积减少。同时，在原有基础上延长灌溉渠道50 142米，以自筹和贷款形式辅助农民开新井修旧井，打砖井193眼，土井123眼，变旱田3 160亩为水田。[②]浚修水沟417条，修建桥涵62座，修补堤坝14段。[③] 10月6至21日，中央农业部召开全国农业工作会议，确定1953年进一步发展农业生产的方针和计划，要求大力发展互助合作组织，普遍提高单位面积产量，更深入地开展爱国增产竞赛运动。据统计，1949—1952年，郊区有效灌溉面积从21.31万亩增加到37.29万亩，占当年总耕地面积从2.68%增加到4.10%（《种植业志》）。

1951年9月20日，官厅水库工程局成立，并于25日动工修建输水工程。整个工程于1954年5月完工，投资3 564万元，用工830万人。[④] 官厅水库位置正当洋河、桑干河、妫水河下游，对永定河全流域的控制意义最大，拦蓄洪水也最多，是华北地区第一个大水库。水库的修成解除了永定河下游地区和北京、天津两市所受的洪水威胁，水库蓄水还可供灌溉、发电和航运之用。

---

① 《1950年京郊农田水利工作总结》，见：北京市档案馆编：《国民经济恢复时期的北京》，页430。

② 《1950年工作总结》，见：北京市档案馆编：《国民经济恢复时期的北京》，页464～465。

③ 《1950年京郊农田水利工作总结》，见：北京市档案馆编：《国民经济恢复时期的北京》，页440。

④ 北京市农村经济研究中心编：《北京农村改革60年大事记》，页8。

六、小结

北京市从和平解放之日起就开始农业生产的恢复。相关部门制定了卓有成效的土地改革政策、税收政策、农业增产政策、农业金融与信贷保险政策等，扶持农业的发展，各项政策成效明显。

在相关政策的推动下，1949—1952年，北京市各项农业指标发生了明显的变化。农村人口、农业劳动力数量都有了显著增加。从现有区划显示的数字看，农户从52.91万户增加到60.99万户，农村人口从237.94万人增加到264.07万人，农业劳动力从109.92万人增加到125.27万人。

表2-3 1949—1952年北京市农业人口变化

单位：万

	1949	1950	1951	1952
农户	52.91	57.05	57.67	60.99
农村人口	237.94	253.95	254.66	264.07
农业劳动力	109.92	117.23	117.77	125.27

北京农业生产总值从1949年的0.64亿元迅速上升到1952年的1.75亿元；耕地面积从531 017公顷增加到607 911公顷，年末实有灌溉面积从53.1万公顷增加到60.8万公顷，有效灌溉面积从1.4万公顷增加到2.5万公顷，农作物播种面积从55.2万公顷增加到66.0万公顷，主要粮食作物播种面积单位产量也从855千克/公顷增加到1 305千克/公顷，产量从41.7万吨增加到73.3万吨。各项指标均超越了解放前的最高水平，为一五计划的顺利实施奠定了物质基础，郊区农民生活开始向温饱过渡。

当然，在农业政策实施的过程中也存在不少问题，比如互助组的参与中存在比较大的政治压力，“不组织起来，就是走资本家的道路”，“入组光荣，单干落后”，甚至实际行动也在排斥单干户；此外部分干部不根据实际生产需要，从便于掌握或者片面追求“高级形式”的角度出发而盲目发展；等价互利原则也未得到贯彻，不等价交换现象很普遍等。这些问题需要在下一阶段中加以解决。

第三章

社会主义改造和农业稳定发展时期（1953—1957年）

土改的完成消灭了封建土地所有制，建立了农民土地私有制和自耕农制度，但是自耕农之间出现了分化，部分农民手中缺乏足够的生产资料和生产工具，不得不再次出卖土地，土地又出现集中的趋势。中国共产党根据马克思主义的合作制理论，引导农民走向合作化的道路。农业生产合作社由互助组、初级社向高级社逐步过渡，以使农业适应工业的战略决策，为工业化提供资本积累。

1953年6月，中共中央政治局制定了党在过渡时期的总路线，明确提出："要在一个相当长的时期内，逐步实现国家的社会主义工业化，并逐步实现对农业、对手工业和对资本主义工商业的社会主义改造。"随着过渡时期总路线的实施，我国进入有计划发展的国民经济时期。10月，中共中央政治局扩大会议通过《中共中央关于粮食统购统销的决议》；11月，政务院颁布《关于实行粮食的计划收购和计划供应的命令》，中共中央做出《关于在全国计划收购油料的决定》；12月，中共中央正式发布《关于发展农业生产合作社的决议》。根据上述决议和命令，农村流通体制和生产体制相应发生迅速变化。

从1953年开始，北京市进入"一五"计划时期。这个五年计划的核心是努力发展生产，目标是使北京实现由消费城市向生产城市的转变。"一五"计划对北京市工业、农业、商业、基本建设、城市公用事业、交通运输、文教卫生、劳动工资和干部培训共 9 个方向做出规划。其中，对农业的要求是“开展以农业合作化为中心的农业增产运动，有计划地发展蔬菜生产，积极增产乳、肉、水果，努力提高粮食、棉花、油料的单位面积产量，扩大高产作物种植面积，大力造林，增殖家畜。加强国营农场和拖拉机站的工作，支援农业生产合作社发展生产。”计划要求各农业基本指标都要比 1952 年增加，其中，1957 年粮食总产 12.45 万吨（按当时辖区），比 1952 年增长 7.1%，平均亩产 123.75 千克；棉花总产 253.5 万千克，比 1952 年增长 73.8%，平均亩产 25.35 千克；油料总产 1.08 万吨，比 1952 年增长 33.8%，平均亩产 108 千克；蔬菜 57 500 千克，比 1952 年增长 141.6%，平均亩产 2 500 千克（《计划志》）。

第一个五年计划表明，在这一时期，北京市农业生产功能不仅要有进一步的发展和强化，而且要立足于首都城镇工业化水平的提高，为工业化服务。在该时期内，首都郊区农业功能的重点发展方向是，“农业生产必须采取供应城市需要与市政建设密切配合的方针，要高度发挥土地与劳动力的潜力，有计划发展蔬菜、乳、肉类和水果的生产”①，“为首都服务”，“支持工业和城市供应”②。但在“一五”计划开始不久，由于工业增长的指标定得较高和基本建设规模较大，显得农业增长赶不上工业发展的需要。如何加速农业的发展，就成了北京市政府更加关注的问题。因此，大力开展既能降低国家向个体农民增购农产品交易成本，又能有效组织农民，合理利用生产工具的农业合作社，成为必然选择，这也是北京市社会主义改造时期最主要的农业政策之一。农产品流通领域则建立了统购统销的政策，通过定量分配、

① 北京市农村经济研究中心编：《北京市农村改革 60 年大事记》，北京：中国农业出版社，2010 年，页 13～14。

② 北京市农村经济研究中心编：《北京市农村改革 60 年大事记》，页 19。

降低价格来稳定农业的发展。

一、农业合作化政策

新中国成立初期，北京市响应中央号召，积极组织农民走合作化的道路，广泛地成立各种样式的互助组，在条件成熟的情况下鼓励建立初级合作社，在爱国增产运动和生产救灾运动中不断完善，合作化的质和量都有了较大的突破。1953 年 2 月 15 日，中共中央《关于农业生产互助的决议》公布实施，在此后召开的中央第一次农村工作会议中明确指出，“领导农民组织起来是由新民主主义转变到社会主义在农村工作中的中心环节”。

北京市响应中央号召，“一五”计划中明确地将“积极稳步地发展农业生产合作社和手工业生产合作社”作为经济建设的重点，《北京日报》1953 年 12 月 11 日发表的社论中也将合作化作为论述重点，社论指出“靠发展农民个体所有制下的小生产，并不能使全体劳动人民都过富裕生活”，在农业方面实行的社会主义改造就是“逐步把农民个人所有的小生产改造为农民集体所有的大生产”，号召农民“积极拥护总路线，参加互助合作运动，走共同富裕的社会主义道路”。[①] 同时，制定了农业合作社的经营方针和五年发展计划，“分期、分批建立新社，逐步扩大老社，有计划、有领导、有步骤地进行发展合作社的工作，做到迅速前进，稳当不乱”。各郊区也分别根据合作社的规模大小，制定了有针对性的计划，这些计划分为三种类型：“第一类是少数大社，在市、区干部帮助下，年度生产计划中包括种植计划、基本建设计划、耕作计划、用工计划、财务计划，有工副业的还有工副业生产计划；第二类是多数中、小规模社，计划内容一般包括种植

① 《积极领导郊区农民稳步走社会主义道路》，见：北京市档案馆，中共北京市委党史研究室编：《北京市重要文献选编（1953）》，北京：中国档案出版社，2003 年，页 611～612。

计划和简略的收支计划；第三类是少数中、小社，只有简单的种植计划。”同时，针对首都郊区农业的特殊性，指出京郊的农业合作社的经营方针是“必须在为首都为工业服务的方针下，按照各社的具体条件，发展蔬菜、水果、乳肉、工业料及粮食。在经营上应以农业为主，有条件的地区可兼搞林业、畜业、手工业及其他副业生产，但不得经营商业。手工业、副业比重较大的地区应统一组织农业与手工业（或副业）结合的合作社，用副农业支持农业，逐步扩大农业基本建设，使农副业都能得到正常发展。目前不宜单独组织石板、石灰窑等手工业合作社，以免影响农业生产的发展。”①

这一时期，北京的互助合作运动经历了大规模由初级社向高级社的转变，北京市农业合作化呈现新的发展局面，但在其中也出现了脱离实际、盲目激进的行为。北京市在合作化管理方针、规模、种类以及农民参与等问题上，探讨并形成了一系列的政策体系。这些政策大致可以按推广阶段政策和高潮阶段政策两个时期进行划分。②

（一）推广阶段的农业合作化政策（1953年春—1955年春）

经过农业合作化的初级阶段互助组的试办，北京合作化得到了较快的发展，合作社的发展吸引了更多的农户参与，特别是1953年通过过渡时期总路线的宣传，北京农业生产合作社的发展普遍进入推广阶段。③

恢复时期的农业合作社虽然有了较快速的发展，但也暴露出了不少问题，为此北京市在1953年6至8月召开了农业生产合

---

① 《关于京郊农业生产作社若干问题解决办法的初步意见》，见：北京市档案馆，中共北京市委党史研究室编：《北京市重要文献选编（1954）》，页243。

② 《当代中国的北京》编辑部：《当代中国的北京（上）》，北京：中国社会科学出版社，1989年，页93。

③ 《当代中国的北京》编辑部：《当代中国的北京（上）》，页95。

作社主任会议、会计训练班和互助合作代表会，以寻找问题、纠正偏向，并对郊区自发成立的合作社进行甄别处理，对合作社进行整顿，提出了今后互助运动的发展方针，“巩固、整顿农业生产合作社和长期互助组，对临时性的互助组，还应争取适当发展。个别有条件地区亦可发展合作社”①。在前一阶段的基础上，号召更多的农民参与到合作社中。

从该年 11 月开始，市委在郊区农村开展过渡时期总路线的宣传教育活动，使农民认识到“组织起来是走社会主义的必经之路”②。《北京日报》12 月 11 日发表《积极领导郊区农民稳步走社会主义道路》的社论中指出，已经组织起来的农业生产合作社的单位面积产量超过单干农民的 40%～80%，号召农民“积极拥护总路线，参加互助合作运动，走共同富裕的社会主义道路”。

在推进合作化的过程中，北京市要求纠正互助合作运动中的形式主义和急躁冒进做法，并进一步解决互助组内部等价互利的问题，使农业社制定了生产计划、劳动管理、财务分配等项制度，一批不合格的合作社被淘汰。1953 年郊区组织起来的农户达 4.7 万户，占总农户的 38%，其中农业合作社 64 个（包括 1 个集体农庄），入社 1 004 户，占总农户 0.8%，比 1952 年减少了 20%。③ 这是克服形式主义后的结果，郊区的互助合作运动走向正常发展的新阶段。1954 年初级农业合作社正式由试办转向推广。到 1955 年，北京市农业互助组合计达 22 047 个，占总农户比重的 26.2%，其中，常年互助组为 8 868 个，季节互助组 13 179 个，这一时期互助组的建立趋于理性化。

---

① 《在郊区农村工作会议上的总结发言》，见：北京市档案馆，中共北京市委党史研究室编：《北京市重要文献选编（1953）》，页 250。

② 《关于经过总路线宣传农村互助合作运动的开展情况》，见：北京市档案馆，中共北京市委党史研究室编：《北京市重要文献选编（1954）》，页 1。

③ 北京市农村经济研究中心编：《北京市农村改革 60 年大事记》，页 17～18。

表 3-1 1952—1955 年北京市农业互助合作情况

年份	互助组合计			常年互助组		季节互助组	
	个数（个）	参加户数（万户）	占总农户比重（%）	个数（个）	参加户数（万户）	个数（个）	参加户数（万户）
1952	67 873	37.7	61.8	25 216	15.0	42 657	22.7
1953	49 831	28.1	46.1	15 722	10.4	34 109	17.7
1954	46 123	31.7	52.2	22 301	17.6	23 822	14.1
1955	22 047	16.0	26.2	8 868	7.6	13 179	8.4

资料来源：北京市地方志编纂委员会编《北京志·综合卷·人民生活志》，北京：北京出版社，2007 年。

从 1954 年开始，北京市农业合作化进入一个快速发展阶段，形成了一个高潮。据统计，1954 年春，郊区农业生产合作社就已经发展到 412 个（其中以生产蔬菜为主的菜区社 134 个），入社农户 9 860 户，占当时郊区农户总数的 8%，是 1953 年的 10 倍，超过年初预订计划 3 倍。12 月，郊区农业合作社总数已经发展到 701 个，入社农户达到 5.5 万多户，占当时郊区总农户的 47%。在 701 个农业生产合作社中，百户以上的大社有 176 个，其中 300 户以上的有 15 个（《农村经济综合志》）。但这种发展在很大程度上是急躁冒进的产物。这种急躁冒进的态度在很长一个阶段是我们党在推行合作互助时所需警惕的主要问题。

早在 1951 年冬至 1952 年春农村互助合作的初期，就曾出现过少数区村干部为急于完成任务强迫农民编组，盲目追求高级互助形式，急于发展农业生产合作社的现象。1952 年冬至 1953 年春的建社过程中，涌现出一些积极办社的典型，同时暴露出盲目冒进偏向，1953 年春，全郊区批准 48 个农业生产合作社，还有一批未被批准的“黑社”。1953 年 3 月 8 日，中共中央为此专门发出《关于缩减农业增产和互助合作发展的五年计划的指示》，明确指出各大区提出的五年内互助合作发展计划都过高。中央考虑五年内，组织起来农户的老区达总农户数的 80%左右，新区在70%左右。其中，农业生产合作社老区控制在总农户的45%左右，新区控制在20%左右。[①] 3月16日，市委召开“农业合作社工作会议”，这次会议的主要精神就是反对在发展农业生产合作社中所存在的盲目追求数字的“左”倾冒险主义的错误。[②] 6月以后，郊区各区分别召开农业生产互助合作代表会议，进一步贯彻落实中央《关于农业生产互助合作的决议》，批判和纠正互助合作中的形式、急躁冒进做法，以及放任自流的倾向。[③]

1953年下半年，随着粮食形势的急剧恶化和统购统销政策的出台，毛泽东的思想出现较大转变。他认为，农业问题、粮食问题已成为我国工业化道路上的一大障碍，消除这一障碍的办法，就是尽快引导农民通过合作化走向集体化，使农业为工业服务。他的这一思想转变成为我国农业合作化运动中的一个重要转折（萧国亮、隋福民，2011）。

此后，随着农业合作社经验积累的丰富以及成就的显著，原先各级领导存在的怕办不好、不敢发展的思想发生转变，“开始滋长贪多、求大、求快的情绪”。特别是出现了300多个土地不分红的高级社，“对中农和劳动力少的农户震动很大”，也引起北京市委及相关部门的检讨，“中央指示今年全国不办高级社，而郊区办了这么多，有些并不具备条件”，“路要一步步地走，三步当成一步走就会摔跤，不能总是急行军。走得太快了，栽了跟头，起来再走，就更慢了。”（《农村经济综合志》）对于大社，彭真指出：“必须充分地估计在小农经济的基础上，在手工生产的条件下办大社的困难。但不要走得太快，不要条件不具备时急于建立很多大社。……感到办不下去的，就不要勉强，经过社员好

① 北京市农业局史志办公室：《北京农业生产纪事（1949—1990）》，北京：北京出版社，1993年，页44。

② 北京市农村经济研究中心编：《北京市农村改革60年大事记》，页14。

③ 北京市农业局史志办公室：《北京农业生产纪事（1949—1990）》，页49。

好讨论，适当地分成几个社。”[①] 可以说，此时的京郊合作社的发展尚在控制范围内。针对建社中出现的种种问题，市委农委于1954年12月提出控制措施：严格限制新建或扩建大社的审批权限；严格控制新办土地不分红的高级社，除近郊经济发展快的蔬菜区外一般不再办高级社，目前京郊原则上不办果树不分红的农业社；严格控制合作化的无序发展，凡原来无社的乡入社农户超过30%者须经市委农委批准；严格控制生产资料折价入社、价款全部作为股金的审批权。[②] 1955年1月，邓子恢在代中央起草的《农业生产合作社章程》和《关于整顿和巩固农业生产合作社的通知》中也批评了合作社执行过程中的冒进倾向。中央接受了这一意见，对各地合作社进行整顿。

（二）高潮阶段的农业合作化政策（1955年11月—1956年春）

1955年4、5月间，在外地考察期间，毛泽东思想发生了重大转折，对合作社的发展速度做出了错误的判断，史称“五月变化”。他严厉地批评了邓子恢等认为合作社发展过快的思想，认为是“发谣风”[③]。1955年7月3日，他在全国省、市、自治区党委书记会议上作了《关于农业合作化问题》的报告中指出：“在全国农村中，新的社会主义群众运动的高潮就要到来。我们的某些同志却像一个小脚女人，东摇西摆地在那里走路，老是埋怨旁人说：走快了，走快了。过多的评头论足，不适当的埋怨，无穷的忧虑，数不尽的清规和戒律。”提出全国农村将在1960年基本完成半社会主义的改造，1960年以后逐步地分期分批地由

---

① 彭真：《办好农业合作社》，见：北京市档案馆，中共北京市委党史研究室编：《北京市重要文献选编（1955）》，页86。

② 北京市档案馆，中共北京市委党史研究室编：《北京市重要文献选编（1954）》，页810～811。

③ 薄一波：《若干重大决策与事件的回顾》上卷，北京：人民出版社，1997年，页383。

半社会主义发展到全社会主义。中共中央根据毛泽东的讲话精神于10月制定了《关于农业合作化问题的决议》。12月21日，中共中央发出了毛泽东起草的《征询对农业十七条的意见》，其中关于农业合作化问题又提出："农业合作化的进度，1956年下半年基本上完成初级形式的建社工作，入社农户达到80%至85%左右。合作化的高级形式，争取1960年基本上完成，是否提前一年，争取于1959年基本上完成。""农业十七条"发出后，全国农业合作化的发展速度进一步加快。

表3-2　1952—1957年北京市农业生产合作社发展变化情况

年份	合作社合计			高级社		初级社	
	个数（个）	参加户数（万户）	占总农户比重（%）	个数（个）	参加户数（万户）	个数（个）	参加户数（万户）
1952	28	0.027	0.1	2	0.002	26	0.025
1953	256	0.39	0.6	16	0.03	240	0.36
1954	2 115	5.13	8.5	114	0.37	2 001	4.76
1955	6 522	24.44	39.9	77	1.01	6 445	23.43
1956	1 351	62.80	99.2	1 351	62.80	—	—
1957	2 357	62.80	99.6	2 357	62.80	—	—

资料来源：北京市地方志编纂委员会编《北京志·综合卷·人民生活志》。

北京市根据这两次会议精神，修改调整了农业合作社的发展规划。彭真后来说："在这次社会主义高潮中，最突出的问题和现象，是领导赶不上形势。在开始的时候，市委对高涨的群众运动形势估计不足，因而所订的农业社会主义改造规划3个月改了6次"（《农村经济综合志》）。1955年11月，北京市委召开的扩大会议指出，目前郊区已经出现了农业合作化的新高潮。12月7日，《北京日报》先后刊登《东管头乡百分之九十九以上贫农中农入社》、《麻峪乡入社农户逐日逐时上升》、《衙门口乡满墙都是新社员名单的红榜》、《在大转变日子里》等四篇通讯，号召"为实现首都郊区农业合作社奋勇前进"。12月15日《人民日报》刊登的

《北京郊区完成半社会主义的农业合作化》的新闻中指出：“到（12月）13日止，近郊五个区入社农户已经达到农户总数的90%；入社的贫农、下中农和上中农农户已经分别占到这些阶层的农户总数的97%以上。另外有40个乡，除地主富农外，全部农户都已经入社。京西矿区也已经有86.2%的农户参加了农业生产合作社。”1956年1月4日，市委第二书记刘仁在郊区区委书记会上说，“郊区农民都入社了，转高级社没有危险，我看高级社马上就可以开始搞。争取旧历年前基本搞完，我主张积极地搞，高级社能转就转，并乡并社一齐解决，一村一个社，或一乡几个联社”①。1月5日，北京郊区实现社会主义农业合作化，完成了农村社会主义改造。1月11日，东郊、南苑、丰台、海淀、石景山5个区所有初级农业生产合作社已经全部转成高级社。17日，京西矿区农业生产合作社也全转为高级社。据统计，1956年北京市全郊区成立高级合作社1 351个，近郊区427个，入社农户62.8万户。②1957年农业合作社总计2 357个，参加户数占总农户的99.6%。

全国各地高级合作化热潮的迅猛发展出乎毛泽东的预料。1956年1月20日，他指出这种情形必须“刹车，否则有翻车的危险”。北京市响应号召，从各级领导干部头脑降温入手，认真查找合作社建设中的问题，加强合作社的管理。市农林水利局陆续编制了北京市郊区农业生产合作社《生产计划和财务计划的编制》、《公共财产的保管与使用和统计工作》、《会计规程》和《怎样做好农业生产合作社的记工工作》等管理办法，并发给郊区各农业生产合作社。1957年1月，市委农村工作部在《关于京郊1956年办社工作总结和改进1957年办社工作的意见中》，对1956年的工作进行了检讨，认为主管部门一度出现了急躁情绪，

① 北京市农村经济研究中心编：《北京市农村改革60年大事记》，页27。

② 《中国农业全书》总编辑委员会编：《中国农业全书·北京卷》，北京：中国农业出版社，1999年，页213。

在生产上造成一些损失；大社办得多了一些，缺乏经验，困难很多；对生产队限制太死，缺乏责任制度，劳动报酬不尽合理。[①]至此，北京市农业合作社的基本问题已调查调整完毕，各项管理制度日趋完善，农业生产走向正规的发展轨道。1957 年，除了 80 余社因雹灾、干旱或副业门路变化比上年减收外，其余 80％的农业社增产增收，有 105 个社的户均收入达到或超过当地富裕中农户的收入水平，平均每户收入（不包括家庭副业）在 450 元以上（《农村经济综合志》）。从社员的收入看，仅按照社内劳动工分分配的结果看，比 1955 年增加收入的有 233 个社，占 54.6％；90％以上的社员增收的有 85 个社。[②]

农业合作社成立之初不可能把所有制度都建立起来，会产生许多问题，随着合作社活动的开展，社员遇到的问题逐渐增多，北京市在生产经营管理方面的政策随之不断完善。

1. 入社政策　北京市近郊各社建社时，对生产资料、现金、人员入社都做出了规定。

生产资料包括土地、牲畜等。对于土地，原则上一律入社，但可以适当保留少量菜地。入社私有地的产权仍归属社员本人所有。牲畜入社，因为郊区“蔬菜及经济作物生产，需要的畜工较多，受大车运输业的影响，畜工工价较高，雇佣牲口不上算”，因此对于社员的牲口，一开始都普遍采取了折价入社、分期利息付款的办法。但有些社不根据具体情况逐步积累公共财产，有些社将用不着的牲畜、农具也折价入了社，增加了社的负担，影响了社员的收入。对于这一现象，北京市认为生产资料入社“必须是群众自愿，不得用任何强迫命令的方式”。对于山区以发展畜

① 北京市农村经济研究中心编：《北京市农村改革 60 年大事记》，页 29。

② 《关于争取 1957 年郊区农业大丰收进一步巩固和提高农业生产合作社报告的通知》，见：北京市档案馆，中共北京市委党史研究室编：《北京市重要文献选编（1957）》，页 199。

牧业为主的，社员的羊群作价入社，平均入股，蜜蜂较多，且有技术人员的社也采取以上办法，较少的则自行喂养。[①]

股份生产资金有按股交纳固定生产基金和自由投资两种。前者“每个社员都必须向社交纳一定的股份金，作为社内的生产资金。退社时，可以带走。股份金以外的投资应给以相当或稍高于银行的利息。”[②] 针对入社后的新社员也面临交不交公共财产的问题规定，“新入社社员应和其他社员一样，分担一份贷款。已由老社员偿还的贷款不补，只根据其经济情况酌收一部分入社费，有困难的可以暂欠或不交”[③]。后者则是动员社员将自己的种子、饲料和现金自由投入社内，每年归还。对于社员补缴入社股份基金则规定“根据每户可能补缴的实际能力，定出补缴计划，对于确实贫困、无力一次缴纳的社员，可由贫农合作基金中贷款补缴”[④]。

此外，还规定了合作社中公积金和公益金的积累问题，其数额一般不超过当年总收入的5%；老社公益金不超过2%，公积金不超过8%；菜区公积金不超过10%。[⑤] 1955年，对公积金和公益金的积累做出调整，公积金积累比率，一般占纯收入的1%左右；土地不分红的社可多积累，但一般不超过3%。[⑥]

入社成员问题上，除了成年劳动力之外，北京市还考虑了其

---

① 《关于京郊农业生产合作社若干问题解决办法的初步意见》，见：北京市档案馆，中共北京市委党史研究室编：《北京市重要文献选编（1955）》，页246、249。

② 《关于检查整顿农业生产合作社的报告》，见：北京市档案馆，中共北京市委党史研究室编：《北京市重要文献选编（1955）》，页172、175、176。

③ 《关于京郊试办农业生产合作社初步总结》，见：北京市档案馆，中共北京市委党史研究室编：《北京市重要文献选编（1953）》，页376～377。

④ 《关于京郊农业生产合作社1955年秋收分配方案》，见：北京市档案馆，中共北京市委党史研究室编：《北京市重要文献选编（1955）》，页688。

⑤ 《关于京郊农业生产合作社若干问题解决办法的初步意见》，见：北京市档案馆，中共北京市委党史研究室编：《北京市重要文献选编（1955）》，页250～251。

⑥ 《关于京郊农业生产合作社1955年秋收分配方案》，见：北京市档案馆，中共北京市委党史研究室编：《北京市重要文献选编（1955）》，页687。

他劳动力的入社问题。对于半劳动力的入社原则是“自愿两利，凡有土地，有一定劳动力的，在自愿原则下都可参加。”对于完全没有劳动力的“可采取包租或代耕的形式”[①]。1954年4月，北京市制定了入社成员的基本要求，从要求的具体情况看是比较宽泛的，涉及中贫农、农业雇工、烈军属、手工业者、运输业者、医生等。同时规定一些特殊对象不允许加入，包括外地临时流入北京的雇工、未改变成分的地主及其他被剥夺政治权者、富农、农业资本家。对于后者，可以根据其改造情况区别对待，合乎要求的在经社员大会讨论通过后，批准入社，例如，家庭成分为地主的退伍军人，积极要求入社者；地主分子已经死亡，其子女未参加过剥削者。特殊人员的入社必须经过区农委审查备案。[②] 1956年春耕开始讨论地主、富农入社问题时，北京市委决定将他们土改时多于一般农民的一部分牲口、农具等，经过动员和群众讨论，使他们“无代价地交给社里”[③]。为了增加农业劳动力，市委对妇女参加农业生产合作社做出详细规定，1956年1月25日北京市妇联举行的郊区妇女工作会议中指出，要大力发动妇女参加农业生产；5月17日，在市委转发市妇联党组的报告中批示，妇女参加农业生产是解决农业生产劳动力不足的重要办法之一；同时要求各区积极发展托儿组织，根据妇女的特殊生理问题安排妇女能胜任的活茬，做到同工同酬。[④]

北京市贯彻合作社“自愿互利”原则，规定社员有退社自

---

① 《在郊区农村工作会议上的总结发言》，见：北京市档案馆，中共北京市委党史研究室编：《北京市重要文献选编（1955）》，页251。

② 《关于京郊农业生产合作社若干问题解决办法的初步意见》，见：北京市档案馆，中共北京市委党史研究室编：《北京市重要文献选编（1955）》，页244～245。

③ 《关于执行毛主席关于农业合作化和农业生产问题的十七项任务的指示的计划向中央的报告》，见：北京市档案馆，中共北京市委党史研究室编：《北京市重要文献选编（1956）》，页39。

④ 《关于当前郊区妇女参加农业生产中的问题的报告的批示》，见：北京市档案馆，中共北京市委党史研究室编：《北京市重要文献选编（1956）》，页263～265。

由。但退社时，土地、生产资料要根据实际效益付出代价；对待退社户，必须坚持“政治上不加歧视、经济上不予损害”的原则。截至1955年5月，有3 600多户勉强入社的农民退社，占原入社农户的6%。[①] 当然，退社导致的人员减少使部分地区出现对退社户歧视、讥讽、打击的现象，甚至强制换掉退社户的土地，限制退社户从事运输副业或购买生产资料等行为。

2. 合作社干部培养政策 如何保证合作社管理者的素质，提高领导水平是北京市合作化运动中长期考虑的重要问题，特别是互助合作运动快速发展时，提高领导者的素质，加强党的领导尤为关键。根据对北京48个社的领导骨干的分析，缺乏集体生产的经验、不善于走群众路线等是他们普遍存在的问题，比如有少数区、乡干部因对合作化运动形势和农民觉悟估计过低，片面追求数字，在宣传动员中曾发生过强迫命令和威胁利诱的偏向，[②] 有些干部有急躁情绪，致使不具备条件的互助组也转了社。[③] 针对这种情况，北京市通过训练班、座谈会、组织参观或个别谈话，开展批评和自我批评，锻炼社员领导能力。1954年就曾组织了1 500余人的互助组长训练班。

合作社社员成分的复杂性，也是必须加强领导素质的重要原因。入社时，部分农民的思想仍旧存在落后的意识，比如受资本主义思想影响，对社没有信心，有少数社员自私自利，个人利益压倒集体利益，自由散漫等，这就需要建立社内党团小组，向社员进行合作社优越性的宣传，加强社会主义改造教育。北京市在进行总路线的宣传后指出：“需设专职书记或组织农村工作部才

① 《关于切实做好退社户工作意见的批示》，见：北京市档案馆，中共北京市委党史研究室编：《北京市重要文献选编（1956）》，页349。

② 《关于当前京郊农业生产合作社发展情况和问题向市委的报告》，见：北京市档案馆，中共北京市委党史研究室编：《北京市重要文献选编（1954）》，页807。

③ 《关于检查整顿农业生产合作社的报告》，见：北京市档案馆，中共北京市委党史研究室编：《北京市重要文献选编（1956）》，页171。

能应对局面……党的力量比较薄弱，一方面表现在很多支部尚未以领导互助合作为中心工作，另一方面，近郊各区党团员数量太少，有些较好党员已参加农业生产，新社中较普遍的缺乏骨干……应适当发展党团组织，为互助合作培养骨干。”[①] 1954年4月13日，北京市委向华北局、中央汇报郊区互助合作运动时指出，无论是互助组，还是合作社中缺乏党员的现象都十分明显。特别是合作社，由于党员一般都入社，致使互助组普遍缺乏党员作为领导骨干。合作社中，也有20%左右没有党员。因此，“今后必须加强郊区发展党员的工作”[②]。10月10日做出的冬春合作社发展计划中，指出要培养各种骨干4 000人，再次强调要充分发挥党的基层组织的核心领导作用，发挥青年团员和广大青年、妇女、民兵等有组织的群众在合作化运动中的作用。

在加强党的领导的同时，也要注意培养本地农民的核心领导作用，“在社员中锻炼、培养出一批政治上、管理上有能力的人作为领导核心”。合作社初期主要是“派下去的干部在领导办社……干部走了，它可能就巩固不下去”，因此，“要注意在农民中培养领导核心，在政治上、工作上帮助农民积极分子，把办社经验介绍给他们，帮他们总结经验，使他们自己能把社办好”。[③] 特别是到了1955年春，随着郊区合作社大规模的推进，农业社的发展已由领导机关派工作组帮助农民试办转入广大农民群众自办阶段。面对这种形式转变，北京市更加强调“培养出大批政治上坚强、熟悉业务的乡、社干部，这是争取办好社和巩固社的重要保证”，为此制定了大批训练社主任、生产队长、会计员、技术员、牲畜

① 《关于经过总路线宣传农村互助合作运动的开展情况》，见：北京市档案馆，中共北京市委党史研究室编：《北京市重要文献选编（1956）》，页7～8。

② 《关于郊区互助合作运动情况向华北局、中央的报告》，见：北京市档案馆，中共北京市委党史研究室编：《北京市重要文献选编（1954）》，页206。

③ 彭真：《办好农业合作社》，见：北京市档案馆，中共北京市委党史研究室编：《北京市重要文献选编（1955）》，页81。

饲养员、党团支部书记等办社骨干和积极分子的计划，1、2月间就分期训练了17 684名办社骨干。其中，由市级训练的合作社正副主任884人、会计1 037人、农业技术员1 684人、乡团支部书记与委员625人、市供销合作社干部89人、乡信用合作社干部391人；由郊区各区委训练的各种人员12 974人。①

3. 分配政策 合作社由个体转为集体，如何分配是一个重要的问题。早在互助组时期就已经摸索公平合理的分配方法，从1953年开始，大部分常年组采用死分活评，某些活茬采用按件记工，还有些组建立了工账，采用简便易行的工票、工牌制度，有些组实行了一定限度的统一安排活茬及适当的分工分业制度。② 但在分配中"平等互利政策未深入贯彻，不等价交换现象很普遍"，组中存在的不按活评分、平均主义、男女不同酬、没有季节差额等问题，较为突出。③

合作社阶段初期，北京市农业生产合作社中围绕土地分不分红形成了三种分配方法：一是土地不分红，按劳力多少分配；二是部分土地完全按劳分配，部分土地实行地劳结合的比例分红；三是土地入股，收获物按土地股及劳力比例分配。④ 1954年土地不分红的社有151个，按土地劳力比例分配的社有138个。⑤ 土地分红分近郊、山区两种：近郊根据查田定产的产量（菜区社应

① 《关于训练农业生产合作社的干部和各种积极分子、技术员的综合报告》，见：北京市档案馆，中共北京市委党史研究室编：《北京市重要文献选编（1955）》，页263～264。

② 《1953年北京郊区农业生产互助合作运动总结》，见：北京市档案馆，中共北京市委党史研究室编：《北京市重要文献选编（1954）》，页68。

③ 《关于目前郊区互助组中的几个主要问题》，见：北京市档案馆，中共北京市委党史研究室编：《北京市重要文献选编（1953）》，页129。

④ 《关于京郊试办农业生产合作社初步总结》，见：北京市档案馆，中共北京市委党史研究室编：《北京市重要文献选编（1953）》，页376～377。

⑤ 《关于当前京郊农业生产合作社发展情况和问题向市委的报告》，见：北京市档案馆，中共北京市委党史研究室编：《北京市重要文献选编（1954）》，页804。

以查田定产折半产量，即交纳农业税产量）入股分红；山区以土质及常年实际产量为主要根据，并考虑土地远近、费工多少等因素。[①] 据统计，1955 年北京市农村土地分红比例已经很少，仅占 10.6%，而 89.4%则是按照劳动力报酬分配的（《人民生活志》）。

但在执行的过程中，由于部分干部存在向高级社转变的冒进思想，纷纷实行土地不分红的分配原则，引起中农、贫农的不安。彭真批评了这些行为，指出："农民之所以支持我们，就是因为我们党领导他们分得土地。现在你轻轻地一办农业生产合作社，就把他的土地弄没了，又取消了土地分红，他当然不干。办高级社，土地不给报酬，农民内部有人占便宜，有人吃亏，这里头有很大的利害关系，土地不分红是不利于贫农和中农团结的。""现在把土地不分红当做一个普遍的政策，不问当地实际情况如何一律推广是不行的"，"只要有一部分社员不是真正愿意，经过社员好好讨论，就要实行土地分红"。土地不分红的实现，要等过若干年后，"条件变了，农民觉悟提高了"后实现。[②]

合作社分配原则是：在不违反以劳动为主、兼顾土地利益的前提下，从各方面照顾收入少的社员，尽可能做到公平合理，争取每个社员的收入都比入社前有所增加。分配方法是：粮食作物随打随分，蔬菜、棉花等商品作物，由社统一保管出卖后分配现金，分配实物时按照质量分等作价。[③] 北京市菜田区有着生产经营上的特殊性，土地基本属于国有，在生产上起作用的也主要是技术、劳力和投资，因此郊区主要采取的是劳力分红的原则。北京市政府也认识到有些社过早过急压低土地分红的比例，或为追求

① 《关于京郊农业生产合作社若干问题解决办法的初步意见》，见：北京市档案馆，中共北京市委党史研究室编：《北京市重要文献选编（1954）》，页 246。

② 彭真：《办好农业合作社》，见：北京市档案馆，中共北京市委党史研究室编：《北京市重要文献选编（1955）》，页 83～85。

③ 《关于农业生产合作社秋收分配工作向市委的报告》，见：北京市档案馆，中共北京市委党史研究室编：《北京市重要文献选编（1953）》，页 439。

"高级形式"而实行土地不分红，影响了土地较多的农民入社的积极性。针对这一现象，要求"不宣传，不发展。现有的社，经过交代政策，充分酝酿，绝大多数社员坚持土地不分红者，不予变更；少数不同意的社员，可以自由出让。大部分社员要求土地分红者，应帮助他们改为土地分红"。① 此外，放弃剥削的富农参加土地分红的社，土地若多于一般社员，多余部分，土地不分红。②

但在进入高级社后，已不存在土地分红的分配制度。由于生产资料收归公有，土地分红予以取消，从1955年开始，合作社将纯收入的90.51%作为劳动报酬，并开始提取9.49%作为集体积累，即公积金、公益金等；1956年，又将纯收入的7.6%作为税金上交国家，分给社员的为86.19%。社员的劳动报酬从1955年的230元增加到了340.55元（《人民生活志》）。

为激励社员，市委要求各社建立定期的预分制度，适时地把农、副生产的收入分配给社员。预分工作和分配决算工作都应经过社员大会或社员代表大会协商后决定。一般社的分配应以按件计酬为主要计酬办法。这种计酬方法包含劳动定额制度和生产责任制，前者是根据社员完成劳动情况积分报酬；后者则包含三个层次：一是合作社对生产队实行包产量、包工分、包费用，超产奖励的"三包一奖"；二是生产队把田间管理农活包工到组或人；三是生产队把少量经济作物包工或包产到户，按产记工分。③

在合作化逐步稳定后，北京市为进一步提高农业生产合作社的管理水平和更加合理地分配社员的收入，进行收入分配的改革创新。1955年春，市委农村工作部和东郊、南苑、丰台、海淀、京西矿区等区开展包工包产、超产奖励的试点工作。该制度预先

---

① 《关于检查整顿农业生产合作社的报告》，见：北京市档案馆，中共北京市委党史研究室编：《北京市重要文献选编（1953）》，页173。

② 《关于京郊农业生产合作社若干问题解决办法的初步意见》，见：北京市档案馆，中共北京市委党史研究室编：《北京市重要文献选编（1953）》，页248。

③ 《中国农业全书》总编辑委员会编：《中国农业全书·北京卷》，页214。

把社内各生产队的生产用工和各种作物产量作出规定，并按照各生产队的生产好坏进行奖励和赔偿，合理分配收入。通过试点，市委认为包工包产、超产奖励是把责任制与分配制度密切结合起来的一种比较科学的、先进的管理办法。其主要经验在于：编好生产队，划好耕作区，合理搭配作物和生产工具；合理定工；合理定产、全面包产；议定合理的奖励办法等。①

1955年秋收分配方案中对粮食分配做出规定，各社出产的粮食按照“粮食三定到户”的产量，以社为单位，进行计划分配。有余粮的社，在留出国家规定的种子、饲料后，要向国家缴纳农业税以及卖给国家的余粮，然后再按每户社员的粮食需要量进行计划分配。若分的粮食不足，则由现金补足。社内公有的羊群、牛群及猪等财产应估产估价，增值部分作为社的当年收入，统一分配。② 1956年对于合作社分配的比例做出规定，农业社必须贯彻执行“少扣多分”的方针，把总收入的60%～70%直接分配到社员手里，使90%的社员增加收入。蔬菜社由于生产成本较高，总收入的绝对数也多，直接分到社员手中的比例可以适当下降，但不得低于50%。③

新中国成立初期，由于基层政府各种事务繁杂，据统计，有的村主要干部一般均兼任5职，最多的甚至兼任17职之多，这就导致工作和生产不能兼顾，村干部实际上脱离了生产，④ 因此部分社对其实行了特殊的记分方法，有的按照劳动日最多的社员

① 《关于北京郊区七个农业生产合作社试行包工包产、超产奖励制的经验》，见：北京市档案馆，中共北京市委党史研究室编：《北京市重要文献选编（1955）》，页988～997。

② 《关于京郊农业生产合作社1955年秋收分配方案》，见：北京市档案馆，中共北京市委党史研究室编：《北京市重要文献选编（1955）》，页689。

③ 《中共北京市委向北京市第二次党代表大会的工作报告》，见：北京市档案馆，中共北京市委党史研究室编：《北京市重要文献选编（1955）》，页498。

④ 《关于解决郊区村干部忙乱问题向中央、华北局的报告》，见：北京市档案馆，中共北京市委党史研究室编：《北京市重要文献选编（1955）》，页153～162。

分红，还有的规定除农业劳动日记分外，每日另计 2 分等，针对农业合作社规模小的现实，北京市规定，不设脱离生产的干部。但社长为社务误工的应照常记工，会计因为比一般社员付出劳动多，年终可适当加分，多分一些粮食作为报酬。① 1957 年，市委对合理确定社干部名额和劳动报酬做出调整，认为以往郊区的蔬菜社和副业多的社，因经营内容繁杂，需要管理人员较多，加之干部缺乏经验，按社员的 1.5%～2%配备干部"紧了些"，由于形势变化、管理水平的提高，加之许多社实行了"三包"，日常管理事务大大减少，故而干部名额仍按照 2%。但是如果需要增加，可以把一部分脱产干部改为定工生产定额补助，在 2%的脱产工分中调剂使用。社干部的劳动报酬，一般应相当于社内中上等劳动力的收入水平。② 在年底开展的社会主义教育大辩论、大整改阶段，根据郊区 8 个试点乡的 14 个社 332 名脱产干部的调查，根本没有参加劳动和参加劳动不满 20 天的占 63.8%之多。市委要求各乡、社必须督促一切没有或很少参加生产劳动的社干部立即自觉地、主动地、尽可能多地参加劳动生产。③

同时，北京市也在实践中不断完善合作社的财政管理政策。农业合作社建立初期，各社普遍存在财务管理混乱的现象，"一般社开支没有批准手续，借支没有制度。有些会计业务能力太低，不能按时清账，个别社有浪费现象"④。北京市要求各社根据生产计划，制定简单的财务收支计划，建立民主的财务管理制

---

① 《关于京郊农业生产合作社初步总结》，见：北京市档案馆，中共北京市委党史研究室编：《北京市重要文献选编（1953）》，页 383。

② 《关于争取 1957 年郊区农业大丰收进一步巩固和提高农业生产合作社报告的通知》，见：北京市档案馆，中共北京市委党史研究室编：《北京市重要文献选编（1957）》，页 209。

③ 《关于结合大辩论整顿郊区农业生产合作社的指示》，见：北京市档案馆，中共北京市委党史研究室编：《北京市重要文献选编（1957）》，页 789。

④ 《关于检查整顿农业生产合作社的报告》，见：北京市档案馆，中共北京市委党史研究室编：《北京市重要文献选编（1957）》，页 171。

度，对于蔬菜以及有副业收入等常有借支的社，应规定借支的时间及数目，以免影响社内生产及年终分红。[①] 1954 年还组建会计互助网，定期开展经验交流、互助互学工作，互相督促检查记账和账目。[②] 经过分批培训，至 1955 年各社财务会计工作进入正规化，逐步建立了财务管理制度，如定期清理公开账目、财产保管、执行预决算、社员借支等制度，80％以上的社做到了账目基本清楚。1957 年对合作社的开支情况做出具体规定，蔬菜社不能超过生产总值的 35％，大田社不超过 25％，山区社不超过 20％。

4. 阶级政策 新中国成立初中央政府在阶级层面对互助合作组织虽然有“不应允许进行雇佣劳动的剥削（即富农的剥削）”、“不应允许组员或社员雇长工入组入社，也不应允许互助组和农业生产合作社雇长工耕种土地”等要求，但尚无具体涉及阶级的政策。1952 年 4 月开始对富农经济采取限制措施，但此时尚“停留在党内批判和处理党员中的自发资本主义倾向”；1953 年开始由土改时的“保存富农经济”、土改后“允许富农经济发展”，转向了限制富农剥削的层面，并按照党在民主革命时期划分阶级的方法，将农民划分为贫下中农、富裕中农、富农等，对不同的阶层采取不同的政策，以推动农业合作化的发展（许建文，2007）。

北京市这一政策的走向与中央要求一致。新中国成立初的土改政策对富农经济采取支持的政策，对雇工、富农参与互助组等都没有明确的规定，富农仍可以参加互助组，但“不允许未改变成分的地主及其他被剥夺政治权的人入社”[③]。比如 1953 年丰台区马厂、白盆窑等村的 9 个互助组中即有 8 户富农、2 户地主；黄土岗王建堂组共 5 户，其中就有 2 户地主，有的地主富农甚至

---

① 《1953 年北京郊区农业生产互助合作运动总结》，见：北京市档案馆，中共北京市委党史研究室编：《北京市重要文献选编（1954）》，页 75。

② 北京市农村经济研究中心编：《北京市农村改革 60 年大事记》，页 22。

③ 《关于京郊农业生产作社若干问题解决办法的初步意见》，见：北京市档案馆，中共北京市委党史研究室编：《北京市重要文献选编（1954）》，页 245～246。

成为组内领导者，“组员成为他们的变相的雇工”。这种现象引起北京市的警惕，从1953年起，北京市开始对这一问题进行整顿，要求将地主、富农“彻底清洗出组”①。合作社的开展“主要还是依靠贫农，巩固和团结中农，因真正拥护互助合作的还是贫农。但必须警惕，依靠贫农并不等于排斥中农”②。总路线提出后，北京市进行了广泛的宣传教育活动，他们认识到了中农和富裕中农一般也是拥护总路线，有的愿意参加合作社，但同时也认为这些阶层参加合作社的动机存在问题，“是有条件的”，比如富农“表面上非常积极，到处请求参加互助合作，入社后可以提高政治地位，有的怕别人都组织起来，自己无处雇工”③。特别是合作社发展起来后，“地主、富农、反革命分子也加紧了破坏活动：有的抓住社的弱点在群众中散布谣言；有用放火等办法，公开破坏社、组的生产；有的伪装积极，混进社、组内部企图在社员中挑拨是非，制造不团结”④。复杂的阶级斗争局面使北京市开始考虑富裕中农的入社问题。通过建立保卫组织，清洗了一批混入社内的地主、富农及其他破坏分子，逮捕、宣判了一批破坏农业生产合作社的反革命分子，有力地保卫了农业社会主义改造的进行。

从总体看，北京市的合作化政策考虑了富农、中农的感受，强调中农和贫农一样全是劳动人民，对贫农尚无特殊的照顾政策，有些地区“没有很好地依靠贫农，充分发挥贫农对合作化事业的积极性，树立贫农的优势，甚至有些地方使贫农吃了亏”，

---

① 《关于目前郊区互助组中的几个主要问题》，见：北京市档案馆，中共北京市委党史研究室编：《北京市重要文献选编（1953）》，页129～130。

② 《在郊区农村工作会议上的总结发言》，见：北京市档案馆，中共北京市委党史研究室编：《北京市重要文献选编（1953）》，页251。

③ 《关于经过总路线宣传农村互助合作运动的开展情况》，见：北京市档案馆，中共北京市委党史研究室编：《北京市重要文献选编（1954）》，页5～6。

④ 《关于郊区合作化动的情况及今后工作的意见》，见：北京市档案馆，中共北京市委党史研究室编：《北京市重要文献选编（1954）》，页369。

而富农尚能当上生产队长。针对这种情况，北京市除强调未改变成分的地主、富农不得入社外，也做出了“个别已达到合作化的乡，社本身确已巩固，有条件吸收富农成分入社者，应报请市委批准”[①]的规定，收紧了入社条件。

1955年，随着农业合作化高潮的来临，系统地吸收富农、地主入社，以扩大合作社规模，再次成为一项重要政策。12月24日，北京市委向中央报送了《关于地主富农入社几个政策问题》的请示报告。报告提出：目前北京市郊区已实现半社会主义的农业合作化，入社户占农户总数的91%。除地主、富农以外，贫农、中农已基本全部入社。决定郊区各区都选择一个或几个合作社，分批接受地主、富农入社，取得经验后再系统解决地主、富农入社问题。1956年1月3日，市委召开区委书记会，继续座谈地主、富农入社问题，布置转高级社工作。11日在关于执行十七项任务的报告中明确指出准备在1956年春耕以前解决地主、富农分子入社问题。

1956年郊区遭受严重涝灾，农业减产严重，加之石景山区中苏友好生产合作社由于在1955年的扩社并社中存在强迫命令现象，导致部分地主、富农对合作化出现不满情绪，部分富裕中农退社、闹自留地和搞“抄肥”、“自搂”，有的甚至强拉已经入社的车、马退社和殴打社干部。1957年1月，市委在郊区开展肯定合作化成绩、批判富裕中农动摇思想的宣传运动；同时决定不准闹退社的富裕中农拉走其已经入社的车、马，收回了部分富裕中农多留的自留地，这些措施有效地限制了部分富裕中农的资本主义活动。[②]

---

① 《关于当前京郊农业生产合作社发展情况和问题向市委的报告》，见：北京市档案馆，中共北京市委党史研究室编：《北京市重要文献选编（1954）》，页809、811。

② 《关于今冬明春在郊区农村开展大生产运动的报告》，见：北京市档案馆，中共北京市委党史研究室编：《北京市重要文献选编（1954）》，页811～812。

5. 农业增产政策 社会主义改造时期，北京市继续推进农业增产运动。1953年3月，市农林局为鼓励郊区进一步巩固和发展互助合作组织，开展爱国竞赛运动，提高作物产量，制定了农业丰产奖励办法。奖励对象是全面增产或一种作物丰产的村、国有农场、农业生产合作社、互助组。奖励的作物有玉米、水稻、谷子、小麦、棉花、花生、白薯、土豆、大白菜、黄瓜、西红柿、茄子、大蒜、扁豆、萝卜等，还有温室生产。此外，根据组织的农户数、农作物产量等做出了具体的奖励标准。[①]

1954年4月，丰台张郭乡农业生产合作社向全郊区农业生产合作社发出爱国增产的挑战，东郊南皋乡的五一农业社、丰台黄土岗乡蔬菜生产合作社、白盆窑乡农业社、红星集体农业社等118个农业社、310个互助组先后迎战，揭开了京郊爱国竞赛运动的序幕。为加强对其组织领导，北京市成立了“农业爱国增产竞赛办公室”。9月，市农业爱国增产竞赛办公室组织检查评比，重点是“检查生产，看收成，看晚秋作物和秋菜生产情况；检查生产自救，看生产度荒计划；比农业技术的推广和改进，看增产效果；比互助合作，看发展；比生产计划，看执行情况；比经营管理和劳动组织，看劳动效果”[②]。通过检查、督促改进，提高农作物产量。

1955年2月，市农林局在合作社快速发展的情况下，为适应生产发展需要，争取“社社增产，增加收入，提高生产”，编订并推行了“农林增产措施”，对农作物密植程度、农田施肥数量都有具体要求。当时北京市将农业增产的主要政策定为八项：一是适当扩大白薯、土豆、玉米等高产作物的种植面积；二是要适应气候、土壤条件，因地制宜，合理使用土地；三是充分利用土地，增加复种面积；四是多用肥料；五是密植、全苗；六是要推广在郊区已经证明能够增产的优良品种，例如推广白马牙和金

---

① 北京市农业局史志办公室：《北京农业生产纪事（1949—1990）》，页44。

② 北京市农村经济研究中心编：《北京市农村改革60年大事记》，页19、21。

皇后玉米等；七是防治病虫害；八是总结推广先进经验。①

除以上八项之外，北京市还多次强调增产粮食的重要性。指出一些地区存在“重副业轻农业”的倾向，“这类地区都要依赖国家供应部分粮食，这是不合理的”。由于京郊土地数量有限，且需要种植一定数量的蔬菜和必要的经济作物，以满足城市的需求，因此，“增产粮食最主要的办法必须是提高单位面积产量和在粮食计划耕地内扩大高产作物的种植”②。

二、农产品流通与税收政策

新中国成立后，中央政府并没有封闭自由市场，征收公粮和市场收购是政府获取粮食的两个重要渠道。经过三年恢复时期，我国的经济建设取得了巨大成绩，社会各方面也发生了根本性的变化，但是我国的粮、棉、油等农副产品的供求却出现了紧张的形势。然而，随着经济的逐步恢复和大规模经济建设的开展，国家所能掌握的粮食与其必须负担的城乡粮食供应之间产生了越来越大的缺口（王丹莉，2008）。“如果不采取适当的办法加以解决，还要更加严重。”③ 造成这一现象的根本原因在于落后保守的传统农业跟不上大规模的现代化工业建设的步伐，分散的个体小农经济不能满足大工业发展所要求的原料和商品（戴大新，2001）。

据粮食部的统计，1952年7月1日到1953年6月30日的粮食年度内，国家粮食收入273.5亿千克，支出293.5亿千克，1957年小麦受灾减产35亿千克，粮食形势异常紧张。根据估算，1953—1954年的粮食年度内，国家需要掌握的粮食为350

---

① 《关于当前郊区农业合作社和生产问题的报告》，见：北京市档案馆，中共北京市委党史研究室编：《北京市重要文献选编（1955）》，页883～884。

② 《关于郊区农业生产和农业合作化问题》，见：北京市档案馆，中共北京市委党史研究室编：《北京市重要文献选编（1955）》，页655。

③ 陈云：《陈云文稿选编（1949—1956）》，北京：人民出版社，1982年，页189。

多亿千克，除农业税可获得的137.5亿千克外，尚需收购215.5亿千克，仅依靠市场收购难以获得足够的粮食。此外，当时的粮食市场是自由市场，农民除缴纳农业税外，粮食可自由买卖，特别是私商收购了大量粮食，国家存粮严重不足，极易引发物价波动。1953年春，由于山东、山西、江苏、河南、安徽等地小麦大面积遭受霜灾，据粮食部2月23日给中共中央的《关于运粮救灾的报告》介绍：全国共有35 463万亩农田受灾，其中成灾面积10 629万亩，粮食紧张的氛围更加严重。薄一波认为，新中国成立初的这种情况显示，粮食产需矛盾、供求矛盾都十分突出，粮食产需矛盾促进了大规模开展农业合作化运动，粮食供求矛盾导致粮食统购统销政策的实施。[①]

（一）统购统销政策

1. 粮食的统购统销政策 面对粮食形势的紧迫局面，1953年开始毛泽东要求中财委制定解决办法，最后确定了“农村征购，城市配售”的办法，“配售”最后改为“计划收购”，新的粮食政策即“统购统销”（萧国亮、隋福民，2011）。随着中共中央在1953年10月16日做出《关于实行粮食的计划收购与计划供应的决议》以及政务院于1953年11月23日下达《关于实行粮食的计划收购和计划供应的命令》，粮食统购统销政策正式实施。

这一阶段，北京市的粮食统购办法可分为“自报公议”和“三定”两个阶段。前者为1953—1954年，后者指1955—1957年。

为适应粮食形势需要，北京市从1953年11月开始先后对面

---

① 薄一波：《若干重大决策与事件的回顾》上卷，北京：中央党校出版社，1991年，页255。但许经勇（2009）指出，把实行粮食统购统销的原因，仅仅归结于为了解决粮食供不应求的矛盾，其理由是不充分的……如果我们做更深层次的分析，就可以得出这样的结论，即以重工业为中心的大规模工业化建设，需要巨额的资金投入与资金短缺之间的尖锐矛盾，也是对粮食和其他主要农产品实行统购统销的重要原因。

粉、大米、粗粮、油脂油料实行计划收购，并成立了市粮食局，从市有关部门抽调干部，组成“粮食统购统销办公室”，具体负责传达贯彻市委对农村粮食工作的指示精神，督促检查县、区对粮食统购工作的执行情况，11 月 25 日开展试点工作。1953 年北京市粮食统购统销以面粉限量供应为开端，这是由当时形势严峻性决定的，私商的投机活动也增加了国家对面粉管理和调度上的困难。粮食销售量，1953 年比 1950 年增长了 118.1%；细粮销售量则由占总销量的 30%，提高到 83%（《农村经济综合志》）。因此，“如不迅速设法加以解决，势必要发生严重的供销脱节现象，造成混乱，助长了少数不法商人囤积居奇投机倒把等非法活动，引起面粉价格的高涨，牵涉到整个物价，严重影响人民的生活，妨碍国家的经济建设”，解决这一问题，增加小麦产量、从国外或者国内其他地区收购都是办法，但各有困难。北京市认为，“只有对面粉实行计划供应，由国营粮食公司对面粉实行统销，才能解决现在的困难。”①其后，由于市郊居民在分等供应等问题上的不满，北京市委决定对面粉的供应原则是：近郊高于远郊，镇街又高于近郊，城关厢高于镇街而和城区大体相同；种经济作物的和种菜的农民高于种粮食的农民。② 对大米和粗粮的购销则“暂不规定供应数量，主要是禁止私商自由买卖”③，这样禁止了粮食的自由贸易，郊区农民除了交纳公粮和统购之外的余粮，可以向合作社出售。

北京郊区农村实行粮食统购统销以后，先后采取了“自报公

---

① 《关于国营厂矿企业增产节约竞赛运动情况和面粉计划供应问题的报告》，见：北京市档案馆，中共北京市委党史研究室编：《北京市重要文献选编（1953）》，页 465～469。

② 《关于郊区实行面粉计划供应情况向中央、华北局的报告》，见：北京市档案馆，中共北京市委党史研究室编：《北京市重要文献选编（1953）》，页 527～530。

③ 《关于大米、粗粮计划供应问题向中央、华北局的请示报告》，见：北京市档案馆，中共北京市委党史研究室编：《北京市重要文献选编（1953）》，页 523～526。

议”、“定产、定购、定销”、“购销包干”和“一定几年”等几种购销办法。其中，1953—1954年，实行的是“自报公议”的办法。由于当年生产的粮食已经全部收完，未能细致地研究具体的购、留政策，只好采取发动群众自报公议、民主评定的办法。对余粮户的余粮，国家不是全部收购，而是按照给余粮户留一点的原则确定粮食收购数量，如果余粮很少（不足100千克者），则不动员出售。这个办法虽然简便易行，但留粮标准不明确，余粮界限也不够清楚。1954年针对上一年的问题，市委要求参照土地产量、灾情、消费等情况，实事求是地估算余粮，防止强迫命令的做法（《粮油商业志》）。统购统销政策效果明显。1953年郊区收购任务800万千克，实完成825万千克，公粮任务1 388.5万千克，实完成1 475万千克。除去经济作物、蔬菜、果园收购折粮528.5万千克，实完成931.5万千克。收购粮食和征收公粮占郊区1952年粮食产量的18.29%。[①] 其中，近郊6个区共自报公议交售余粮825万千克，加上公粮及统购统销开始前已经收购的部分，当年连征带购粮食共计3 706.5万千克（《种植业志》）。但1954年，由于灾害影响，北京市粮食普遍出现减产。粮食总量为58 217万千克，比上年减产21 894.5万千克，减少27.3%；粮食征购为14 819.5万千克（占总产量的18.5%），比上年减少7 601.5万千克，减少34%；农村粮食占有量为61 242万千克，每人平均232千克，比上年平均减少29千克。粮食减产局面导致部分地区对余粮估算出现误差，致使一些地区出现了粮食供应短缺局面（《种植业志》）。

1955年3月3日，中共中央、国务院加快粮食统购统销工作制度化建设力度，制订了《关于迅速布置粮食购销工作，安定农民生产情绪的紧急指示》，强调对粮食必须进一步采取定产、

① 《关于郊区粮食统购统销工作总结向中央、华北局的报告》，见：北京市档案馆，中共北京市委党史研究室编：《北京市重要文献选编（1954）》，页454。

定购、定销的“三定”收购办法。“定产，是按粮田单位面积常年产量，根据农田土地质量和自然条件，结合其经营条件评定。定购，是国家向余粮户统购其余粮数量的80％～90％，定购任务一定3年不变。定销，是把国家向农民统销的粮食数量核定下来，对象是农村各种类型的缺粮户。”（《粮油商业志》）其重点是农民生产数量与留量之间存在密切的关系，带动农民生产积极性。北京市根据中央政策，制定了《郊区实行“农村粮食统购统销暂行办法”的实施细则》，开始实施“三定”收购办法。

1956年，由于北京郊区普遍实现农业合作化，个体农民已成为农业生产合作社的社员，原来粮食“三定”到户的办法和数字，明显已不适用于农业生产合作社。据调查，“三定”时每人全年口粮平均176.25千克的，1956年已增加到204千克，平均增加28千克，约增加15％，90％户的口粮消费量增加。合作化后，牲畜使用率和劳动强度增加后，原有的饲料标准供应也严重缺乏，郊区共需补料286万千克。[①] 针对这一情况，10月6日，国务院发布《关于农村生产合作社粮食统购统销的规定》，对农业生产合作社的粮食统购统销做出调整。据此，北京郊区各区县调整粮食收购量，“有余粮的社在定购以外再增购其超产部分的40％，其余60％留给农业生产合作社自行安排使用；对缺粮的社，实产超过定产量的超产部分，则以60％抵顶国家粮食统销指标，其余40％由缺粮的社自行支配，补充口粮、饲料之不足”（《粮油商业志》）。1957年，郊区出现一些存粮户干扰统购统销政策现象，市粮食局制定了《关于结合农村社会主义教育彻底整顿并改进郊区粮食统购统销工作意见的报告》，指出要“通过郊区大辩论，发动农民分清粮食问题的大是大非，纠正粮食工作中的缺点，堵塞一切漏洞，切实改进今后粮食工作”，通过教育使

---

① 《关于检查农村粮食统销工作向中央的报告》，见：北京市档案馆，中共北京市委党史研究室编：《北京市重要文献选编（1956）》，页403～404。

农民正确地理解粮食统购政策。

“三定”政策实施后的1955年，国家统购16 512万千克，占粮食总产量的22.48%，农村粮食占有量为69 389万千克，每人平均占253.5千克，比上年平均增加21.5千克。1956年，由于因灾减产，加之农户入社，国家征购8 114万千克，占总产量的14.3%，比上年减少征购8 398万千克。1957年国家征购21 211万千克，占总产量的27.05%，比上年征购增加13 097万千克（《粮油商业志》）。

2. 蔬菜等农副食品的统购统销

（1）蔬菜。作为大型消费性城市，如何合理安排蔬菜等农副产品的生产供应，满足城市生活需求是北京市需要妥善安排的重要政策。虽然新中国成立初北京市委为发展蔬菜种植业，在土改的过程中注意保护蔬菜设施，明确要求“维持原耕、原用不动，先进或改良设施的农田不能动，为供应城市人民蔬菜而经营的园艺不能动”，并在农业税的征收中对蔬菜地予以优惠，到1952年城郊蔬菜种植面积扩大到13.08万亩，年产2.14亿千克，城市人口人均每天可获得100克（《种植业志》）。但蔬菜供应量仍显不足，20世纪50年代初期京郊菜区仅占郊区耕地总面积的3.8%。

表3-3　1953—1957年北京市近郊蔬菜生产发展情况

年份	1953	1954	1955	1956	1957	比1953年增长（%）
蔬菜种植面积（万亩）	15.8	17.5	19.2	22.0	28.0	77
平均亩产（千克）	2 000	2 100	2 224	2 297	2 327	16
蔬菜总产量（亿千克）	3.1	3.6	4.2	5.0	6.6	113
温室（间）	4 679	7 758	6 430	7 033	7 166	53
阳畦（万个）	3.1	3.8	2.9	5.8	6.4	107

资料来源：北京市地方志编纂委员会编《北京志·农业卷·种植业志》，北京：北京出版社，2001年。

导致北京市蔬菜种植业发展缓慢的原因很多，当时认为，个体经济是影响蔬菜大规模经营的最主要因素。因此北京市鼓励菜区及有特殊条件的地区在群众自愿的条件下试办土地不分红的高级社，以供应首都的需求。1952—1953年，市供销合作总社先后建立了天桥、广安门、阜成门、东直门4个菜市场和蔬菜经理部，统一管理城郊蔬菜批发市场。1953年4月25日，中共北京市委提出解决北京市蔬菜供应问题的意见，有计划地保留旧菜地和开辟新菜地，加强蔬菜生产的计划性。该年春，菜区农业生产合作社发展到20个。

1954年1月21日，北京市委提出，开展互助合作运动的重点在菜田区，“郊区的农业生产应以生产蔬菜为中心，尽最大努力发展水果和乳、肉生产”[①]。自1954年春开始强化“产销结合合同”的实施，合同的形式分为“随市价包销”、“定价包销”两种，这一政策促进了菜农合作化运动和对自由市场私营菜商的社会主义改造，使蔬菜产销逐步走上计划化，是解决大城市蔬菜产销矛盾的有效办法。[②] 1956年，郊区的国有农场、农业生产合作社普遍与市菜蔬公司及其所属菜站签订“收购包销”合同，单干农户实行“随市价代销”办法。1957年，市政府将蔬菜列为二类物资，限制农业社自销，进一步把蔬菜纳入了“统购包销”体制。这一年，郊区蔬菜生产单位与菜蔬公司签订蔬菜产销合同的总量达5.2亿千克，占当年蔬菜总产量的85％（《农村经济综合志》）。1953—1957年，北京市蔬菜生产增长迅速，种植面积扩大77.2％，平均亩产增长16.4％，总产量增长1.1倍。

（2）生猪。北京市从1954年开始对生猪实行“派养派购”

---

① 《关于郊区农村完成粮食统购统销任务后当前工作的指示》，见：北京市档案馆，中共北京市委党史研究室编：《北京市重要文献选编（1954）》，页19。

② 《关于推行蔬菜产销结合合同情况的报告》，见：北京市档案馆，中共北京市委党史研究室编：《北京市重要文献选编（1953）》，页538～539。

政策，这是由当时城市肉食供应不足的情形决定的。派购是对具有重要意义的农副产品，在供应不足的情况下，采取向农业生产单位和农民分派交售任务的办法，生猪是最早的派购物种，由市食品公司委托郊区供销合作社根据派购单按期收购。1955 年 7 月至 1956 年 6 月，中央商业部分配北京市生猪派购任务 6 万头，根据“压缩大城市供应量，适当照顾农村，保证出口任务完成”的方针，将北京市原计划供应的生猪指标由 77 万头压缩到 61 万头。由于当年秋季发生瘟疫，生猪产量减少，各区按“近郊区高于远郊区，大田区高于菜田区，菜田区高于山区”的原则，按区分配了派养派购指标（《供销合作商业志》）。1956 年，北京开始实行发放生猪预购订金制度。1957 年 9 月，全市生猪实行统一收购办法。凡本市生产和外地流入北京的生猪，由食品公司系统按国家牌价统一收购，不得私自出售、屠宰（《畜牧志》、《农村经济综合志》）。1956 年、1957 年两年发出生猪预购定金 270 万元，按时完成了国家分配给北京的 7 万头和 20 万头的派购指标。

（二）农业税收政策

随着“一五”计划的实施，国家经济形势发生重大变化，税源也相应地产生变化，为此在执行此前税收征收政策的基础上，政务院对部分税制进行了调整。1952 年 12 月，政务院发布了《关于税制若干修正及实行日期的通告》，通告明确规定：在保证税收，简化纳税手续的原则下，决定从 1953 年 1 月起，将现行税制加以修正。实行的税种变为 14 个，实际由税务部门征收的，除农（牧）业税、关税、契税外，共有 11 个税种（《税务志》）。

农业税方面，坚决实行“种多少田地，应产多少粮食，依率计征，依法减免，增产不增税”的政策。1953 年，农业合作社试办时期，北京尚继续采用累进税制，税率从 6%到 30%，其目的是限制富农。针对部分合作社农业税的征税状况，市农林局建议：按土地劳力分红的合作社，采取“分别计算，各自负担”的政策，是恰当的，但在土地不分红的社因为土地的收益已归全体社员，公粮应分别计算，社内负担。[①] 至该年10月，北京市进一步指出，由于累进税制的目的在于限制富农，而合作社中大多是中农，若继续实行累进税，有的社员负担不到10%，有的达到20%～30%，存在很严重的不公平。因此，建议实施比例税制。[②] 1955年，北京市根据中央颁布的《新解放区农业税暂行条例》，改依率计征的征收办法，超额94.7万千克。

1956年郊区农业合作化后，随着农村经济形势的变化，农业税征收主体发生了根本变化，原来累进税制，已经明显不能适应新情况。北京市先后制定《农业税征收办法》和《1957年农业税征收办法》，正式将农业税征收制度改为扣除免税点的比例税，每个农业人口扣除一个免税点后，每个负担亩征收13.9千克玉米。为奖励蔬菜等生产，改按1952年查田产量的45%计征农业税。1957年进行修改，农业社仍执行比例税制，但不再计算人口。对个体户恢复累进税制，即采取8级累进税法，税率最低为9%，最高为30%，如低于当地合作社的税率，按合作社税率计征（《财政志》）。据统计，1953—1957年，北京市共征收农业税7 908万元。

其他税收方面，北京市也在国民经济恢复时期税制的基础上做出了调整。如契税，1956年，开始将契税列作财政其他收入，不按税种统计（《财政志》）；屠宰税，1953年1月开始对屠宰商的屠宰税和营业税合并征收，税率为15%，临商按18%征收。1956年1月，为贯彻国家保护耕牛政策，将牛的屠宰税率提高为15%。1957年3月，将猪、羊、牛等牲畜的屠宰税率改为8%，不分批发零售，不征收营业税和附加，奖励发展牲畜（《农

---

① 《关于京郊试办农业生产合作社初步总结》，见：北京市档案馆，中共北京市委党史研究室编：《北京市重要文献选编（1953）》，页383。

② 《关于农业生产合作社秋收分配工作向市委的报告》，见：北京市档案馆，中共北京市委党史研究室编：《北京市重要文献选编（1953）》，页442。

村经济综合志》)。据统计，1953—1957 年北京市屠宰税合计征收 2 942 万元。

表 3-4　1953—1957 年度北京市农业税收变化

单位：万元，%

年份	本年度财政收入总数	农业税收入合计	农业税所占比重	屠宰税收入合计	屠宰税所占比重
1953	36 581	1 872	5.10	577	1.58
1954	39 770	1 498	3.80	612	1.54
1955	40 635	1 738	4.30	577	1.42
1956	58 120	1 298	2.20	702	1.21
1957	63 996	1 502	2.30	474	0.74

资料来源：北京市地方志编纂委员会编《北京志·农业卷·农村经济综合志》，北京：北京出版社，2008 年。

（三）粮食价格政策

北京市统一管理粮食的价格。新中国成立初期，北京市的物价工作基本上由北京市商业局负责落实商业部的有关价格政策和具体价格方案。1954 年制定的《物价统一管理的办法》中规定供销合作社在市场收售商品、粮食价格的制定或调整，应征得市商业局的同意，明确指出北京市物价统一由市商业局管理；1955 年确定的商品价格调整原则中规定，农副食品除少数高级品种与国营零售价格拉平外，一般价格不得随意调整，农业生产资料的价格不变动。为了加强对物价的管理，1957 年 5 月，成立了物价委员会。粮、油、棉、肉、蛋、菜、水产等价格完全实行统购包销下的国家定价政策，国家定价基本实行成本价（《农村经济综合志》)。

三、农村金融政策

（一）农业信贷政策

1953—1957 年，随着农业合作化的快速发展，北京市要求

"大力开展农村储蓄工作，发展信用合作组织"，通过农村信贷、农业保险等政策为合作社提供保障。据统计，1952年银行、农村信用社存款合计为4.8万元，其中农村信用社为4万元。1953年，农业生产合作社在银行、农村信用社存款合计为416万元，农村信用社存款174万元。1953年郊区信用社已达到66个，北京市要求春耕前后再发展100个，要以"经济作物区、菜区为发展的重点，大田作物区必须逐步发展，以利于和国家银行结合起来对高利贷者及投机商人作斗争"。[①] 至4月已发展到179个。1956年，农业合作化的发展促进集体农业存款迅速增加。1957年末，集体农业在银行、信用社存款合计为3 253万元，其中在农村信用社存款为1 539万元。

（二）农业保险政策

农业保险方面，1950年中国人民保险公司北京分公司试办农业保险，在全国率先开办了牛、马、驴、骡四种大牲畜保险。但暴露了一些问题：有的地方片面追求承保数量，对老、弱、残的牲畜也实行保险，有的地方承保手续混乱，账目不清，甚至出现强迫农民保险的情况。1953年停止农业保险业务。1955年6月，恢复办理大牲畜保险业务。1950年至1959年10年间，农业保险累计收费68.4万元，处理赔案12 172件，赔款84.3万元，综合赔付率为123.2%，效益为负15.9%。1959年，农业保险全面停办（《农村经济综合志》）。

四、农业科技推广与水利兴修政策

进入农业合作化时期，重视农业科技的推广成为必然要求。

---

① 《关于郊区农村完成粮食统购统销后当前工作任务的指示向华北局、中央的报告》，见：北京市档案馆，中共北京市委党史研究室编：《北京市重要文献选编（1954）》，页19。

这是因为农业生产合作社的一大优越性，就是有条件进行生产改革和采用先进的增产措施。而这种“生产改革工作是生产合作社增加生产、改善社员生活地位和增强抵抗灾害能力的物质基础”[①]。因此，北京市积极培养技术人员，建立技术推广组织，合理有效地推广各种农业生产技术。

（一）农业科技人员培养政策

北京市对农业科技人员的培养十分重视，1956 年提出“必须有计划地大量培养各种农业科学技术人才。计划在 1956 年内建立一所综合性的农业技术学校，分期训练农业生产合作社的各种专业干部”[②]。实际上，此前北京市已经十分注意技术人员的培养，1955 年曾将农业生产合作社技术员分为大田、蔬菜、畜牧、果树等几个专业训练班，共分十批进行培训，人员达 1 200 多人，社干部占全体学员的 63%。[③] 1956 年 3 月 25 日的《北京日报》报道，郊区各社已有 400 多人受到训练。

北京市要求各社都要建立技术指导部门。1953 年，市农林局撤销病虫害防治站、棉花改进指导站和新式农具推广站，成立农业技术指导站。其后陆续在东郊、南苑、丰台、海淀、京西矿区等地建立农业技术指导站。各站负责该地区的耕作栽培、病虫害防治、农业生产技术推广等方面的宣传指导工作。[④] 1955 年 3 月，改为农业技术推广站，并提出了推广站的 6 项任务。该年，

① 《为办好北京郊区七百个农业生产合作社而奋斗》，见：北京市档案馆，中共北京市委党史研究室编：《北京市重要文献选编（1953）》，页 165。

② 《关于执行毛主席关于农业合作化和农业生产问题的十七项任务的指示的计划向中央的报告》，见：北京市档案馆，中共北京市委党史研究室编：《北京市重要文献选编（1956）》，页 44。

③ 《关于训练农业合作社的干部和各种积极分子、技术员的综合报告》，见：北京市档案馆，中共北京市委党史研究室编：《北京市重要文献选编（1955）》，页 267。

④ 北京市农业局史志办公室：《北京农业生产纪事（1949—1990）》，页 46。

市委进一步规定，“100 户以上的大社要在管委会下设立各种专门生产技术小组，如棉花、蔬菜、果树等技术小组。各生产大队建立技术小组，各生产小队（组）设技术员，区的技术指导站必须加强对他们的业务领导和具体帮助”[①]。此外，为了加强对牲畜的饲养管理工作，“各区应成立畜牧兽医技术指导站，市、区要定期召开社饲养员会议，交流经验，及时解决问题，并定期检查各社牲畜的健康状况和进行必要的防疫注射。”[②]

农业技术指导部门的主要工作是，指导各社做好中耕锄草、施追肥、防止病虫害等田间管理工作，帮助菜区社解决电井、柴油抽水机、电力安装及使用问题和农业机器的使用。1954 年明确规定，“除帮助大社机耕机播以外，还要指导一般社使用双轮双铧犁，不使用旧式犁”。[③] 此外，还要“根据土地的土质、茬口、座落、水源等条件，把各种作物种植到最适宜的土地上去”[④]。

针对合作化的发展情况，北京市对大社技术人员的配置格外重视，要求“技术干部跟着大社走，把技术干部有重点地分配到大的农业生产合作社，在党和政府的领导下，帮助社里改进技术，总结、推广社里的大面积增产经验”[⑤]。通过合理地调整技术力量，便于开展多部门生产。1954 年，市农林局派出 27 名技术干部长住 13 个百户以上大社，组建技术小组，当年培养农业技术人员 95 人。之后，每年分别举办多种专业技术训练班，每

---

① 《为办好北京郊区七百个农业生产合作社而奋斗》，见：北京市档案馆，中共北京市委党史研究室编：《北京市重要文献选编（1955）》，页 167。

② 《关于北京市郊区农业合作化问题的报告》，见：北京市档案馆，中共北京市委党史研究室编：《北京市重要文献选编（1956）》，页 365。

③ 《关于郊区合作化运动的情况及今后工作的意见》，见：北京市档案馆，中共北京市委党史研究室编：《北京市重要文献选编（1954）》，页 371。

④ 《为办好北京郊区七百个农业生产合作社而奋斗》，见：北京市档案馆，中共北京市委党史研究室编：《北京市重要文献选编（1955）》，页 148～149。

⑤ 《郊区 1953 年农林生产基本总结和 1954 年农林生产任务的报告》，见：北京市档案馆，中共北京市委党史研究室编：《北京市重要文献选编（1954）》，页 63。

年培训农业社技术人员都达数千人次（《农村经济综合志》）。调查表明，“并大社以后，各社人才汇集一社，可以合理搭配、统一使用了，使得社内蔬菜生产能够全面发展，劳动力也能均衡使用了”[1]。而对于一般的群众技术指导工作，则要求根据各生产阶段，以组、社为骨干，组织观摩评比，交流、推广重点社及劳模的增产经验，去带动一般社。此外，还根据季节进行技术的传授，举办农业技术讲座。[2]

此外，北京市对社会专家的力量格外重视。1954 年至 1955 年，在农业部的协助下，组织 25 个单位 33 名专家与市、区相关的农业技术人员结合，对北京郊区的蔬菜栽培方式、生产技术进行系统的调查研究，总结了农民在长期生产实践中创造的技术和经验，编写出了京郊蔬菜阳畦栽培、温室栽培、露地栽培和蔬菜贮藏等 4 部技术专著；1956 年先后召开棉花、玉米、小麦、白薯、水稻、蔬菜、林业、果树、养猪和水利等 10 个专业会议，约请在京的专家参加，研讨技术改进和增产措施，并制定了郊区 1956 年主要农作物的《耕作规程（草案）》，在农业合作社推广（《农村经济综合志》）。

（二）农业科技推广措施

北京市农业技术推广主要围绕三个方面开展工作：开展技术培训，提高农民生产技术水平；宣传推广农林牧各业适用的技术，改进作物耕作管理技术和畜禽饲养管理方法；总结群众中先进的生产经验，推动农业由传统耕作、饲养方法向科学方法转变（《农村经济综合志》）。这些工作成效显著。1954 年推广新式农

---

① 《关于北京郊区农业生产合作社规模大小问题的调查报告》，见：北京市档案馆，中共北京市委党史研究室编：《北京市重要文献选编（1956）》，页 321。

② 《郊区 1953 年农林生产基本总结和 1954 年农林生产任务的报告》，见：北京市档案馆，中共北京市委党史研究室编：《北京市重要文献选编（1954）》，页 63。

具1 230件，农药22.5万千克，喷雾器661架，喷粉器148台，使用化肥3 170吨。蔬菜栽培技术推广阳畦育苗、分苗先进技术，推广“白马牙”、“金皇后”等玉米良种，棉花种子上推行新疆“焖种”方法。[①] 1956年，由于各社普遍推行了选种、浸种、拌种和小麦密植等先进增产经验，推广了双轮双铧犁等新式农具，并有10个合作社和集体农庄进行了机耕，绝大多数社的单位面积产量比社外单干农民高。根据近郊五个区的统计，农业生产合作社的小麦单位面积产量平均较社外农民高10%。[②] 但有时，因在推广过程中事先的实验、示范工作不够细致，也会导致效益不佳的情况。1953年推广的棉花播种器，在南郊就发生过千亩棉田出苗不好的情况。海淀区从天津购进的“银坊”水稻种子，由于品种不纯，质地混杂，造成生长、成熟不一，导致减产。但总体而言，农业技术推广在以下几个方面取得了成就。

1. 抗旱保墒，兴修水利　针对郊区历年春旱秋涝的特征，1953年春开始，北京市号召推行保墒、养墒的办法，寻找水源扩大水地面积，推广新式步犁，深耕保墒。1953年总计打新井94眼，修旧井140眼，修复扩大浇地面积9 339亩，疏挖排水沟305条。[③]

2. 农田除害　北京市在农田害虫防治领域认真贯彻“防重于治”的方针，通过供给器械，推广防治技术等政策防治虫害。1953年粮食作物防治面积达34.6万亩，特别是危害严重的玉米钻心虫，通过开展除草防虫、铡烧玉米秸、“666”（六氯环己烷）灌杀等方法，大大减少了危害。[④] 1954年的工作计划中要求加强

---

① 北京市农业局史志办公室：《北京农业生产纪事（1949—1990）》，页58。

② 《关于郊区农业生产和农业合作化问题》，见：北京市档案馆，中共北京市委党史研究室编：《北京市重要文献选编（1956）》，页652。

③ 《郊区1953年农林生产基本总结和1954年农林生产任务的报告》，见：北京市档案馆，中共北京市委党史研究室编：《北京市重要文献选编（1955）》，页56。

④ 同上。

防治行军虫和玉米钻心虫，普遍进行浸种拌种，施用毒谷毒饵防治地下害虫。

3. 改进农业耕作机器与技术 北京市通过座谈会、训练班以及实地示范等方式进行技术推动，改进田间管理、耕作技术和施肥方法。推行棉麦密植技术，1953 年实行棉田密植的占棉田总面积的 73%，60%的麦田实行密植。① 据调查，水浇地密植小麦比一般稀植的增产 38.4%，比旱地麦增产 67%。② 1954 年，60%的小麦实行了不同程度的密植。

4. 开展积肥 北京市贯彻“自积肥料为主，商品肥料为辅”的方针，教育群众扭转“单纯依赖商品肥料”的思想，发动农民自家积肥，解决肥料不足的困难。各区根据不同条件寻找肥料来源与不同的积肥方法，及时总结、推广。要教育农民节省原粮，不要以黑豆、芝麻等当肥料。③

五、小结

1953—1957 年是北京的社会主义改造时期，也是“一五”计划的执行期，郊区实现了农业合作化。农业生产条件发生根本的变化。农业机械总动力、农村用电量等取得新的突破。

从粮食产量的变动看，在 1953 年达到 80.1 万吨后，出现过一个波动，但至 1957 年又重新恢复到 78.4 万吨。蔬菜则一直保持上升态势，由 46.3 万吨增加到了 89.3 万吨。牛奶、肉类的产量都有了提高。

---

① 《郊区 1953 年农林生产基本总结和 1954 年农林生产任务的报告》，见：北京市档案馆，中共北京市委党史研究室编：《北京市重要文献选编（1955）》，页 57。

② 北京市农业局史志办公室：《北京农业生产纪事（1949—1990）》，页 48～49。

③ 《郊区 1953 年农林生产基本总结和 1954 年农林生产任务的报告》，见：北京市档案馆，中共北京市委党史研究室编：《北京市重要文献选编（1955）》，页 64。

表3-5 1953—1957年北京市农业基本生产条件变化

年份	农业机械总动力（万千瓦）	有效灌溉面积（千公顷）	化肥施用量（折纯量）（万吨）	农村用电量（亿千瓦小时）	农作物总播种面积（千公顷）	粮食播种面积（千公顷）	油料播种面积（千公顷）	棉花播种面积（千公顷）
1953	—	24.00	0.03	0.00	675.81	600.25	35.28	19.53
1954	—	24.00	0.08	0.00	671.85	566.61	43.46	40.57
1955	—	24.00	0.10	0.00	679.62	569.21	42.43	42.20
1956	—	36.00	0.21	0.01	683.66	569.72	41.26	42.91
1957	2.20	39.00	0.20	0.03	673.75	572.13	35.52	28.28

资料来源：北京市统计局，国家统计局北京调查总队编《北京六十年（1949—2009）》，北京：中国统计出版社，2009年。

表3-6 1953—1957年北京市农产品产量变化

单位：万吨

年份	粮食	棉花	油料	蔬菜	肉类	牛奶
1953	80.1	0.5	3.8	46.3	1.51	0.5
1954	58.2	0.6	3.3	46.6	2.0	0.8
1955	73.4	1.0	4.7	59.1	1.9	1.2
1956	57.0	0.6	3.7	67.5	2.0	1.3
1957	78.4	0.6	3.3	89.3	1.7	1.4

资料来源：北京市统计局，国家统计局北京调查总队编《北京六十年（1949—2009）》。

表3-7 1953—1957年主要农作物播种面积单位产量变化

单位：千克/公顷

年份	粮食作物					油料	蔬菜
	稻谷	小麦	玉米	薯类	大豆		
1953	3 465	735	1 560	3 645	990	1 088	28 800
1954	3 195	765	1 275	2 730	855	765	27 390

（续）

年份	粮食作物					油料	蔬菜
	稻谷	小麦	玉米	薯类	大豆		
1955	2 985	975	1 590	2 925	855	1 103	29 985
1956	1 455	750	1 335	2 370	615	893	29 445
1957	1 875	405	2 100	2 985	945	930	31 935

资料来源：北京市统计局，国家统计局北京调查总队编《北京六十年（1949—2009）》。

表 3-7 显示，粮食作物中，玉米呈递增趋势，但稻谷、小麦、薯类等都有所下降。蔬菜由 28 800 千克/公顷增加到了 31 935千克/公顷，反映了北京市增加蔬菜等农副食品政策的成效显著。

从农业合作社的发展态势看，虽然 1956 年一度发生过“退社风”，但经过大辩论，农业生产合作社趋于稳定。1957 年已发展到 429 个，99.6%的农户都参加了合作社。其中，蔬菜社 55 个，大田社 152 个，农林牧社 196 个，农业手工业社 26 个，入社农户 19.3 万户，人口 80.3 万人。北京农业合作社的成效显著，成立于 1952 年的红星集体农庄，到 1953 年时已经有50%～80%的土地实现了拖拉机深耕播种，一个整劳动力的平均收入为 476 元，每户平均收入达到 658 元，最多的一户收入 1 550 元，63 户中有 29 户的收入超过 1952 年的 103 倍；这个合作社成为当时农业集体化的一面旗帜①。但是其中的冒进作风严重影响了农业合作制度的健康发展。管理方式上，142 个社采取“包工、包产、包财务”的“三包”管理办法，168 个社实行“包工、包产”的“两包”管理方法，生产管理费用由原来的 40%下降到 30%。

① 《当代中国的北京》编辑部：《当代中国的北京（上）》，页 96。

从农业发展的总趋势看，农业生产在曲折中发展，农民生活获得提高。1957 年农业总产值完成 5 亿元，比 1952 年的 3.6 亿元增长 38.9%，平均年递增 6.8%。粮食达到 78.4 万吨，完成计划的 88.2%，比 1952 年增长 6.9%。出售商品猪 28.8 万头，完成计划的 84.7%，比 1952 年增加 6.7 万头。蔬菜生产迅速发展，播种面积由 1952 年的 20.3 万亩增至 1957 年的 42 万亩，总产量达到 89.3 万吨，比 1952 年增加 2.06 倍，平均年递增 25%，大大超过计划增长 17.5%的目标（《计划志》），基本满足了首都的蔬菜自给。但必须认识到，正是由于 1957 年计划完成较好，也为 1958 年的“大跃进”、高指标提供了某些所谓客观条件。

第四章

人民公社化和农业生产低速增长时期（1958—1978年）

1958—1977 年，中国进入全面的社会主义建设时期，但是由于各种政策受到政治气候的严重影响而产生扭曲，农业生产经历了一个曲折的发展过程。1958 年，全国范围掀起了大规模的兴修农田水利和大办农村工业的群众运动。1958—1965 年间，存在不切实际的“大跃进”的“左”倾错误，全国兴起了大规模的并社风，北京市制定了推动成立人民公社的政策。仅在 1958 年 7 至 8 月间，北京郊区刚建立不久的 2 300 多个高级农业生产合作社就合并成为 73 个人民公社，导致农村生产关系发生剧烈变化；加之自然灾害的发生，形成了 1959—1961 年的三年灾荒。

这一阶段，北京市的农业功能定位可以以“文革”为标志分为两段。“文革”前的首都郊区农业功能依旧是围绕城市的需求来发展，首先是要缓解粮食供给紧张的局面，其次北京居民所需求的蔬菜、水果、奶、蛋、肉等基本农产品也需要通过郊区来生产。实质上，该时期北京市农业功能的定位是对农业社会主义改造成果的进一步巩固以及对农业支持城镇化、工业化发展基础的进一步强化。“文革”后，1966—1978 年期间，农业生产是在“以阶级斗争为纲”和“人的思想革命化”的带有浓厚政治色彩的环境下进行的，所以该时期北京市的农业功能基本上是为政治需要而服务。一是 1966 年 5 月至 1970 年底“北方地区农业会议”召开，这 5 年间，社会动荡，混乱不堪，农业生产基本处于徘徊和停滞状态；二是1971年到1976年，北京市采取了一些保护农业发展的政策，如“以粮为纲”、“农业学大寨”、大规模开展农田水利建设、改进耕作制度等，郊区农业在混乱不堪的社会局面下仍取得了发展。[①]

毫无疑问，人民公社政策是这一时期农业政策的重点，在公社的发展、管理、分配等方面形成了一系列的体系。此外，北京市强化了郊区农业为首都服务的观念，在发展畜牧业和副业、倡导多种经营等方面制定了相关政策。北京市紧密围绕农业工作，强化粮食的核心地位，确保政治工作不耽误粮食生产，继续做好农业税、屠宰税、交易税等税收的调整工作，加强对农产品的计划调拨，完善农业信贷以支持合作社的发展，推进农业科技政策的推广。这些政策保证了国民经济在受到严重政治干扰的形势下，农业领域依然保持了一定的增长，从另一个角度反映了自古以来农业在我国的重要地位。

一、农村合作政策新阶段——人民公社时期的政策

人民公社是中国当代农业史具有标志性意义的重大事件，是农业经营管理领域重大的政策尝试与具体实践。它的出现是建大社、尽快过渡思路发展的必然结果。中央制定这一政策的目的在于，希望通过人民公社建立理想的社会主义农业模式，用“大跃进”的方式快速发展农业，以实现传统农业由家庭经营向集体经营的转变，在高度集中的人民公社实现农民共同富裕和农业的现代化（许建文，2007）。北京市郊区从1958年9月10日实现人民公社化，至1983年年底解体，政社分置，期间经历了建社、体制调整、“四清”运动、“文化大革命”以及改革开放等阶段，历时25年之久，在北京当代农业的发展史上留下了深深的印迹。

① 北京市农业局史志办公室：《北京农业生产纪事（1949—1990）》，北京：北京出版社，1993年，页86～89、151～155。

（一）北京郊区人民公社政策演变

1.“大跃进”与郊区人民公社化的实现 尽管高级社已经暴露出了很多问题，但是建立一种比高级社规模更大的农村社会组织仍旧是中央考虑的重要目标，人民公社由此进入历史的视野。人民公社是伴随着过渡时期社会主义建设总路线、“大跃进”运动出现的。1957年底和1958年春，毛泽东多次在会议上批评生产建设上的“反冒进”，鼓励加快小社并大社进程。1958年元旦《人民日报》发表了社论《乘风破浪》，提出“要在15年的时间内，在钢铁和其他重工业产品产量方面赶上和超过英国”的口号，全国范围的“大跃进”运动开始，由此加速了人民公社化的进程。京郊实现农村人民公社化，是在全国人民公社化的大背景下进行的，它与水利工程兴建密切相关。

早在1957年10月23日，北京市委根据中共八届三中全会（扩大）会议通过的《全国农业发展纲要（修正草案）》，提出《关于郊区农村开展冬季大生产运动的计划》，要求兴起一个大规模的农田水利建设高潮，响应中央号召，实现“大跃进”。1958年1月，市委农工部认为，许多干部在参观了其他地区的水利建设发展后，感到“不是差多了，而是差得很多，需要大干、快干，不然就要落后”。各区调整了农田水利的兴修计划，各乡社群众所提出的计划为116万亩，相当于市计划的11倍半，由此形成了一个“规模很大，声势很壮，群众干劲很足的社会主义农业建设高潮”。市委认为，“这个高潮的面貌比1956年的高潮是一个很大的跃进”[①]。

以兴修水利为契机，北京市农业领域其他方面的“大跃进”

① 《关于郊区农村兴修农田水利运动高潮的报告》，见：北京市档案馆，中共北京市委党史研究室编：《北京市重要文献选编（1958）》，北京：中国档案出版社，2003年，页80。

工作也开展起来。1958年2月和8月，北京市委先后召开农村四级干部会议，进行“大跃进”运动的发动誓师，批判“右”倾保守思想，决定在发动群众大鸣大放大辩论的基础上，走好群众路线，每个区、社、队、组都搞试验田，自力更生，力争秋季大丰收，使郊区农业生产站在全国的最前列。在这一过程中，农田水利是重要的建设内容，“打井、开渠，做到双保险”[①]。由于水利兴修需要大规模的集体力量，以便“统一安排兴修水利计划和进一步发展生产”[②]，农田水利运动逐渐“从一个合作社内统一规划、打井修渠、平整土地，发展到一个乡范围内的统一规划、整治河道、修建水库、塘坝，扩大水浇地面积”[③]。这种局面使中央进一步意识到组织起来的重要意义。

北京市虽然积极响应中央“大跃进”发展农业的政策，但由于此时的市委坚持不准浮夸放卫星，规定所有想报告高产卫星的单位，必须经过相关领导的实地查看，一旦发现作假，坚决予以批评；保证指标也仅列为“表示决心进行试验，并不是一种绝对保证，也不是大面积或普遍推广的亩产指标”[④]，认为“充分发挥主观能动性并不是提倡浮夸，或不尊重客观规律”，在制定高产指标时，必须有周到的措施，[⑤]故而各项生产一开始就处于落后状态。即使出现了一些存在很大水分的“高产卫星”、“高产田”，与1957年相比是很大的跃进，是“史无前例的，打破常规

① 彭真：《在农业跃进誓师大会上的讲话》，见：北京市档案馆，中共北京市委党史研究室编：《北京市重要文献选编（1958）》，页707。

② 《关于郊区农村兴修农田水利运动高潮的报告》，见：北京市档案馆，中共北京市委党史研究室编：《北京市重要文献选编（1958）》，页88。

③ 《中国农业全书》总编辑委员会编：《中国农业全书·北京卷》，北京：中国农业出版社，1999年，页215。

④ 《在北京市农业劳动模范、积极分子大会上的总结发言要点》，见：北京市档案馆，中共北京市委党史研究室编：《北京市重要文献选编（1958）》，页138。

⑤ 《力争上游再上游》，见：北京市档案馆，中共北京市委党史研究室编：《北京市重要文献选编（1959）》，页117～118。

的”，但与其他地区相比，仍旧不高，“仅仅是中上”[①]。比如，1958年全郊区共播种110万亩小麦，平均亩产71千克，完成计划产量（亩产60.5千克）的117%，比1957年亩产27千克增长1.6倍。但是，“拿这个产量来跟全国先进地区比较，仍然相差很多”，比如远低于河南省平均亩产的142千克。当时认为造成郊区小麦生产落后的原因在于，一是小麦生产指标订低了，二是没有搞试验田，三是具体措施不够。[②] 显然，在当时的环境下尚未清楚生产“大跃进”的一些不合理之处。到1959年6月，市委认识到，虽然粮食确有“大增产”，但是有的“卫星”几万千克一亩，“并不可靠，有浮夸，去掉浮夸，有一个真实的东西就是确有大跃进”[③]。

1958年7月4日、28日，时任国务院副总理的谭震林针对北京市在“大跃进”中的落后局面指出，“京郊生产在全国要站在第一位才行。站到第二位，我们就没有话说，这就是条件”、“北京是首都，不管种什么都要全国第一”。这给了市委很大的压力。其后，虽然通过组织参观学习、邀请各地劳模实地指导等手段，但北京没有摆脱“大跃进”中“落后”的局面。有研究者认为，这一落后的不利局面导致北京市在人民公社化的过程中实施过快，以期尽快摆脱“落后”的帽子（赵有福、田根生，2006）。

1958年3月，中央在成都召开的工作会议上确定将“鼓足干劲，力争上游，多快好省地建设社会主义”作为过渡时期党的总路线，会议通过了37个文件，涉及农业的3个：《关于把小型农业合作社适当地合并为大社的意见》、《关于农业机械化问题的

---

① 《在北京市农业劳动模范、积极分子大会上的总结发言要点》，见：北京市档案馆，中共北京市委党史研究室编：《北京市重要文献选编（1958）》，页138。

② 《关于进一步实现郊区农业生产大跃进的报告》，见：北京市档案馆，中共北京市委党史研究室编：《北京市重要文献选编（1958）》，页647～648页。

③ 《关于当前经济情况宣传问题的通知》，见：北京市档案馆，中共北京市委党史研究室编：《北京市重要文献选编（1959）》，页484。

意见》和《关于合作社社员的自留地和家庭副业收入在社员收入中应占比例的意见》。随着5月八届人大二次全会正式通过党的总路线和8月29日《中共中央关于在农村建立人民公社的决议》的制定，全国范围的人民公社化高潮出现。

北京郊区人民公社伴随“大跃进”运动快速发展。从1958年5月份起，开始进行小社并大社的工作，在国有农场周围的一部分农业合作社被国有农场扩大合并进来。6月23日，市委农村工作部向市委提出《关于吸收一部分农业社转入国营农场的请示》。《请示》中提出：郊区现有9个国有农场，耕地面积11万亩（占郊区耕地总面积的1.7%），吸收周围社队后，扩大到98万亩。7月，郊区各区县并社的步伐加快，昌平县118个农业生产合作社并为57个；顺义县414个社并成8个大社，平均每社9 600户。[①] 8月中旬，北京市在石景山区和昌平沙河进行了人民公社建立的试点工作。8月26日，市委召开郊区区委第一书记会议，各区认为建立人民公社的条件已经成熟，绝大多数群众迫切要求建立人民公社。9月20日，郊区基本实现了人民公社化，由原来的2 647个农业合作社合并组成73个人民公社，下辖1 626个生产大队，9 156个生产队，基本核算单位2 389个，平均每个社10 550户，5万多人口，6 600多万平方米耕地，规模最大的红星人民公社26 562户，最小的社也有1 300多户。[②]

北京市初期的人民公社形态，大致可以归纳为：规模庞大、政社合一、社一级的单一所有制、供给制和工资制相结合的分配制度以及组织军事化、行动战斗化和生活集体化。同时，由于“大跃进”和人民公社违背了事物发展的客观规律，浮夸风、瞎

① 《当代中国的北京》编辑部：《当代中国的北京（上）》，北京：中国社会科学出版社，1989年，页146；《中国农业全书》总编辑委员会编：《中国农业全书·北京卷》，页215。

② 北京市农村经济研究中心编：《北京市农村改革60年大事记》，北京：中国农业出版社，2010年，页39。

指挥风、共产风、强迫命令风、干部特殊化风等五风泛滥成灾（周五一，2005）。“五风”的存在严重挫伤了农民生产的积极性，大量资源被浪费，为1959—1961年“三年灾荒”的发生埋下了隐患。

2. 郊区人民公社政策的调整 农村人民公社化的变革是以迅猛的、强烈的强制性制度变迁形式出现的，因此从一开始就缺乏完整系统的、成熟的管理经验，各种制度的建立都普遍经历了一个“试错”的过程。推动制度建立的各项政策有的被证明是行之有效的，但更多的被证明是存在问题、需要不断修正的。正如有的研究者所指出，这种“一大二公”的高度集体化体制不仅没有达到预期目标，反而恶化了经济关系，引起一系列问题和严重的农业危机。这场危机也由此造成了国家控制这一制度的费用—收益结构发生逆转，从而发生了国家农村经济政策的调整（周其仁，1995）。

中央认识到了人民公社化中存在的错误后，1958年11月召开第一次郑州会议开始纠正错误，指出“有些领导人急于想使人民公社由集体所有制过渡到全民所有制，急于由社会主义过渡到共产主义是错误的”。11月28日至12月10日，党的八届六中全会中做出的《关于人民公社若干问题的决议》，在深入阐述建立人民公社的正确性与深远意义的同时，也从理论和政策上明确地反对和纠正混淆社会主义和共产主义界限，急于向全民所有制和共产主义过渡的错误倾向。① 12月27日，市委制定了《大力整顿和巩固人民公社的计划（初稿）》，初步提出了全面整顿的意见。

1959年1月2日，市委召开整社试点工作干部会议，研究部署郊区人民公社的整顿工作。整社采取大鸣大放的形式，以基层干部为对象，以反对强迫命令、铺张浪费、不参加劳动和严重

① 北京市农村经济研究中心编：《北京市农村改革60年大事记》，页41。

违法乱纪为内容。[1] 在1月29日市委批示转发的《通州区委关于干部作风问题的检查报告》的批示中指出，少数干部违反党的群众路线，用简单粗暴的方式对待群众，这是一种非常危险的倾向，要求各单位对干部的作风进行一次认真的检查。3月6日，市委召开常委会议，贯彻落实中央2月27至3月5日郑州会议关于解决人民公社的所有制问题和纠正"共产风"问题的精神。3月31日，市委又批示转发市委文化部《关于整顿人民公社文化组织问题的请示报告》，指出整顿的目的在于使这些组织更好地为政治和生产服务，使农村人民的文化生活相应提高。经过整顿，郊区生产开始恢复正常，干群关系逐步缓解。

但是，庐山会议严重打乱了这一进程，"反右倾"的错误斗争打断了纠正"左"倾错误的进程。10月上旬，为了贯彻庐山会议精神，市委通过对房山人民公社的调查，对人民公社进行了大力表扬，认为是"不可阻挡的历史潮流"，"公社刚刚办起来，就出现了打破社界、打破乡界的共产主义大协作"，"大大提高了社员的集体主义和共产主义的觉悟"，"办了很多想都不敢想的大事，出现了很多人间奇迹"。10月15日，市委召开农村干部大会，强调要"反右倾松劲、反右倾保守"；对一些反对大跃进、反对人民公社、反对总路线的，要从思想上揭发、检查、批判。[2] 由此开始了大规模的整社运动，这次运动是"按照中央批示，以两条道路斗争和社会主义、共产主义教育为中心进行的"。整社运动到1960年3月结束，在这次运动中，郊区13个县（区）共批判有严重资本主义思想的13 228人，占农村总人口的0.48%。

面对这种局面，1960年10月起，中共中央再度调整政策，纠正实际工作中左的偏差。11月3日发出《关于农村人民公社

---

① 北京市农业局史志办公室：《北京农业生产纪事（1949—1990）》，页101。

② 北京市农村经济研究中心编：《北京市农村改革60年大事记》，页44。

当前政策问题的紧急指示信》（简称“十二条”），坚决纠正“五风”，彻底退赔，纠正公社化以来的“左”倾错误。11月15日，中共中央又要求“必须在几个月内下决心纠正十分错误的共产风、浮夸风、命令风、干部特殊风和对生产瞎指挥风”。北京市根据中央的部署对人民公社进行整顿，在农工部代市委为郊区五级干部起草的《关于郊区农村工作报告》中指出，要开展以两条道路斗争和社会主义教育运动为纲的整社整风运动，11月5日至12月3日，在平谷县韩庄人民公社南独乐河管理区进行整风整社的试点工作。① 1961年1月，中共八届九中全会通过了“调整、巩固、充实、提高”的八字方针以及《关于农村整风整社和若干政策问题的讨论纪要》。北京市委在《关于郊区农业生产问题的意见》中对1960年农业工作的完成情况进行了总结，认为工作中“严重脱离实际”，要鼓足干劲，坚决贯彻“十二条”政策。4、5月间，邓小平、彭真带领调查组到顺义、怀柔农村进行调查。调查组在深入群众、听取意见的基础上，对农村基本核算单位下放、取消供给制、解散公共食堂以及发展农村手工业、恢复农村供销社等问题，提出了建议（《农村经济综合志》）。5月22日至25日，市委第二书记刘仁在郊区县（区）委书记会议的讲话中代表市委对“大跃进”以来的错误进行了自我批评，认为“责任不在公社，更不在一般党员，在市委”②。一系列的政策调整稳定了生产秩序，使国民经济走到正常的轨道上来。

1962年春，市委响应“七千人大会”精神，坚决纠正“共产风”，6月退赔工作结束。据统计，1960年冬至1962年4月，郊区共退赔了5 506万元，占政府和社队平调总额6 093.4万元的90.4%；归还合作化以来社队拖欠社员的劳动报酬、肥料款和现金投资1 061万元；退回社员家具、炊具等47.4万件，家

① 北京市农村经济研究中心编：《北京市农村改革60年大事记》，页50～51。

② 北京市农村经济研究中心编：《北京市农村改革60年大事记》，页53。

禽1.6万多只，大车420辆，耕畜2 800多头，树木12.9万多株，以及一批砖瓦木石等建筑材料；退还社员房屋24万多间，为社队占房总数27.8万多间的86.3%，另有3.38万间社员暂不用房屋，改为协商租用（《农村经济综合志》）。同时，按照《农村人民公社工作条例草案》、《关于改变农村人民公社基本核算单位问题的指示》，对公社的核算单位进行了调整。这些调整虽然缓解了农村中的一些矛盾，但公社体制固有问题没有解决。

1963年5月，北京市在郊区开展以清政治、清经济、清组织、清思想为主要内容的“四清”运动，推动干部参加集体劳动。北京市在“四清”运动中强调“四清”要同生产紧密结合，把农业是否增产作为衡量运动搞得好坏的一条标准，由此保证了农业经济在频繁的政治活动中继续保持一定的增长态势。但由于“四清”运动政治特征明显，过于坚持“以阶级斗争”为纲，打击面过宽，产生了一些消极的结果。但是，人民公社的体制并未在这次运动中受到冲击。经过不断的整顿，以“政社合一，三级所有，队为基础”为主要内容的人民公社体制基本稳定下来，这种局面一直延续到1965年。

北京市人民公社相关政策的调整效果明显。据统计，同1957年相比，1965年郊区粮食总产量增长52%，达到11.9亿千克，平均亩产210千克，超过了《全国农业发展纲要》规定的黄河以北地区亩产200千克的指标；蔬菜、生猪、干鲜果品、牛奶等产量均有较大提高。农业生产条件也有了较大改善，与1957年相比，1965年有效灌溉面积由3.9万公顷发展到24.5万公顷，机耕面积由占耕地面积的8.3%发展到46.9%（《农村经济综合志》）。

3. “文化大革命”期间人民公社政策的发展 十年“文革”期间，由于“左”的经济政策实施和阶级斗争的扩大化，政治和经济秩序动荡不安，社会组织陷入混乱，郊区农村经济发展缓慢。

1966年5月开始，随着彭真被撤职以及市委改组，原北京市的各级领导班子瘫痪，党政工作停滞。8月成立北京市农业生产战线指挥部，指导农业工作。“文革”初期，市委尚能坚持生产第一，9月21日《关于做好“三秋”工作的指示》中明确指出，为了保证高质量、高标准地完成“三秋”工作，县以下各级机关的“文化大革命”运动可以暂停，放在以后农闲时间进行。1967年2月开始，北京市郊区普遍成立了“抓革命、促生产第一线指挥部”，3月19日北京市贫下中农代表会议召开，周恩来总理出席会议并指出，在春耕大忙季节，生产队、生产大队不要“夺权”。但同时也对“旧市委”时期的一些政策进行批判，比如在响应中央号召，对所谓“三自一包”（集市贸易、自留地、自负盈亏和包产到户责任制）展开批判时，结合北京的情况，突出批判“旧市委”在郊区推行的所谓修正主义路线以及所谓“物质刺激”、给贷款、给物资、给义务劳动的“三给三吃”（《农村经济综合志》），给生产造成了很大的混乱。

表4-1　1958—1982年北京市郊区人民公社变化

单位：个

年份	人民公社	生产大队	生产队	核算单位
1958	73	1 626	9 156	2 389
1959	78	529	4 352	2 351
1960	68	449	3 733	1 134
1961	280	3 435	11 892	3 389
1962	285	3 704	14 818	13 316
1963	285	3 703	14 907	13 489
1964	280	3 681	14 775	13 214
1965	267	3 365	14 574	13 105
1966	243	3 651	13 610	12 148
1967	243	3 678	13 440	11 929

（续）

年份	人民公社	生产大队	生产队	核算单位
1968	241	3 744	13 184	12 214
1969	240	3 759	12 717	13 513
1970	243	3 795	12 424	11 315
1971	243	3 820	12 421	11 429
1972	246	3 967	12 535	11 672
1973	247	4 049	13 079	12 421
1974	255	4 001	13 124	12 468
1975	265	4 027	13 120	12 481
1976	265	4 026	12 975	12 481
1977	265	4 018	12 658	11 958
1978	263	3 995	12 005	11 123
1979	263	3 996	11 970	11 215
1980	263	3 996	12 125	11 354
1981	268	4 030	12 555	11 760
1982	269	4 048	12 808	11 953

资料来源：北京市地方志编纂委员会编《北京志·农业卷·种植业志》，北京：北京出版社，2001 年。

“文革”时期人民公社的发展受到农业学大寨运动的深刻影响。1968 年 4 月，《全国农业学大寨劳动管理经验现场会纪要》公布，山西省昔阳县大寨大队创建的以“自报公议工分”为特点的劳动管理办法成为全国学习的典型。北京市虽然多次组织过参观学习活动，但直到 1975 年才制定了大规模学习大寨的政策。11 月，为贯彻全国农业学大寨精神，推动北京市郊区农业学大寨运动的开展，北京市委组织了 1.1 万名干部组成的“普及大寨县工作队”，进驻 100 多个公社和 1 622 个生产大队。12 月 2 至 8 日，市委召开扩大会议，贯彻落实全国农业学大寨会议精神。

会议指出：农业学大寨，同土地改革、农业合作化、人民公社化一样，是农村中又一次伟大的革命运动，要求“全党动员，苦战三年，提前两年在郊区普及大寨县，并且基本上实现农业机械化”。由此，北京市农业学大寨运动大规模地开展起来。1976年4月，受政治气候影响，郊区农村在普及大寨县运动中又增加了“批邓反击右倾翻案风”的内容，并且在“大批资本主义”、“割资本主义尾巴”等口号影响下，对农村社员的自留地、家庭副业进行了批判。10月，“四人帮”覆亡后，市委又组织了市县社三级8 674名干部组成第二批“普及大寨县工作队”，先后进驻农村18个公社，1 124个生产大队。1977年1月，市委农林组批准郊区109个公社为农业学大寨先进公社。2月，郊区各区县召开四级干部会议，普及大寨县运动，开展批判资本主义倾向，解决人心向农、劳力归田等问题。①

郊区的农业学大寨运动是特殊时期的产物。它过于“突出政治”的大寨式“自报公议工分”，严重破坏了按劳分配原则；片面强调“以粮为纲”，限制多种经营，导致郊区农业生产单一化，影响首都副食品供应，使农业经济结构受到破坏；在所有制上搞“过渡”、“升级”，富队和穷队拉平，造成了新的“平调”。一批农业劳动模范，包括全国劳动模范刘宗悦、李墨林，市劳动模范王景祥、孙举等先后被迫害致死。“文革”前本已恢复的经济又遭到严重破坏。②

“文革”时期，社会动荡不安，国民经济千疮百孔，农业之所以能在艰难的环境中蹒跚前进，与1970年12月中共中央批准下发的《国务院关于北方地区农业会议的报告》有关。针对“文化大革命”对农村政策的破坏和农业减产的情况，报告明确指出，“人民公社六十条”规定的人民公社现阶段的基本政策，仍

① 北京市农村经济研究中心编：《北京市农村改革60年大事记》，页69～70。
② 《当代中国的北京》编辑部：《当代中国的北京》，页177～178。

然适用，必须继续贯彻执行。北方地区农业会议的精神传达以后，北京郊区农村经济形势有所好转，一些农村经济政策得到恢复，但期间也出现了多次反复（《农村经济综合志》）。

（二）农村人民公社时期的分配政策

郊区实现人民公社化后，由于公社组织规模大，经营范围广，工种复杂，部门众多，合作社时期的管理体制需要进行较大的变革。中央要求改革管理体制，将“各项指标和措施，具体分配到管理区、生产队以及社员”①。根据这一精神，中共北京市委在继续推行“三包一奖”制（包收入、包工分、包财务，超产奖励）的基础上，进行了基本核算单位的改革。这期间，市委按照中央政策，建立了公共食堂，推行供给制和工资制的尝试，但实践证明，这种分配制度是低效，甚至无效的。

1．“三包一奖”制 “三包”制开始于1957年，在改善社的管理状况、促进民主办社、缓和队与队之间的矛盾、促进社员的生产积极性方面发挥了重要作用，但也存在各承包单位社员收入不平衡、“包收入”指标偏高、奖惩方法不合理等问题，市委要求在有针对性地纠正相关问题的同时，继续全力推行“细算总包”的“三包形式”②。“三包”制实际上是农业生产合作社在统一核算、统一经营的前提下，对生产队实行的一种生产责任制的尝试，在基本核算单位下放以前，起到了明显的作用。

1959年2月27日至3月5日，中共中央政治局在郑州召开的政治局扩大会议中，提出整顿和建设人民公社的方针是“统一领导、队为基础；分级管理，权力下放；三级核算，各计盈亏；

---

① 中共中央文献研究室编：《建国以来重要文献选编》12册，北京：中共文献出版社，1992年，页48。

② 《关于1958年郊区农业社推行三包制的通知》，见：北京市档案馆，中共北京市委党史研究室编：《北京市重要文献选编（1958）》，页103～109。

分配计划，由社决定；适当积累，合理调剂；物资劳动，等价交换；按劳分配，承认差别”。市委根据会议精神，拟定了郊区人民公社的管理体制，指出这种体制“一般应当实行在公社统一领导下，公社、生产大队（管理区）、生产队三级管理、三级核算，并以相当于原来的高级农业生产社的生产大队（管理区）或生产队为基本核算单位的制度”。根据近远郊高级社规模的不同，近郊可以以生产大队（管理区）为基本核算单位，远郊以生产队为基本核算单位，并制定了相关单位的具体职责。① 经过不断的政策宣讲，到 8 月，原由 2 486 个高级社合并建成的 76 个人民公社确定为 2 275 个核算单位，在此基础上，实行了“三包”和定额管理。其中 90％的生产队已与基本核算单位签订了三包合同。市委认为，这几项措施的实施，“贯彻执行了统一领导，分级管理，按劳分配，承认差别的原则，合理地处理了公社内大集体与小集体、集体与个人之间的关系”②。

与此同时，市委开展了公社所有制转型的试点工作。1959 年 12 月，把 11 个国有农场合并于红星、四季青、永丰、十三陵、良乡、沙河、延庆、朝阳、星火、和平、石景山等 11 个人民公社，合并后把人民公社的集体所有制转变为全民所有制。在试点过程中，“有关县（区）委第一书记亲自领导，各公社均调整了机构，配备了干部，健全了领导，宣传了试办的意义，社员群众与社队干部均表示热烈欢迎和拥护，自愿接受这一转变，干劲备增，成为推动生产和工作的动力，掀起了更大的生产高潮”③。1960 年 1 月 8 日，市委决定在 10 个公社再进行试点；其他 65 个公社继续实行队为基础的三级所有制，待条件成熟时过渡到全

---

① 《关于郊区人民公社的管理体制和若干政策问题的会议纪要》，见：北京市档案馆，中共北京市委党史研究室编：《北京市重要文献选编（1959）》，页 127～135。

② 《关于北京郊区半年来整社工作进行情况的报告》，见：北京市档案馆，中共北京市委党史研究室编：《北京市重要文献选编（1959）》，页 599。

③ 北京市农村经济研究中心编：《北京市农村改革 60 年大事记》，页 46。

民所有制。

2. 平均主义的供给制 1962 年 2 月，中共中央发出《关于改变农村人民公社基本核算单位问题指示》，决定人民公社一般以生产队（即小队）为基本核算单位，指出“这样从高级社以来就存在着的束缚生产队积极性的平均主义，就得到了比较彻底的克服”。4 月，根据中共中央《关于农村基本核算单位问题的指示》精神，北京市郊区各县（区）普遍进行了农村人民公社基本核算单位的调查研究。北京郊区 3 590 个大队中，有 3 406 个大队改为以生产队为基本核算单位，占大队总数的 94.8%；有 184 个大队，占大队总数的 5.2%，经群众讨论同意仍保留以大队为基本核算单位，但在分配上多数采取三包一奖，全奖全罚的办法。① 实行以生产队为基本核算单位，生产队在生产、经营和分配上有了较大的自主权。据 1962 年底统计，有 648 个大队，由于年年增产，有一套管理经验，群众不愿意改变，仍保留以大队为基本核算单位。公社规模也做了调整，由最初的 73 个调整为 285 个（《农村经济综合志》）。

在劳动报酬的计算上，形成三种形式：采用定额管理、按件记分的队，占生产队总数的 58.5%；采用固定底分、死级活评的队，占生产队总数的 35.4%；仍采用死分死记的队，占生产队总数的 6.1%。除以上几种主要形式外，一般生产队都还有几种辅助的计酬方法。如对饲养人员采用固定报酬，另加奖励的办法；对一些零杂活，采取记日工或临时定工记分办法等。市委认为，由于郊区各区县、各社队的情况不同，土地、作物不同，社员习惯和干部经营管理能力和经验不同，因此报酬方式不必强求一律。②

---

① 北京市农村经济研究中心编：《北京市农村改革 60 年大事记》，页 56。

② 《关于进一步加强郊区农村人民公社劳动管理工作的报告》，见：北京市档案馆，中共北京市委党史研究室编：《北京市重要文献选编（1963）》，页 347～350。

在这一过程中，北京郊区人民公社在分配制度上一度采取了供给制和工资制按照一定比例（一般是三七开）并行的分配制度。1960 年 5 月，市委发出《郊区人民公社 1959 年度决算分配工作情况和 1960 年夏收分配的意见》，提出："确定供给与工资比例时，要做到除了供给外，使社员平时有必要的零钱用，年终有钱分。"①

平均主义的供给制被认为是社会主义的象征，具有"共产主义因素"，市委认为："人民公社一定要坚持实行伙食供给制或者粮食供给制，因为这是最大的社会保险，是广大农民拥护的"②。公共食堂制度就是供给制的外在表现之一，早在 1958 年 7 月 8 日，《人民日报》就发表文章鼓励农村办食堂。人民公社出现了以"吃饭不要钱"为主的"八包"（包吃饭、穿衣、教育、生育、医疗、婚、丧、养老），"供给制"或"半供给制"被认为是"最大的社会保险"。据统计，1959 年京郊农村共办公共食堂 10 876 个，入食堂的农户占总农户的 83.5%，参加食堂的人口占总人口的 79.1%；托儿组织共计 21 636 处，收托幼儿 75 951 人，占幼儿总数的 52%；敬老院 270 处，入院老人 5 069 人；缝纫厂和缝纫组 1 500 多个；公社医疗机构 1 800 多处，妇产院 289 所。③ 1960 年公共食堂达到 1.16 多万个，参加户数达到 94.3%，人口占 92%。④

北京市认识到不能仅有平均主义的供给制，"劳动有好有坏，有多有少，劳动不好、劳动少、不劳动，也管个饱，劳动好的就

① 《关于当前北京郊区农村人民公社工作中几个问题的报告》，见：北京市档案馆，中共北京市委党史研究室编：《北京市重要文献选编（1960）》，页 311。

② 《关于郊区人民公社的管理体制和若干政策问题的会议纪要》，见：北京市档案馆，中共北京市委党史研究室编：《北京市重要文献选编（1959）》，页 132。

③ 北京市农村经济研究中心编：《北京市农村改革 60 年大事记》，页 45。

④ 《关于北京郊区人民公社的公共食堂情况和问题的报告》，见：北京市档案馆，中共北京市委党史研究室编：《北京市重要文献选编（1960）》，页 185。

不满意”①。明确了“供给制只是目前分配的一个方面，供给制以外的部分必须实行按劳分配，多劳多得，少劳少得。在社会主义阶段，分配的根本原则是按劳分配，粮食或吃饭供给制只是辅助性的”②。市委要求建立评工记分的工资制度，“工资部分，必须贯彻按劳分配、多劳多得的原则，实行定额管理，超额奖励”③。但是由于当时的生产水平低，工资制所占比例不大，供给制是主要的分配制度。

3. 工分制的分配方式　由于供给制政策存在严重的“干不干，都管饭”倾向，引起许多社员的不满。1960年8月8日，市委农村工作部发布了《关于进一步整顿公共食堂的意见》。针对公共食堂存在的问题，提出了整顿措施。1961年5月，市委认识到“农民的生产积极性，受到不合理的供给制这一分配方式的束缚”，因为实行供给制政策中，吃亏户一般占总户数的40%～50%，多的甚至达到60%；由于地主、富农和上中农家中人口多，所占便宜也超过贫雇农；增加了农村中职工家属和农民的纠纷，因此，供给制问题必须得到解决。只要将这一问题解决，“农民的生产积极性马上就会高涨，无论三包一奖，评工记分，余粮征购，食堂问题等，都会更顺利的解决”④。因此，市委决定废除“现行的带有平均主义性质的、普遍的、全面的供给制，改为只对五保户和生活困难户实行供给制”，并继续贯彻

① 《在郊区五级干部会议上的讲话》，见：北京市档案馆，中共北京市委党史研究室编：《北京市重要文献选编（1959）》，页144。

② 《关于北京市五级干部会议情况向中央的第二次简报》，见：北京市档案馆，中共北京市委党史研究室编：《北京市重要文献选编（1959）》，页166。

③ 《关于郊区人民公社的管理体制和若干政策问题的会议纪要》，见：北京市档案馆，中共北京市委党史研究室编：《北京市重要文献选编（1959）》，页132。

④ 《关于改变供给制办法的意见向中央、华北局的报告》，见：北京市档案馆，中共北京市委党史研究室编：《北京市重要文献选编（1961）》，页310～325。

“三包一奖、评工记分”[1]。对于公共食堂制度，市委指出“吃不吃食堂是社员自己的事情，一定要坚持完全自愿的原则；对于吃食堂的人，要积极帮助他们把食堂办好；对于退出食堂的，也要积极帮助他们解决燃料、炊具等困难。”[2]

1963年5月26日，中共北京市委批转市农委《关于进一步加强郊区农村人民公社劳动管理工作的报告》。市委要求各区、县委切实帮助生产队加强和做好劳动管理工作，建立健全严格的劳动生产责任制。“生产队应当充分挖掘劳动潜力，合理分派各个社员参加集体劳动，按照劳动的质量和数量评工记分，死分死记是妨碍农业劳动率不断提高的落后的管理办法”，因此，必须“坚决地逐步加以改变”。同时，批示指出，农村干部是“搞好劳动管理、评工记分的重要环节”，坚决反对“干部不参加劳动、多记工分的特殊化作风”[3]。这一政策的实施说明评工记分政策有助于生产的提高。

“文革”时期，在“左”倾错误路线的引导下，郊区各公社学习大寨的分配制度，批判“工分挂帅”，号召推行“突出政治”的大寨式“自报公议工分”，导致劳动“大拨轰”，分配“大锅饭”，严重破坏了按劳分配原则；同时搞“穷过渡”，冲击了人民公社“六十条”规定的“三级所有，队为基础”的基本制度，取消了生产队，实行大队核算。1968年冬至1969年春，郊区农村有255个大队合并了生产队，实行了大队核算。但由于“穷过渡”导致人民越过越穷。1965年社员人均收入77元，1976年人均收入也只有96元，11年平均每年增长1.2元（《农村经济综

① 《关于实行三包一奖、评工记分的意见向中央、华北局的报告》，见：北京市档案馆，中共北京市委党史研究室编：《北京市重要文献选编（1961）》，页363。

② 北京市农村经济研究中心编：《北京市农村改革60年大事记》，页52～53。

③ 《关于进一步加强郊区农村人民公社劳动管理工作的报告的批示》，见：北京市档案馆，中共北京市委党史研究室编：《北京市重要文献选编（1963）》，页344～346。

合志》），很多生产大队又恢复了生产队核算。1969年4月11日，《关于京郊农村部分生产队改变核算单位的情况报告》中说，已经实行了大队核算，群众意见不大的，可固定下来；已经实行了大队核算，群众意见很大的，经社员讨论，可以恢复生产队核算；尚未改变核算单位的，一律不再改变，将这种转变的进程中止。1971年12月26日，中央对这一问题进行纠正，在《关于农村人民公社分配问题的指示》中指出："当前要注意克服平均主义，应该按照社员的劳动质量和数量，付给合理报酬"，"学习大寨的管理办法，必须从实际情况出发，同群众商量，不可生搬硬套"。北京郊区有些社、队又恢复实行过去的劳动管理办法。如1973年昌平县百善公社狮子营大队，在春耕生产中搞起了包工到户、责任到人的责任制，效果很好。但是不久，却又遭到严厉批判，认为是"右倾回潮"（《农村经济综合志》）。1973年8月22日，市委在劳动报酬上做出调整，要求全面贯彻各尽所能，按劳分配原则，可以实行"定额到组，评工到人"或"定额计工"，解决"卯子工"、"大拨轰"的平均主义倾向；在收益分配上，要正确处理积累和分配的关系，兼顾国家、集体、个人三者利益，坚持自力更生、艰苦奋斗。到1976年，全郊区共有人民公社265个，生产大队4 026个，生产队数量增加到12 975个。① 但从分配方式上看，集中统一的组织方式和分配上的平均主义并未得到根本纠正（《种植业志》）。

二、农产品流通与税收政策

（一）农产品流通政策

1. 重视农业政策　北京市高度重视农业发展，以促进粮食产量增加、保障粮食安全为重要目的之一。新中国成立初我国虽然制定了重点发展工业的政策，但当时能为工业提供原始积累的

① 《中国农业全书》总编辑委员会编：《中国农业全书·北京卷》，页218。

只有农业，因此政府采取了剥夺农业向工业倾斜的政策，粮食问题逐渐显现。特别是1959—1961年三年困难时期，为了提高粮食产量，对农业的重视更是提高到一个相当高的地位。中央多次指出农业是国民经济的基础，粮食是基础的基础。要求人民公社坚持“以粮为纲，全面发展，多种经营”的发展方针。[①] 1961年1月，中共中央对国民经济实行“调整、巩固、充实、提高”的八字方针和以农、轻、重为序安排国民经济的方针，把农业放在首位。

北京市对农业的基础地位也相当重视，指出“农业是基础的思想，是全党全民的事情”，要求“工、交、商、文化教育各部门都要有以农业为基础的思想，都来支持农业”[②]，“争取农业丰收不仅是农业战线的任务，也是工业战线的任务，是文教、卫生、财贸各部门的任务，是全党的任务”[③]。当时的工业产值中，以农业为原料的约占一半，在轻工业原料中，来自农业的约占80%。[④]

社会主义建设的初期阶段，制定了一系列保证农业发展的政策，比如劳动力的保护政策，市委坚决制止其他行业对劳动力的占用，“必须把劳动力重点安排在农业生产方面，一般应占劳动力总数的80%以上。应尽量用在直接生产方面。食堂、托儿所等服务人员必须尽量精简。脱产干部必须减到占劳动力总数的千

---

① 《关于全党动手，大办农业、大办粮食的指示》，见：北京市农村经济研究中心编：《北京市农村改革60年大事记》，页48。

② 同上。

③ 《关于城市支援农村、工业支援农业的情况和当前任务的报告》，见：北京市档案馆，中共北京市委党史研究室编：《北京市重要文献选编（1960）》，页631。

④ 《中共北京市委宣传部印发关于当前经济问题的讲话提纲的通知》，见：北京市档案馆，中共北京市委党史研究室编：《北京市重要文献选编（1961）》，页805。

分之五左右”[①]，“劳力要首先用到农业上”[②]。1959年3月31日，市委要求各企业事业单位坚决停止继续雇用临时工，否则就是“一种严重的无组织无纪律行为”[③]。1960年10月，市委提出要进一步加强工业对农业的支援，大力加强农业生产第一线的力量，保证其必需的劳动力，实行精耕细作，高产多收，大搞平整土地和水利配套工程，充分挖掘城乡肥源，全面完成农业生产计划（《计划志》）。具体安排，“应该设法保证平时农业和畜牧业生产的劳动力不少于60%到65%；在农忙季节用于农业生产的劳动力则应达到70%以上。”[④]据1960年9月4日的《郊区农村情况》反映，7月初，全郊区用于农业生产的劳力仅占农村劳动力总数的54.6%。在各县（区）、社队根据“以农业为基础，首先抓农业”的精神，压缩了水利建设、社办工业、福利事业等方面所占用的劳动力后，8月上旬，用于农业生产的劳力已达62.8万人，占农村总劳动的62.8%，较7月初增加了8.2%。[⑤]各种支援农业政策的出台，使从事农业的劳动力大大增加。1960年8月农业第一线的劳动力只有62万多人，占当时农村总劳动力100万人的62%，到1961年9月即增加到89万人，占当时农村总劳动力106万人的84%。[⑥]

---

① 《关于郊区人民公社的管理体制和若干政策问题的会议纪要》，见：北京市档案馆，中共北京市委党史研究室编：《北京市重要文献选编（1959）》，页134。

② 北京市农村经济研究中心编：《北京市农村改革60年大事记》，页48。

③ 《关于制止农村劳动力盲目流入城市的情况报告》，见：北京市农村经济研究中心编：《北京市农村改革60年大事记》，页42；《北京市重要文献选编（1959）》，页193。

④ 《关于北京市1960年国民经济计划、1959年财政收支决算和1960年财政收支预算草案的报告》，见：北京市档案馆，中共北京市委党史研究室编：《北京市重要文献选编（1960）》，页538。

⑤ 北京市农村经济研究中心编：《北京市农村改革60年大事记》，页49。

⑥ 《中共北京市委向北京市党的第三届代表大会的工作报告》，见：北京市档案馆，中共北京市委党史研究室编：《北京市重要文献选编（1962）》，页305。

此外，郊区还组织妇女参加生产，1958 年郊区农村妇女直接参加田间劳动和农村各项建设事业的已达 32 万人①。1959 年，针对男女同工不同酬和“死分死记”的现象，市委认为，“这种付酬办法不符合按劳分配、多劳多得的社会主义分配原则，不能激发广大社员进一步发挥劳动积极性”，要求“认真贯彻男女同工同酬的原则，以调动广大妇女劳动的积极性”②。解放了大批妇女劳力，使劳力不足的矛盾得到一定程度的缓和。事实证明，“凡是放松了对福利事业领导的地方，生产的发展就受到限制和影响”③。

为了给工业的发展积累资料，市委积极主张城市支援农村、工业支援农业。市委认为“没有农业的恢复和发展，整个国民经济的发展将受到严重的影响；相反地，没有城市和工业对农业的大力支援，没有农业机械、化肥、农药等农业生产资料和日用工业品对农村的支援，农业技术改造的实现和农村人民生活的改善，也是不可能的。”④市委要求“组织机器设备下乡，科学技术下乡，帮助公社办工业。同时，在文化、教育、卫生和生活福利等方面，也展开了全面的支援，推动了农村的文化革命运动”⑤。工业部门应当按时间、按质量完成农村急需的机械设备生产，还

---

① 《关于进一步实现郊区农业生产大跃进的报告》，见：北京市档案馆，中共北京市委党史研究室编：《北京市重要文献选编（1958）》，页 652。

② 《中共北京市委对丰台区关于男女同工同酬问题的报告的批示》，见：北京市档案馆，中共北京市委党史研究室编：《北京市重要文献选编（1959）》，页 583。

③ 《为坚决实现 1960 年郊区农业生产继续大跃进而奋斗》，见：北京市档案馆，中共北京市委党史研究室编：《北京市重要文献选编（1959）》，页 57。

④ 《关于郊区人民公社某些生产队在工业原料中掺杂使水的通报》，见：北京市档案馆，中共北京市委党史研究室编：《北京市重要文献选编（1963）》，页 105。

⑤ 《关于城市支援农村、工业支援农业的情况和当前任务的报告》，见：北京市档案馆，中共北京市委党史研究室编：《北京市重要文献选编（1960）》，页 627。

要有计划地帮助农村人民公社组织农副产品的加工和综合利用。[①] 1972 年 5 月，市委召开工业支持农业动员大会，贯彻落实“以农业为基础、工业为主导”的方针，要求把工业支持农业的工作做得更好。

受粮食匮乏和当时政治大环境的影响，在执行的过程中，粮食成为一种战略性的物资，“做好粮食工作是具有战略意义的大事”[②]。但是，“以粮为纲”对粮食过度的、片面的重视，也影响了农业的综合发展。虽然政府多次强调坚持“以粮为纲，全面发展”，但在实际执行过程中，却成了“以粮为纲，其余扫光”。其政治根源在于张春桥、姚文元的“小生产会自发地产生资本主义”的理论，把以粮食生产为主的规模生产与个体自留地生产、小规模的林、牧、副、渔业生产从政治上区别开来，并对立起来，使得“以粮为纲”政策走向了“全面发展”的对立面（宋乃平、张凤荣，2006）。

2. 农产品物价控制政策 随着郊区人民公社化的实现，郊区零售单位陆续移交由人民公社领导，但人民公社大量向商业部门赊购生产资料、生活资料，截至 1959 年 11 月，各郊区商业局未收回的赊销贷款达 1 968 万元，占郊区商业局全部自有流动资金的 96.8%，严重影响了商品流转，加大了费用开支。针对这种情况，市委要求坚决停止赊购现象发生，“已经赊购部分的贷款，应由人民公社订出归还计划，一次或分期还清”[③]。

为了控制有限的物质资源，北京市响应国家号召，严厉打击不法商业行为。1966 年 12 月 4 日，北京市革委会发出《关于加

① 《关于北京市 1960 年国民经济计划、1959 年财政收支决算和 1960 年财政收支预算草案的报告》，见：北京市档案馆，中共北京市委党史研究室编：《北京市重要文献选编（1960）》，页 538。

② 北京市农村经济研究中心编：《北京市农村改革 60 年大事记》，页 66。

③ 《关于郊区商业部门对人民公社大量赊销和处理意见的报告的批示》，见：北京市档案馆，中共北京市委党史研究室编：《北京市重要文献选编（1959）》，页 7。

强市场管理，坚决打击投机倒把的通令》。《通令》严禁倒卖国家统购统销物资、工农业生产资料、各种票证和其他违禁品；严整长途贩运、私设地下工厂、私自包工、雇工剥削、走私套汇和其他一切投机倒把活动；坚决取缔自由市场，城近郊区严禁聚众买卖、交换各种物品，也不准农村社、队和社员个人进城出售或交换农副产品；远郊各县集市贸易严禁粮、棉、油等国家统购统销物资上市；严禁商贩参加集市活动；农村社、队及社员不得弃农经商，转手买卖。北京市委曾经在1962年1月19日发出通报，要求各区县委和人民公社党委，教育干部和社员好好从事生产，不要用投机取巧手段，进行倒卖活动，谋取非法收入。这种投机活动的发展，势必影响农业生产，影响社会主义集体经济的巩固，增加国家的经济困难，并且还会腐蚀和毁坏许多干部。对于严重的违法分子，应当依党纪国法制裁。同时，商业部门，特别是供销合作社，要积极加强商品在城乡之间和地区之间的物资交流，把一切有用的物资收购起来，需要挑选、整理、加工的，加以挑选、整理、加工，使货畅其流，物尽其用，尽可能满足生产和生活上的要求，以防止和打击投机倒把。①

3. 农产品购销政策

（1）*农产品购销政策演变*。如何保障北京这样一个特大型消费城市的生产生活需要是北京市长久以来就考虑的重要问题，从社会主义改造完成伊始，就制定多种经营、综合发展的政策，力图将北京郊区建设成为一个农副业的生产基地，这是北京郊区人民公社区别于其他农村的重要特征之一，也是北京市发展都市农业的初步尝试。

“大跃进”和人民公社化运动，严重破坏了北京市脆弱的农业基础，加之连续发生的自然灾害，导致农业大幅减产，城市副

① 《中共北京市委对市财政局关于农村中投机活动情况的报告的批示》，见：北京市档案馆，中共北京市委党史研究室编：《北京市重要文献选编（1962）》，页470。

食品供应遇到极大困难，人民消费的增长超过生产的增长。[①] 中央认为“发展农村集体副业生产不仅仅是一个经济问题，也是一个政治问题”[②]，北京市政府充分认识到这一问题，故而对此十分重视，多次出台发展自力更生的农村副食品，实现首都自给的政策。1958年，市委强调郊区农业生产的根本任务要“贯彻执行为城市服务的方针，保证城市副食品的供应，要大力发展副食品的生产，保证充分供应城市新鲜的蔬菜、猪肉、鸡、鸭、鸡蛋、牛奶和大部分水果等”[③]。8月，在畜牧生产会议中提出的畜牧业发展规划中，市委要求首都所需要的猪、鸭、鸡等副食品尽快实现自给。[④] 年底，万里同志提出郊区在保证粮食高产满足大城市要求的同时，更要生产更多的菜、果、鸡、鸭、鱼、肉、蛋等副食品。市委根据万里同志的指示，在1959年召开的畜牧业生产工作会议和全市十七级以上党员会议上，明确要求贯彻执行郊区生产为城市服务的方针，商品性生产和自给性生产相结合，在大力发展蔬菜，搞好粮、棉、油的同时，努力增加肉、蛋等的生产，全面安排劳动力的使用比例，把郊区农村建成为首都服务的副食品生产基地，[⑤] 由此揭开了北京市郊副业发展的序幕。市委制订了完善详细的副业发展指导方针，比如调动广大社员饲养家畜、家禽的积极性，实行“公私并举”、“两条腿走路”的方针；积极提倡在郊区机关、部队、学校等集体单位中，依靠工作

---

① 《关于北京市当前市场供应情况、问题和解决意见的报告》，见：北京市档案馆，中共北京市委党史研究室编：《北京市重要文献选编（1959）》，页13；《关于市场情况的报告》，见：北京市档案馆，中共北京市委党史研究室编：《北京市重要文献选编（1959）》，页510。

② 北京市农业局史志办公室：《北京农业生产纪事（1949—1990）》，页138。

③ 《关于进一步实现郊区农业生产大跃进的报告》，见：北京市档案馆，中共北京市委党史研究室编：《北京市重要文献选编（1958）》，页653。

④ 北京市农业局史志办公室：《北京农业生产纪事（1949—1990）》，页95。

⑤ 《关于北京市当前市场供应情况、问题和解决意见的报告》，见：北京市档案馆，中共北京市委党史研究室编：《北京市重要文献选编（1959）》，页16。

人员义务劳动，发展养猪、养鸡等副业生产，以减轻市场压力等。[①] 市委指出，郊区人民公社应“全面发展公社经济，加速郊区各种商品基地建设，把郊区各人民公社因地制宜地建成首都的主要副食品生产基地”[②]。为此，市委允许社员私人喂养家禽、家畜，包括猪羊鸡鸭鹅兔等，同时可以恢复自留地制度，自留地数量仍按原来高级社章程规定，以不超过每人所分地的5%为原则，鼓励社员利用闲散土地进行副业生产。[③]

其后，围绕如何将郊区建设成为农副产品供应基地的政策不断出台。例如，1960年10月12日，市委提出《关于在近郊建立蔬菜、粮食高产区规划（草案）》，计划把朝阳、丰台、海淀3个区和红星、沙河、良乡3个公社建设成为蔬菜和粮食的高产区，巩固和提高现有商品蔬菜基地，并适当发展，解决城市吃菜问题，同时争取逐步达到粮食自给。[④] 北京市历次国民经济计划的制订都将副业发展提高到重要的政策地位。例如，1961年12月编制的《国民经济发展七年计划提纲（1963—1969）》中提出，郊区农业的发展方针是：以粮、菜为纲，积极发展牲畜养殖，开展多种经营，力争增产更多的猪肉、羊肉、牛奶和干鲜果品。1964年6月制定的“三五”计划的任务之一是：大力发展郊区农业，把郊区建成首都副食品供应基地。郊区农业生产要继续贯彻执行为城市服务的方针，在发展粮食的同时，有计划地安排好蔬菜的生产。

为鼓励生产，北京市还制定了一些激励政策。1961年，北京市根据中央和国务院关于收购主要经济作物实行粮食奖励及其

---

① 北京市农村经济研究中心编：《北京市农村改革60年大事记》，页49～50。

② 北京市农村经济研究中心编：《北京市农村改革60年大事记》，页50。

③ 《关于郊区人民公社社员私养家禽、家畜、自留地等问题的意见》，见：北京市档案馆，中共北京市委党史研究室编：《北京市重要文献选编（1959）》，页404～406。

④ 北京市农村经济研究中心编：《北京市农村改革60年大事记》，页42～43。

他物质奖励的指示，主要农副产品中，除了粮食、油料、棉花继续实行统购统销，生猪和鸡蛋实行部分派购以外，其余的主要通过购销合同的形式进行收购，并对某些重要产品，根据交售数量实行物质奖励，奖励的办法适用于种植棉花、油料等经济作物为主的生产大队，必须保证他们能吃到与附近的有余粮队同等数量的口粮。①

对于主要的农副产品，北京市坚持实行统购、派购，只有极少数产品议价收购（但议价有个幅度），实行收购重要农副产品奖售工业品，并且适当调整地区差价和季节差价等。由于生产的发展，特别是城区没有开放“自由市场”，对农村集市贸易加强了领导和管理，并且不断打击投机倒把活动，因而，农副产品收购任务完成较好。据统计，1962年农副产品收购总值完成20 348万元（平均每一百万农村人口交售6 700多万元），比1961年的15 892万元增加28%，比1957年的14 483万元增加40%。② 1963年，北京市又规定，对确属农民出售自产小量产品的（需有可靠证明，如经县级有关部门或公社证明），原则上应当按照国家牌价收购；但对灾区或生活上确有困难而携带数量又不大的，可在教育后准予带回，不许再卖。③

但对于一些民间自发的商品交易形式，经过研究，北京市认为其有实效，遂进行推广，以此弥补国家商业活动的不足。1965年6月10日，房山县周口店公社黄山店分销店职工王砚香等背篓上山，为山区居民送货和收购，受到群众欢迎。中共北京市委

---

① 北京市档案馆，中共北京市委党史研究室编：《北京市重要文献选编（1961）》，页306。

② 《关于当前郊区农村形势和工作情况向主席、中央和华北局的报告》，见：北京市档案馆，中共北京市委党史研究室编：《北京市重要文献选编（1963）》，页120。

③ 《中共北京市委关于在检查投机倒把时要严格遵守政策的通报》，见：北京市档案馆，中共北京市委党史研究室编：《北京市重要文献选编（1963）》，页361～362。

发出通知，号召全市商业单位和商业人员学习“背篓商店”为人民服务的精神。《北京日报》为此发表了题为《为革命做生意》的社论。

（2）生猪购销政策。郊区农副食品产业的发展主要是肉食、蔬菜和油料。肉食中，北京市格外重视养猪产业，因为猪不仅能提供肉食、油分，还能提高肥料数量，[①]“抓住了养猪问题，就等于抓住了多快好省地增产肥料的关键，就给增产粮食和其他农作物创造了极为有利的条件，同时，还可以扩大工业的原料来源”[②]。“大力发展以养猪为中心的畜牧生产，不仅可以增加集体和社员收入，进一步改善城乡人民的副食品供应，特别重要的是可以提供更多肥料。”[③] 北京郊区粮食亩产达到200千克以上的生产队，绝大部分都是养猪比较多的。

为此，1959年12月8日，市委召开畜牧工作会议，号召全市人民动员起来，立即开展一个以养猪为中心的畜牧生产运动，经过科学实验和广泛宣传，解决了“养猪不如搞副业合算”、“菜区活茬忙，劳动力紧张，不能大量养猪”、“精料少，不能大量养猪”等思想障碍，兴起了一个以养猪为中心的畜牧业生产的群众运动的高潮。[④] 为了鼓励养猪，市委对收售肥猪采取了奖励政策，“在当地出售仔猪，凡是按照国家规定牌价出售的（应有生产队的证明），每头仔猪补助饲料粮25斤；凡是高出国家牌价出

① 《为坚决实现1960年郊区农业生产继续大跃进而奋斗》，见：北京市档案馆，中共北京市委党史研究室编：《北京市重要文献选编（1960）》，页63～65。

② 《关于北京市1960年国民经济计划、1959年财政收支决算和1960年财政收支预算草案的报告》，见：北京市档案馆，中共北京市委党史研究室编：《北京市重要文献选编（1960）》，页536。

③ 《关于郊区农村形势和任务的报告》，见：北京市档案馆，中共北京市委党史研究室编：《北京市重要文献选编（1963）》，页229。

④《关于畜牧生产情况和当前工作的报告》，见：北京市档案馆，中共北京市委党史研究室编：《北京市重要文献选编（1963）》，页168。

售的，一律不补助饲料粮”[①]。在政策的激励下，1962年第一季度收购生猪40 509头（其中生产队和社员个人交售3.9万头），比去年同期增加53%。[②]

1962年12月，在市委批转市农林局、粮食局、副食品商业局、供销合作社党组等制定的《关于发展养猪生产和改进生猪收购问题的报告》中指出，“应当继续执行中央规定的公养私养并举，以私养为主的方针；收购和奖励办法要既使生产队和农民真正得到好处，又使国家能多收购到一些商品肥猪”[③]。在养猪业的发展过程中，市委发现农民养猪存在不平衡的现象，特别是不少贫下中农由于资金、粮食的困难，影响了养猪，市委认为人民公社生产队应积极帮助养猪有困难的贫、下中农养猪，银行、信用合作社和国家粮食部门可以提供适当的贷款。[④] 1963年，北京市成立专门的养猪技术指导小组，管理种猪生产。

“文革”后，养猪生产也受到政治气候的影响，养不养猪被上升到资本主义和社会主义斗争的高度，说社员养猪是“私”字，是“资本主义的尾巴”。有些地方斗了社员养猪的“私”，甚至树立了不养猪的“先进典型”，不少社员不再养猪，出现了空圈现象。对集体养猪不算大账，消极地计算用工、吃粮，认为“养猪赔钱”把集体猪场下放了。在政策问题上，许多社、队自行变动了养猪政策，比如取消队里留给社员养猪的饲料粮奖励办

---

① 注：斤，非法定计量单位，1斤=0.5千克。下同。《对市副食品商业局、市粮食局关于出售肥猪和仔猪奖售饲料粮的办法的批示》，见：北京市档案馆，中共北京市委党史研究室编：《北京市重要文献选编（1961）》，页941。

② 《关于执行国务院1962年度收购经济作物和畜产品奖售办法的几项规定的意见向国务院的请示》，见：北京市档案馆，中共北京市委党史研究室编：《北京市重要文献选编（1962）》，页253。

③ 北京市农村经济研究中心编：《北京市农村改革60年大事记》，页58。

④ 《北京市人民委员会批转粮食局等单位关于支持贫下中农和困难队养猪的请示的通知》，见：北京市档案馆，中共北京市委党史研究室编：《北京市重要文献选编（1963）》，页874～876。

法；有些社、队搞献“忠”字肥的运动，将社员户的圈肥无偿地献给集体等，[①] 导致集体养猪大量下降。1968 年 6 月，北京市农林局、粮食局、副食品商业局，供销社的革命领导小组，批判原市委的“大搞物质刺激，靠粮食养猪，对肥猪和仔猪实行一套高奖励政策的修正主义路线”，并联合发出《关于取消收购生猪奖励标准和改变生产队集体养猪留料标准的意见》。[②] 这一系列政策严重影响郊区副业的发展。1970 年 9 月，北京市革命委员会召开的养猪生产会展开了有针对性的纠正工作，提出为革命大养其猪，争取三四年内郊区农村养猪达到人均一头；要求认真贯彻“积极发展集体养猪，鼓励支持社员户养猪”的方针；恢复了“国家对集体和社员出售肥猪和繁殖仔猪饲料粮补助指标不变”的政策。[③] 1971 年，市革委会召开全市畜牧指导员工作会议，会议总结了自 1968 年养猪生产下降后，经过几年努力，到 1971 年开始回升的经验，强调要加强党的领导，落实政策，郊区的养猪业必须有一个大发展，力争在 3 年内郊区实现“一人一猪”。[④]

1974 年，又做出政策调整，鼓励养大猪，把收购肥猪的个体重由 65 千克提高到 90 千克以上。从提高出肉率入手，提高自给率。[⑤] 除了养猪，市委还鼓励养鸡。1974 年 3 月，全市召开养鸡工作会议，要求大力发展养鸡，年底郊区人均达到 1.5 只，争取 2 只。12 月 22 日，平谷县和红公社等 3 处兴建了 100 万只鸡的机械化养鸡场。[⑥] 但实际上，由于把农民养鸡当做资本主义尾巴来批，养鸡饲料又得不到供应，以致 1974 年只收购鸡蛋 310

---

① 《关于京郊养猪情况的调查报告》，见：北京市农业局史志办公室：《北京农业生产纪事（1949—1990）》，页 170。

② 北京市农业局史志办公室：《北京农业生产纪事（1949—1990）》，页 166。

③ 北京市农业局史志办公室：《北京农业生产纪事（1949—1990）》，页 177。

④ 北京市农业局史志办公室：《北京农业生产纪事（1949—1990）》，页 181。

⑤ 北京市农村经济研究中心编：《北京市农村改革 60 年大事记》，页 88。

⑥ 北京市农村经济研究中心编：《北京市农村改革 60 年大事记》，页 88～89。

万千克，比“文化大革命”前1965年的产量还要低。① 市委也重视水产的生产，1960年的计划就要求积极开展以养鱼为中心的水产生产，充分利用并积极发展养鱼水面，积极修建鱼种池，建立养鱼的专业组织，加强鱼的饲养管理。②

（3）蔬菜购销政策。蔬菜生产一直是北京郊区发展的重点。1959年12月，市委讨论了蔬菜的生产供应问题，要求以生产蔬菜为主的人民公社，必须大力发动社员扩大冬季蔬菜生产，做好秋菜保管、上市工作，挖掘潜力，增加风障、温室、阳畦的蔬菜工作，增产冬季蔬菜。③

1963年3月24日的新华社报道认为：“北京取得蔬菜供应成功经验，是建立了集体化和初步现代化的蔬菜生产基地。近郊商品菜田面积，由解放初的3万亩扩大到21万亩。平均每天上市蔬菜达250万公斤，在淡季，蔬菜品种保持在20个左右。”④

1966年到1969年的“文革前期”，受政治环境影响，北京郊区蔬菜生产处于停滞、倒退状态。随着1970年北方地区农业生产会议的召开，北京郊区按照“以近郊为主，远郊为辅”，且近郊“以菜为主，保菜增粮”的方针落实生产，禁止“以粮挤菜”，蔬菜种植开始好转。“文革”后期，对蔬菜种植更为重视。1975年编制的“十年规划”和“五五”计划中指出：“搞好蔬菜基地建设，保证首都蔬菜供应；全面发展以养猪为中心的畜牧业，加快现代化养鸡场、养猪场的建设。充分利用水库、河湖、坑塘，发展渔业生产；积极开展多种经营，发展社队副业”。此后20年编制的五年计划和年度计划，都把建设副食品生产供应

---

① 北京市农业局史志办公室：《北京农业生产纪事（1949—1990）》，页199。

② 《为坚决实现1960年郊区农业生产继续大跃进而奋斗》，见：北京市档案馆，中共北京市委党史研究室编：《北京市重要文献选编（1960）》，页59。

③ 北京市农业局史志办公室：《北京农业生产纪事（1949—1990）》，页99。

④ 注：公斤，非法定计量单位，1公斤＝1千克。下同。北京市农村经济研究中心编：《北京市农村改革60年大事记》，页59。

基地作为北京市农业计划的重要任务(《计划志》)。但“文革”十年，北京郊区蔬菜生产发展缓慢，虽然种植面积扩大50%，但无论是平均亩产量还是蔬菜总产量都增长不多（《种植业志》)。

1971年为了保证蔬菜的供应，北京市专门成立蔬菜办公室，以加强蔬菜产销的领导。同时，保证菜农的粮食生产，以鼓励菜农积极生产，市委要求菜田菜区粮食生产定量不定销、超产不超购，保证菜农口粮105千克；要求外出搞副业影响菜田管理的菜农都回来。[①] 1975年3月，北京市革委会转发国务院批转农林部、商业部《关于发展蔬菜和其他副食品生产的意见》中提出：近郊区要坚持以菜为主；远郊区要在发展粮食生产的同时，积极发展多种副食品生产；大城市试办一些机械化养猪、养鸡场。1977年10月，北京市革委会蔬菜领导小组召开扩大会议，将近郊区“以菜为主，保菜增粮”的方针，改为“以菜为主，全面发展”的方针。[②]

（二）农业税收政策

1. 农业税政策　按照中央部署，北京市对农业税收进行了改革。1958年，北京市制定了《北京市农业税征收实施办法》，《办法》规定北京市农业税的征收实行比例税制，平均税率规定为常年产量的15%，各区县平均税率规定为：朝阳区和顺义区为15.7%，丰台区为15.4%，海淀区为15.6%，门头沟区为9.9%，昌平区和大兴区为15.2%，通州区为15.5%，周口店区为12.9%，各区人民委员会对所属地区规定的税率最高不得超过常年产量的25%，最低不得低于常年产量的4%，农场和机关、部队、企业、学校、团体的税率规定为常年产量的10%。为鼓励开垦荒地、发展生产，《办法》还规定，“纳税人依法开垦

① 北京市农村经济研究中心编：《北京市农村改革60年大事记》，页81。

② 北京市农村经济研究中心编：《北京市农村改革60年大事记》，页96。

荒地，用其他方法扩大耕地面积所得到农业收入，从有收益那一年起，免征农业税1～3年；纳税人在山地上新垦植的果木、山货和其他经济林木，从有收入那一年起免征农业税3～7年”；对于一些特殊的群体，也制定了免税或减税的政策，包括农业科学研究机构和农业学校进行农业试验的土地、纳税人的农作物因受水旱风雹或其他自然灾害而歉收的、农民的生产生活还有困难的革命老根据地和贫瘠山区、因缺乏劳动力或者遭受不可抗拒的意外灾害而纳税确有困难的革命烈士家属以及在乡的革命残废军人及其他纳税人（《财政志》）。1961年6月，国务院决定调减农业税税率，要求全国平均农业税的实际负担降到10%以内。但到1962年，由于前一年的重大灾情，市财政局根据全国增加7%的任务，将北京市的农业税实际负担率由原来规定以纳税单位最高不超过13%，提高到15%。种植粮食作物、油料、棉花等经济作物以及生产果木的生产队的农业税一律征收实物，不征收代金。但是对于生产蔬菜为主的生产队，由于生产的这些蔬菜主要是售给国家，因此，不再征收实物，可征收代金。但是，如果有粮食和经济作物，仍应先交纳粮食和经济作物。①

表4-2 1958—1977年农业税征收情况

单位：万元，%

年份	农业税	财政收入	农业税占财政收入比重	年份	农业税	财政收入	农业税占财政收入比重
1958	2 015	114 652	1.8	1 968	1 637	98 904	1.7
1959	1 530	153 836	1.0	1 969	1 534	156 439	1.0
1960	1 568	202 032	0.8	1 970	1 751	216 204	0.8
1961	1 296	131 995	1.0	1 971	1 645	268 536	0.6

① 《北京市人民委员会转发市财政局关于农业税征收工作中几个问题的报告的通知》，见：北京市档案馆，中共北京市委党史研究室编：《北京市重要文献选编（1962）》，页389～391。

（续）

年份	农业税	财政收入	农业税占财政收入比重	年份	农业税	财政收入	农业税占财政收入比重
1962	1 473	90 874	1.6	1 972	1 436	315 182	0.5
1963	1 434	101 117	1.4	1 973	1 794	308 733	0.6
1964	1 494	106 195	1.4	1 974	1 693	361 245	0.4
1965	1 489	109 818	1.4	1 975	1 724	393 493	0.4
1966	1 587	120 850	1.3	1 976	1 628	377 863	0.4
1967	1 614	98 962	1.6	1 977	1 639	427 676	0.4

资料来源：北京市地方志编纂委员会编《北京志·农业卷·农村经济综合志》，北京：北京出版社，2008 年。

1964 年，结合北京市各区县的生产发展和生活水平情况，提出了除延庆县因生产发展缓慢，农民生活水平低不再增加外，其余区县视情况而增加的方针，增加附加比例最高的为 9%，最低的为 2%（《财政志》）。

从 1958—1977 年的总体情况看，受政治变动的影响，无论是农业税还是财政收入都出现波动，特别是 1961 年的下降幅度较大，仅为 1 296 万元。

2. 屠宰税与交易税政策 北京市继续征收屠宰税。1958 年 6 月，北京市根据财政部规定，在产地按收购价征收 5%屠宰税，再在销售地屠宰后再征一次 4%的屠宰税。1958 年 9 月规定，凡在北京市收购屠宰牲畜业务的企业，在所在地区税务机关按当地收购价计征 10%的屠宰税；合作社、北京市城乡居民、机关团体、学校、企业屠宰自养牲畜税率 8%。一些特殊情况可以免税，如 1959 年规定，人民公社及其直属企业、团体、学校等单位和公社社员个人自养、自宰、自食的牲畜以及基本核算单位屠宰牲畜供社员自食的，在春节期间根据市区县人民委员会规定的食用量予以免税照顾。[①] 1973年1月，将经营屠宰业务的企业所缴纳的屠宰税，并入工商税征收。对部队、学校、人民公社和其他事业单位及个人宰杀牲畜的屠宰税税率从价依4%征收。1974年7月，北京市重新制定屠宰税实施办法，只对羊的税额由8角调整为1元，其他没有变化（《税务志》、《财政志》）。

表4-3　1958—1977年屠宰税历年税款入库情况

单位：万元

年份	金额	年份	金额	年份	金额
1958	205	1965	585	1972	287
1959	150	1966	336	1973	20
1960	122	1967	356	1974	1
1961	64	1968	—	1975	1
1962	144	1969	306	1976	1
1963	298	1970	213	1977	—
1964	554	1971	238	合计	3 881

资料来源：北京市地方志编纂委员会编《北京志·农业卷·农村经济综合志》。

1959年，北京市规定，人民公社基本核算单位之间买卖牲畜应照征交易税，购买种畜和互换牲畜可免征交易税。[②] 1962年4月，北京市出台集市交易税，规定一些农副产品的交易必须在成交后按照成交价格依率由卖方缴纳。其中，家禽鸡、鸭、鹅，税率10%，起征点5元（雏禽不征）；蛋类鸭蛋、鹅蛋，税率10%，起征点5元；家畜兔，税率10%，起征点5元（1千克以

① 《关于报送贯彻改进农村人民公社工商税征税办法的试行意见的批示》，见：北京市档案馆，中共北京市委党史研究室编：《北京市重要文献选编（1959）》，页555～556。

② 《关于报送贯彻改进农村人民公社工商税征税办法的试行意见的批示》，见：北京市档案馆，中共北京市委党史研究室编：《北京市重要文献选编（1959）》，页556。

下的幼兔不征）；干鲜果，税率10%，起征点5元（不包括核桃）；荆、柳、苇、草编织制品，税率5%，起征点5元。1966年2月，北京市执行全国税务会议规定：对国营和集体单位购买牲畜不再征收牲畜交易税；集体经济买卖给予免税，个人买卖的要继续征税（《税务志》、《农村经济综合志》）。

三、农村金融政策

农业金融方面主要是做好农村信用合作社和农业信贷的发展。

（一）恢复与发展农村信用合作社

经过恢复时期的发展，到1958年，北京市郊区的农村信用社已有137个，对农业支援起到明显的作用。但是，“自实现农业合作化以后，农业社成为农村经济活动的中心”，两社之间存在一定的矛盾冲突，比如组织系统不统一，两社工作上结合不紧密，农业社办理借支，信用社发放生活贷款，但有时因为事先联系不好，造成“投放重迭，助长了浪费现象”。因此“信用业务必须和农事活动统一安排，两社工作必须紧密结合。在一乡一社的地区，有必要也有可能把信用社改为农业社信用部”。信用部作为农业社的组成部分，受农业社管理委员会统一领导，但“在金融政策、业务技术方面仍受国家银行指导”。同时，为解决存取不便的困难，建议以农业社或生产队为单位，普遍建立服务站，采取统一领导，分散经营的办法，把存款、付款、放款、收贷等业务的职权下放到站，分权管理。但资金调拨，各项费用，盈亏核算，仍由信用社统一办理。①

到1962年，随着郊区人民公社的调整，市委调整了农村金

① 《市委批发人民银行北京市分行党组关于解决信用合作方面几个问题的请示报告的通知》，见：北京市档案馆，中共北京市委党史研究室编：《北京市重要文献选编（1958）》，页286～290。

融机构：一是恢复信用社，信用社原则上按公社设置，即每个公社设置一个信用社，近郊区公社规模较大的也可大队设立；公社以下按生产大队建立信用服务站；信用社受公社管理委员会和国家银行双重领导；如果业务需要，在生产队可以聘请一些不脱产的业务员。二是建立营业所，一般设立在重要集镇，作为区（县）银行的派出机构，负责办理附近公社的银行业务；各公社再另设银行机构。①

1963年，“信用社支持贫下中农解决副业生产和生活困难、打击高利贷的作用有所忽视”，强调“打击高利贷活动”、“任何单位和个人都不准抽调或挪用信用社的资金，强迫信用社进行不合理的贷款，都不准长期抽调信用社的干部去搞其他工作”，②并要求认真整顿和健全农村信用合作社。农业银行必须加强对信用社的领导，贯彻阶级路线，实行民主管理，进一步发挥它的作用。③

1972年6月，市财金局向市革委会做出《关于加强郊区农村信用社工作的报告》。根据这一报告，从1972年开始，郊区农村信用社除保留贫下中农信用社这一形式外，其他管理权限收归银行。

（二）农业信贷政策

新中国成立以来，特别是1958年以来，国家用于支援郊区农业生产的贷款等各项资金数量很大，1953—1963年间除财政

① 《关于郊区农村金融构设置意见的请示报告的批示》，见：北京市档案馆，中共北京市委党史研究室编：《北京市重要文献选编（1962）》，页20。

② 《中共北京市委对市人民银行党组关于整顿郊区农村信用合作社的意见的批示》，见：北京市档案馆，中共北京市委党史研究室编：《北京市重要文献选编（1963）》，页931～934。

③ 《关于本市高利贷活动情况和取缔意见的报告》，见：北京市档案馆，中共北京市委党史研究室编：《北京市重要文献选编（1964）》，页901～905。

拨款外，银行发放的农业贷款累计 21 793 万元，约占农业生产资料供应总值的 32%，相当于国家收购农副产品总值的 12%。[1]贷款对于巩固和发展农村人民公社集体经济，促进郊区农业生产发展起了很好的作用。但在贷款的发放、使用、管理方面问题很多，特别是贷款收回困难，其原因主要在于"对信贷资金管理掌握不严，少数队受灾减产、收入减少、无力归还贷款等"[2]。1962 年开始，市委逐渐意识到农贷不还的严重性，要求贯彻"当年平衡，略有回笼"的方针，在不影响生产和农民生活情况下积极收回到期农贷，"不仅可以为明年春耕生产准备资金，并且有利于信贷资金平衡"[3]。规定农贷金额"必须控制在社、队当年公积金 50%以内，当年放出，当年收回"[4]。市委严格控制信用社贷款主要用于生产的用途，针对 1962 年房山县东南召公社常委书记强令信用社贷款问题，市委指出，信用社的主要任务是解决社员个人在副产和生活上临时性的资金困难，同高利贷作斗争，不许发放贷款给农民经商或投机倒把。信用社贷款只能用于生产，不许用于基本建设，不许用于收益分配，不许用于其他任何非生产性的开支。[5] 1963 年，又针对昌平县桃洼公社和十三

① 《北京市人民银行党组、市农业银行党组关于几年来农业贷款使用情况及今后加强农业贷款管理工作的报告》，见：北京市档案馆，中共北京市委党史研究室编：《北京市重要文献选编（1964）》，页 274。

② 《北京市人民银行党组、市农业银行党组关于几年来农业贷款使用情况及今后加强农业贷款管理工作的报告》，见：北京市档案馆，中共北京市委党史研究室编：《北京市重要文献选编（1964）》，页 275。

③ 《关于做好支持收购和组织信用回笼工作的报告的批示》，见：北京市档案馆，中共北京市委党史研究室编：《北京市重要文献选编（1962）》，页 14～19。

④ 《北京市人民委员会转发人民银行北京市分行关于 1962 年农贷安排意见的报告的通知》，见：北京市档案馆，中共北京市委党史研究室编：《北京市重要文献选编（1964）》，页 265。

⑤ 《中共北京市委关于房山县东南召公社党委书记强令信用社贷款问题的通报》，见：北京市档案馆，中共北京市委党史研究室编：《北京市重要文献选编（1962）》，页 919～920。

陵公社涧头、王庄、昭陵三个大队擅自挪用国家水利贷款和社、队生产资金，修建办公用房和照明用电，再次强调“国家长期农贷和穷队投资，只能用于解决农田水利基本建设和购买牲畜、大车、中型农具和排灌机械等农业生产资料，不能用于其他开支，更不许用于非生产性的建设和开支”①。

但是由于社、队的组织规模不断变动，手续制度不健全，仍存在不少问题，许多贷款无法收回，1963年1至9月共放出各项农业贷款1 704.8万元，回收各项农业贷款391.1万元，贷款额净增加1 313.7万元。② 为此，1963年，市各部门联合下发了清理农村积欠债务的通知，对农村、队和社员个人在1961年年底以前所欠国家的各项债务进行清理；农业贷款根据国务院财贸办公室、农林办公室批转中国人民银行关于清理历年农业贷款的办法来掌握；对各项订金、预付货款、赊销商品等进行清理，要求在1963年春耕生产以前基本结束。③ 年底再次指出，由于1964年全国新增加的农贷指标，“重点用于受灾严重的几个省，其他地区一般不再增加农贷指标，主要依靠收回旧贷款来发放新贷款”。因此，收回贷款工作关系次年的工作，但要注意区分丰产队、平产队、受灾生产队的具体情况收回贷款。④ 为了减轻农

---

① 《中共北京市委关于昌平县桃洼公社等单位挪用水利贷款和产资金大搞非生产性建设的通报》，见：北京市档案馆，中共北京市委党史研究室编：《北京市重要文献选编（1963）》，页391～392。

② 《中共北京市委对市人民银行党组关于收回到期农业贷款的请示报告的批示》，见：北京市档案馆，中共北京市委党史研究室编：《北京市重要文献选编（1963）》，页793。

③ 《北京市人民委员会批转市财政局等六单位关于清理郊区社、队和农民欠国家各项债务问题的意见的通知》，见：北京市档案馆，中共北京市委党史研究室编：《北京市重要文献选编（1963）》，页34～35。

④ 《中共北京市委对市人民银行党组关于收回到期农业贷款的请示报告的批示》，见：北京市档案馆，中共北京市委党史研究室编：《北京市重要文献选编（1963）》，页795。

民负担，北京市按照中央、国务院1965年3月26日“关于处理1961年以前农村四项欠款问题的通知”，对农村1961年前的四项欠款（贷款、赊销款、预付款、预购定金）予以豁免。但有少数社队干部和社员却产生了不正确的想法，他们以为国家的贷款可以随便废除，连1962年以后的贷款也不愿归还了，这种企图靠“吃贷款”过日子的思想，是十分错误的，必须加强教育，认真加以纠正。1962年以后的贷款必须坚持“有借有还，到期归还”的原则。①

从1965年2月开始执行中国人民银行将农贷指标管理制度改为固定管理制度的办法，人民银行北京市分行除保留一部分农贷资金作为在全市范围进行调剂使用外，其余农贷资金分配给区县行，三年不变，由区县行掌握，可以收回再贷，周转使用。

1971年3月开始执行财政部（当时中国人民银行与财政部合并）制定的《农村信贷包干办法试行草案》，已批准的农贷指标继续使用，1971年农村存款新增加的部分统一安排使用，多吸收存款。但不久，由于1972年郊区严重的自然灾害，不少区县行存款下降，其后虽有所恢复，但各区县的不平衡性较为严重。为了便于调剂农贷资金，人民银行北京市分行把动用农村存款权集中到分行统一掌握。1975年央行总行收回了农贷包干管理权限，再次实行了计划指标集中管理制度（《计划志》）。

坚决取缔私人高利贷。采取“标会”形式放债，是城区和近郊区高利贷活动的一个主要形式，也有的人既采取“标会”形式进行剥削，同时放高利贷。在农村放高利贷，采取借钱还钱，借粮还钱，借粗粮还细粮，或者以合伙养猪为名进行剥削，也有以实物或各种票证抵债的。

---

① 《中共北京市委、市人民委员会对人民银行市分行关于清理农村四项旧欠款和当前农贷回收情况及今后意见的报告的批示》，见：北京市档案馆，中共北京市委党史研究室编：《北京市重要文献选编（1965）》，页669～675。

经过初步整顿农村信用合作社，农村“四清”运动开展以后，高利贷活动有所收敛，但是并未彻底清除。

四、农业推广与水利兴修政策

（一）农业科技推广政策演变

1. 科研组织机构与人员培训 为推动农业科学技术的研究与推广工作，北京市积极筹备建设了多所农业科研机构，并培训各类技术人员，以促进各项农业政策的落实。[①] 其中，北京市科学技术委员会的一项重要职责就是“为了促进本市郊区农业技术改革的实现，组织有关单位加强农业技术改革的研究，并协同有关部门组织农业新技术的推广工作”[②]。

最早成立的农业科研机构是 1958 年 9 月成立的北京市农业科学院；此后，1959 年、1960 年分别成立了农业机械管理局、水利工程局。1961 年，撤销农科院建制，组建了北京市农业科学研究所、林业研究所和畜牧兽医研究所，三所由市农林局直接领导。1964 年 1 月 29 日，市水利工程局和气象局合并为北京市水利气象局。“文革”时期科技事业受到严重破坏，直到中后期才逐渐恢复相关实验工作。比如，1973 年 3 月成立了在北郊农场种畜场的基础上建立起来的北京市种公牛站，它集中了 16 头种公牛，主要承担北京、华北地区肉牛冻精利用、推广工作。类似的科技组织很多，1975 年 5 月，全市有 10 个县（区）已经建立了农科所，90％的公社、70％的大队、60％的生产队建立了科技组织。[③]

---

① 《为坚决实现 1960 年郊区农业生产继续大跃进而奋斗》，见：北京市档案馆，中共北京市委党史研究室编：《北京市重要文献选编（1960）》，页 66～67。

② 《关于北京市科学技术委员会工作任务的暂行规定》，见：北京市档案馆，中共北京市委党史研究室编：《北京市重要文献选编（1963）》，页 613。

③ 《关于郊区四级农网情况的报告》，见：北京市档案馆，中共北京市委党史研究室编：《北京市重要文献选编（1963）》，页 650。

人才培养是大规模地进行农业技术改革的重要保证，北京市认识到科技人员的重要作用，反复强调要“搞好领导、专家和群众三结合，发挥科技人员的作用”，“各级有关部门的领导干部应当同专家和技术人员实行同志式的合作，尊重科学，学习农业科学知识，把加强农业科学研究和技术推广工作放到重要议事日程。必须同群众建立密切联系，重视和总结农民的增产经验。”① 因此，通过正式的学校教育和非正式的业余培训等手段培养大量的农业科技人员。1960 年 6 月，市委农村工作部就北京市建立农业院校问题请示市委，《请示》建议：“以北京农业学校为基础，升级扩建为北京市农学院，学制为四年，计划在校学生最多达到三千人。将长辛店农业技术学校扩建为比较完备的中等农业学校，远郊区每县建立一所中等农业技术学校。可全日制，也可以是半日制。”1963 年为增加农村技术人员培养，市委要求将农村高小、初中的毕业生，通过有计划的短期训练班和业余技术学习等方式，把他们培养成为农村的技术骨干；对于城市精简还乡工人中的技术工人，要很好地安排他们负责农业机具的使用、管理、维修工作；此外还要从城市工业交通系统抽调一批干部，到各个社和国有农场负责农业机械的管理工作；抽调一批虽然年老体弱但是思想好、技术好的老技术工人，下乡担负技术指导工作②。

1963 年 1 月 12 日，中共北京市委批转市教育局党组《关于充实农村业余教育干部的请示》。市委指示：开展农村业余教育，特别是组织好回乡知识青年的学习和提高农村干部的文化水平工作，是搞好农村集体经济的经营管理、发展农业生产、逐步实现

① 《中共北京市委关于郊区当前农业形势和任务的报告》，见：北京市档案馆，中共北京市委党史研究室编：《北京市重要文献选编（1962）》，页 784。

② 《关于当前郊区农村形势和工作情况向主席、中央和华北局的报告》，见：北京市档案馆，中共北京市委党史研究室编：《北京市重要文献选编（1963）》，页 128。

农业技术改革的重要条件；要从各方面创造条件，积极把它办好。1965年3月10日，北京市农业劳动大学开学，这是本市为发展郊区农业生产培养人才而创办的一所实行半农半读的新型高等学校。

2. 农业科技推广政策　在农业发展过程中，北京市特别强调科技政策重要性，“农业技术改革是关系我国命运的一件大事，我们应当组织各方面的力量，依靠群众的智慧，群策群力，以技术改革为中心，迅速地把郊区农业生产推上新的发展阶段”①，“有步骤地推进我国农业的技术改革，使我国的集体农业在技术上逐步实现现代化，这是关系我们国家命运的一件大事”②。因此多次强调科技在国民经济发展中的中心地位。例如，1960年3月的农村五级干部会议上，市委要求“迅速掀起农业技术革新和技术革命高潮。”在部署1963年农业生产计划的会议上，更是指出：“郊区农业生产开始进入以技术改革为中心的新的历史时期，各级农业部门的领导干部要尊重科学、钻研技术，逐步掌握农业的‘八字宪法’（水、肥、土、种、密、保、工、管）的基本知识；要充分发挥科学技术人员的作用，充分发挥物质技术力量，做到人尽其才、物尽其用；要采取多种有效办法，逐步提高农村干部和社员的文化水平和科技知识水平。”

在农业科技政策的制定过程中，北京市重视农业的实验工作，认为“农业科学技术的研究和推广工作，必须同生产实践密切结合”③。1963年7月的农业科学技术工作会议，研究100万亩小麦平均亩产150千克的实验问题。副市长万里在总结中要

---

① 《中共北京市委关于郊区当前农业形势和任务的报告》，见：北京市档案馆，中共北京市委党史研究室编：《北京市重要文献选编（1962）》，页781。

② 《关于郊区农村形势和任务的报告》，见：北京市档案馆，中共北京市委党史研究室编：《北京市重要文献选编（1963）》，页224。

③ 《中共北京市委关于郊区当前农业形势和任务的报告》，见：北京市档案馆，中共北京市委党史研究室编：《北京市重要文献选编（1962）》，页784。

求：努力实现这一实验任务；建立农业科学实验的技术档案；市科委负责将科学家组织起来，为实现实验任务发挥作用。1964年7月29日至8月8日，市委召开小麦科学技术总结会议，会议认为“样板田”是领导干部、科技人员和群众相结合的基点，要加强对“样板田”的领导，扩大科技人员蹲点队伍。

（二）农业科技推广的具体政策

1. 水利兴修政策 北京市旱涝灾害频发，因此水利工程的兴修十分重要。1958年的郊区农村，一场“声势浩大、规模壮阔”的水利建设高潮运动兴起，“这个高潮的面貌比1956年的高潮是一个很大的跃进”。各乡社提出的兴修水利的计划为116万亩，相当于市计划的11倍半。本次水利工程扭转了过去依赖国家投资、贷款办水利的思想。[①] 1962年，市委指出，“以抗旱为中心开展群众性兴修水利的运动，是今冬明春郊区农村的一项重要任务”。主要的工作是“充分利用农闲，有计划地因地制宜地平整土地，修好支渠、毛渠，认真管好和用好现有的水利工程和排灌设备，发挥水利设施的效益，把水源充分利用起来”[②]。中小型水利的兴修，“要两条腿走路，更多的要依靠群众，注意贯彻以生产队自力举办为主、国家支援为辅的精神，反对恩赐观点，反对依赖思想。”[③]虽然1962年的郊区水利运动成绩显著，为战胜1963年春旱，保证农业播种创造了条件，但市委也发现水利工程的配套和水利设施的管理存在严重问题，这一问题严重

---

① 《关于郊区农村当前兴修农田水利运动高潮的报告》，见：北京市档案馆，中共北京市委党史研究室编：《北京市重要文献选编（1958）》，页79～89。

② 《中共北京市委向北京市党的第二届代表大会的工作报告》，见：北京市档案馆，中共北京市委党史研究室编：《北京市重要文献选编（1962）》，页316。

③ 《在中共北京市委三届二次全体（扩大）会议上的总结讲话提纲》，见：北京市档案馆，中共北京市委党史研究室编：《北京市重要文献选编（1962）》，页741。

地阻碍了水利工程实际效益的充分发挥。因此，市委要求调整配电线路和排灌设备，加强水利工程的配套，建立健全对排灌设备的管理使用维修和备品备件供应等制度。①

通过水利兴修，实际灌溉面积由1957年的57万亩增加到1962年冬的100多万亩。② 1958—1977年间，北京市通过动员民间力量修建了大批水利工程，如十三陵水库、密云水库、怀柔水库、沙峪口水库、白河堡引水工程等，这些水利工程在当代国民经济中也发挥着重要的作用。1971年，北京东南郊温榆河、凤河、北运河3条河道通水治涝工程提前完工。这项工程的完成，使北京郊区1/4的耕地改变了低洼易涝局面，这是继十三陵水库、密云水库工程后，北京郊区又一个大规模水利工程。

但是在水利工程的建设中，也出现了一些不合理的政策。比如过于偏好城市，导致出现牺牲农业发展以供给城市的政策；又如针对1972年严重的旱情，市革委会作出《关于密云、官厅水库用水的安排》的决定，为确保天津工业和城市用水，潮河沿岸密云、怀柔、顺义、通县的农业用水，自5月28日零时起一律停止；农村坚决压缩水稻面积，改种旱田作物。

2. 农业机械化政策 随着郊区水利事业的发展，劳动力和畜力的不足日益显现。市委认为，解决农村劳动力不足的矛盾，“要抓住占用劳动力最多的主要农业生产活动，集中力量，迅速增产一批迫切需要的农业机械”③。同时，面对中央提出的工农

---

① 《中共北京市委市水利工程局党组关于当前水利运动情况和今后意见的报告的批示》，见：北京市档案馆，中共北京市委党史研究室编：《北京市重要文献选编（1963）》，页75～77。

② 《关于当前郊区农村形势和工作情况向主席、中央和华北局的报告》，见：北京市档案馆，中共北京市委党史研究室编：《北京市重要文献选编（1962）》，页119。

③ 《关于城市支援农村、工业支援农业的情况和当前任务的报告》，见：北京市档案馆，中共北京市委党史研究室编：《北京市重要文献选编（1960）》，页634。

业“赶英超美”的要求，发展机械化作业成为一个必然的政策选择，是促进“农业大跃进”的必要举措。早期的机械化主要是“以拖拉机为中心开展多种机器作业”，“拖拉机队应成为农业社的技术中心，每一个拖拉机手应该成为一个万能的农业机械手，成为建设社会主义的积极分子”。“农业社必须加强对拖拉机队的领导，这是一条根本的经验。”①同时，市委认识到“原有旧式生产工具效率很低，不能适应大跃进形势的需要”，因此积极改良生产工具，农业机械化的改造必须以自力更生为主，坚持土洋并举、土法上马、大型机械和改良农具并举的两条腿走路方针。②1958 年 8 月，郊区已改革或创造了提水、加工、运输、耕作及除虫工具 2 603 种，推广 97 245 件，约占郊区农具的 1/3。这些改良工具的共同特点是构造简单、使用方便、成本低、效率高。此外，市委指出农具改革已进入以运转工具轴承化为中心的新高潮。③ 1960 年，市委要求郊区“积极推进机械化，大搞工具改革，提高劳动生产率”，农业技术改造过程中群众自发改良和国家改革结合起来，各区县也要建立农业机械研究所，人民公社建立健全工具改革小组或委员会，负责工具改革工作。④ 主要是“突击一大批蔬菜播种机械，饲料加工机械，小麦播种机械，红薯切片和玉米、稻谷的脱粒机械，耕作机械，平整土地的机械，并且要大力加强各种机械的修理和零件配件的制造”⑤。为了保

① 《在郊区农业机械化会议上的发言要点》，见：北京市档案馆，中共北京市委党史研究室编：《北京市重要文献选编（1958）》，页 63。

② 《关于 1960 年上半年交通战线的基本情况和第三季度任务的报告》，见：北京市档案馆，中共北京市委党史研究室编：《北京市重要文献选编（1962）》，页 649。

③ 《关于进一步实现郊区农业生产大跃进的报告》，见：北京市档案馆，中共北京市委党史研究室编：《北京市重要文献选编（1958）》，页 652。

④ 《为坚决实现 1960 年郊区农业生产继续大跃进而奋斗》，见：北京市档案馆，中共北京市委党史研究室编：《北京市重要文献选编（1960）》，页 66。

⑤ 《关于 1960 年上半年交通战线的基本情况和第三季度任务的报告》，见：北京市档案馆，中共北京市委党史研究室编：《北京市重要文献选编（1960）》，页 649。

护农业机械，北京市还专门制定了政策制止破坏和损坏拖拉机行为，加强农业机械的管理、使用和保养工作。[①] 针对农业机械化过程中“管理工作没有跟上去，许多现代化的机械设备处于无人负责、无管理制度，以致设备事故多，损坏严重，费用高，效率低，而且很不安全”的状况，市委要求“必须紧抓加强技术管理和提高技术水平两个中心环节，有步骤地、全面地提高农业技术装备的管理水平”[②]。

市委在价格上对农具的销售予以支持。由于小农具的成本较高，因此市委要求相关工业部门，“必须狠抓降低成本的工作”[③]，小农具的销售价格“应当从低，商业部门的进销差价（从出厂价到零售价）适当缩小，最高掌握在 8%”[④]。

3. 防治虫害 北京市郊区农村发生多次农作物虫害，如玉米、谷子钻心虫、白薯黑斑病、棉花虫害、小麦锈病、水稻的稻瘟病和钻心虫以及其他各种病虫等，[⑤] 北京市加强科学预报技术，并通过现代科技手段进行灭虫。1959 年 4 月 5 日，中央农垦部派出一架“安-2”飞机在红星人民公社的南农场、西红门大队、天恩大队、瀛海大队的 6 000 亩麦田喷撒石硫剂，防治小

---

① 《关于加强农业机械管理工作的指示》，见：北京市档案馆，中共北京市委党史研究室编：《北京市重要文献选编（1961）》，页 101～107；《关于制止破坏和损坏拖拉机行为的紧急通报》，见：北京市档案馆，中共北京市委党史研究室编：《北京市重要文献选编（1961）》，页 112～113。

② 《关于当前郊区农村形势和工作情况向主席、中央和华北局的报告》，见：北京市档案馆，中共北京市委党史研究室编：《北京市重要文献选编（1963）》，页 126～127。

③ 《在市委工业交通工作会议上的讲话提纲》，见：北京市档案馆，中共北京市委党史研究室编：《北京市重要文献选编（1963）》，页 43。

④ 《北京市人民委员会批发国务院财贸办公室批转商业部关于小农具价格问题的报告的通知》，见：北京市档案馆，中共北京市委党史研究室编：《北京市重要文献选编（1961）》，页 148。

⑤ 《为坚决实现 1960 年郊区农业生产继续大跃进而奋斗》，见：北京市档案馆，中共北京市委党史研究室编：《北京市重要文献选编（1960）》，页 64。

麦锈病，这是郊区第一次使用飞机防治病虫害。此外，还通过农药进行防治工作。1963年，使用有机磷农药（“1059”、“1605”及“乐果”）防治农作物和果树害虫，是新中国成立以来规模最大、范围最广、数量最多的一年，共使用有机磷农药5.6万余千克，在防治棉花、粮食等病虫害方面取得了很大成绩，如用“1059”防治棉蚜虫20万亩，根据统计每亩均增产皮棉3.5千克，总计增产7万千克[①]。1963年10月，郊区的玉米、高粱钻心虫发生普遍，危害严重，防治方法主要是在心叶期采用666（六氯环己烷）毒土、毒沙和土颗粒剂灌杀，此外还推行了冬春时期铡、烧、沤、熏、封等办法处理玉米秸秆和穗轴。在防治中还试用飞机撒药防治。

北京市还积极开展科技研究工作进行害虫防治。1964年，郊区13个县（区）建设了30个玉米钻心虫情报点，全面开展玉米钻心虫防治工作，有125.7万亩春玉米（占春玉米总面积的94%）进行了田间防治。1965年市委要求农业科学研究要重点抓好防疫和植物保护的研究试验。主要是围绕几种危害严重、尚无有效防治方法的牲畜和作物病虫害，如猪气喘病、小麦锈病、甘薯黑斑病、葡萄白腐病等，加紧进行研究试验，寻找有效的防治方法。[②] 1975年，市革委会发布《北京市植物检疫试行办法》，规定植物检疫对象共26种，有麦类、水稻、玉米、高粱、花生果、豆类、棉籽、马铃薯块茎、甘薯块根及薯苗、苹果、梨、葡萄、桑苗等。

4. 良种推广 推广优良品种是收效大、投资小的一项增产

---

① 《北京市卫生局等六单位关于全国安全使用农药工作经验交流会议的汇报及对今后加强农药中毒防治工作的意见》，见：北京市档案馆，中共北京市委党史研究室编：《北京市重要文献选编（1964）》，页469。

② 《发扬革命精神，广泛深入地开展科学实验革命运动，迎接1965年工农业生产新高潮》，见：北京市档案馆，中共北京市委党史研究室编：《北京市重要文献选编（1965）》，页131。

措施，市委积极推进品种的改良推广工作，对种子的选育采取自繁、自选、自留、自用为主，调剂为辅的政策，委托各县（区）建立粮食作物繁种基地。1960年郊区有9个县（区）的27个人民公社建立起28个良种繁殖场，有耕地12.8万亩，计划繁殖粮、棉、油种子1 900万千克，蔬菜良种34万千克。[①] 1962年，市委认为对培育、选择、推广优良种子的工作注意不够，有些优良品种有退化现象。必须发动各生产队努力选择、培养适合当地土壤、气候条件的优良种子；各国有农场也要逐步担负起培育、供应优良种子的任务；农业科学研究部门，要在这方面多下功夫，集中力量，研究一些有关农业发展的迫切问题[②]。1963年已拥有种子专业干部130多人，有7个县建立了良种推广站，有6个县配备了种子专职干部，有7个国有农场建有良种繁殖基地共1.05万亩，县（区）良种繁殖重点由原来的42个增加到60多个。1973年近郊已建有公社、大队级的试验、种子站56个（近郊种菜的33个公社222个大队中建站的有14个公社、42个大队），配备有1 000多名劳动力，2 000多亩土地，还有一批生产队的科技小组。

为改进种子质量，北京市积极从各地和海外引进优良品种。1959年，从河南省引进"碧蚂1号"小麦良种40万千克在郊区推广，代替原有的"五花头"、"大白芒"、"红白芒"等农家品种。同时推广"早洋麦"、"华北187"等良种，这是郊区第一次更换小麦品种。[③] 1961年10月，郊区的小麦实现了第二次品种更新换代，占绝对多数的"碧蚂1号"小麦，由于抗寒性能差，1960年发生严重冻害，招致减产，因而种植面积大大减小，逐

---

① 北京市农业局史志办公室：《北京农业生产纪事（1949—1990）》，页112～113。

② 《中共北京市委向北京市党的第二届代表大会的工作报告》，见：北京市档案馆，中共北京市委党史研究室编：《北京市重要文献选编（1962）》，页316。

③ 北京市农业局史志办公室：《北京农业生产纪事（1949—1990）》，页97。

步由“农大183”，“农大90”、“华北187”所代替。1967年市农林局、农场管理局、粮食局联合通知，要求各县（区）做好夏收作物选种、留种和良种调剂等工作，大力选留“农大311”、“农大45”、“北京8号”等小麦和“六棱米大麦”、“保加利亚豌豆”等良种。1973年开始引种墨西哥春小麦，经过试种，有13个品种有明显增产效果，亩产量最高的达267.5千克。

五、小结

1958—1978年的20年是中国农业乃至经济领域发生重大波动的时期。这期间发生了三年“灾荒”，发生了十年“文革”，人民公社体制成为农业领域至今为众多国内外学者讨论的焦点。农业经济经历了增长到急速下降再到缓慢恢复的波动。由此可见，这段时期的农业既有成功之道，更有许多值得检讨的地方。

虽然这一阶段政治运动较多，但北京对农业仍保持了一贯的重视态度，制定了保障农业发展的政策。北京郊区的粮食产量从1958年的8.44亿千克下降到1960年的5.52亿千克，仅相当于20世纪50年代初期的水平，农村人均占有粮食也下降到196.5千克。从1961年起，国民经济贯彻“调整、巩固、充实、提高”方针，适当调整了人民公社的运行机制，农业经济得以迅速恢复和发展，到1965年，北京郊区粮食总产量年均增长1.45亿千克，达到11.9亿千克。

但是，正当郊区农业逐渐好转时，毛泽东又提出社会主义时期阶级斗争的论断，在“左”倾错误思想的影响下，1963—1965年，农村开展了所谓的“四清”、“社教”运动以及长达十年的“文化大革命”。这些政治事件的接连发生使农业受到沉重打击，长期处于停滞不前的状态。

其他农产品方面，蔬菜无论是播种面积或者向国家交售的蔬菜数量虽有所波动，但总体而言都有增加。

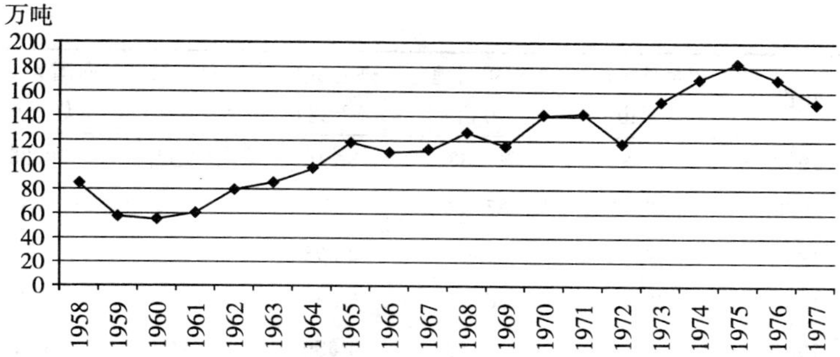

图4-1 1958—1977年北京市粮食产量变化趋势

资料来源：北京市统计局，国家统计局北京调查总队编《北京六十年（1949—2009）》，北京：中国统计出版社，2009年。

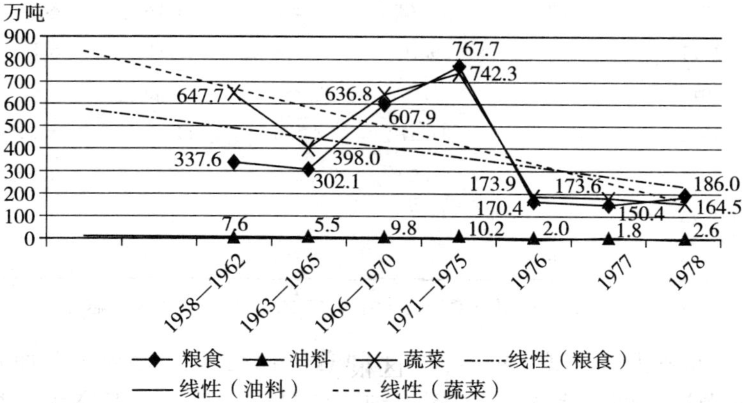

图4-2 1958—1978年北京市主要农产品产量变化

表4-4 1958—1978年北京市蔬菜种植变动

年份	蔬菜种植面积（万亩）	菜田耕地（万亩）	耕地亩产（千克）	总产量（亿千克）	向国家交售（亿千克）
1958	48.97	25.64	3 992	10.23	5.16
1959	83.29	58.06	2 116	12.29	8.77
1960	137.53	61.70	2 133	13.16	8.50
1961	103.61	44.90	2 892	12.98	7.82

（续）

年份	蔬菜种植面积（万亩）	菜田耕地（万亩）	耕地亩产（千克）	总产量（亿千克）	向国家交售（亿千克）
1962	85.88	45.83	3 516	16.11	10.35
1963	72.71	37.52	3 952	14.82	9.38
1964	59.46	32.07	3 598	11.54	8.28
1965	53.71	26.73	5 029	13.44	9.09
1966	48.59	24.73	4 689	11.60	8.45
1967	49.68	25.90	5 122	13.26	8.81
1968	46.33	24.44	4 966	12.14	8.55
1969	50.93	26.98	4 525	12.21	8.02
1970	53.35	27.72	5 223	14.48	8.85
1971	55.80	30.70	4 558	13.99	8.51
1972	62.11	34.04	4 285	14.59	8.49
1973	62.87	34.47	4 176	14.40	8.90
1974	63.83	33.90	4 610	15.63	9.90
1975	69.33	37.23	4 202	15.63	9.67
1976	72.66	38.26	4 545	17.39	10.79

资料来源：北京市地方志编纂委员会编《北京志·农业卷·种植业志》。

从农业生产总值看，20 年间总体保持增长趋势，即使是“文革”期间，除了 1969 年出现下降外，其他年份基本保持增长。这应该与人民公社体制有着密切的关系。

表 4－5　1958—1978 年北京市农林牧副渔总产值情况

单位：亿元

年份	总产值	年份	总产值	年份	总产值	年份	总产值
1958	4.9	1963	5.5	1968	7.5	1973	9.2
1959	5.0	1964	6.2	1969	6.9	1974	10.0

（续）

年份	总产值	年份	总产值	年份	总产值	年份	总产值
1960	4.9	1965	7.0	1970	8.2	1975	10.6
1961	4.8	1966	7.1	1971	8.5	1976	10.4
1962	5.2	1967	7.3	1972	8.1	1977	9.8

资料来源：北京市统计局，国家统计局北京调查总队编《北京六十年（1949—2009）》。

再如水利灌溉，人民公社凭借着其强大的行政动员能力，在郊区农村对大片农田进行平整规划，大规模进行农田基本建设。据统计，从新中国成立初期到农村改革前，京郊共动员了约15亿个劳动日，陆续修建了大、中、小型水库80余座，平整治理土地600余万亩，开渠筑坝近1 000千米，打机井4万余眼，建扬水站近6 000处，疏理境内主要河道5条，形成万亩至10万亩大型灌区40余片，京郊70%的耕地都因此而受惠（周新京，1991）。此外，政府有意识地推广优良农作物品种等改变种植结构的行为，这些措施对抵消“以粮为纲”造成的单一作物种植有一定作用，从而使农业领域没有发生倒退，也为农业长期发展积累了丰富充足的资本。

经过土地平整活动，到1976年，以大平大整土地为中心的农田基本建设活动逐渐向山、水、林、田、路统一规划，综合治理方向发展，“到改革前，郊区大规模的农田基本建设已经基本结束，农业生产的物质基础已经得到基本改善”（张文茂，2008）。其他方面，1978年，郊区农田有效灌溉面积、机耕面积、机播面积分别占总耕地面积的79.6%、74.9%、35.6%；郊区粮食平均亩产达到380.4千克，比1949年增加5.96倍，总产达到18.60亿千克，比1949年增长4.46倍。农村产业结构发生积极变化，1978年郊区社队企业发展到4 075家。

这一时期京郊农业机械化水平有了显著的提升。从20世纪

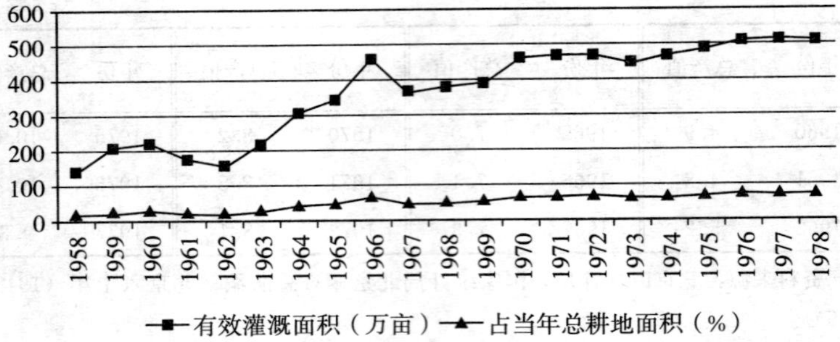

图 4-3　1958—1978 年北京市农村有效灌溉面积变化

60 年代末到农村改革前，京郊农村大中型拖拉机从几百台急剧增加到 5 600 台，相当于每乡 21 台；手扶拖拉机从空白发展到 2.3 万台，相当于每乡 86 台；机引农具从不足 1 000 部增加到 1.2 万部，相当于每乡 45 部。农机总动力达到 189 万千瓦，不仅高居全国首位，而且已接近美国等发达国家的水平。化肥的施用量也大幅度提高，从 20 世纪 60 年代末的每亩不足 10 千克，增加到每亩近 100 千克（周新京，1991）。农业机械化的进步缓和了由耕作制度变动引起的劳动储备不足的状况，解放出大量的农村劳动力和劳动时间，为农村产业结构调整和联产承包制改革奠定了基础。

但是也有一些值得检讨的问题。正如有学者指出的，人民公社制度是一次失败的制度创新，这一处于发展工业化角度考虑的制度使中国人民付出了沉重的代价，仅在三年自然灾害期间，中国农村因饥饿而死亡的人数就高达 3 000 多万，更不用说农民在人民公社制度内因缺乏激励机制给生产力造成的极大损失（凌志军，1995）。事实证明，错误的政策严重挫伤了农民的积极性，农业连年减产，城乡人民食品供应紧张，浮肿病人大量增加。加之此时自然灾害发生致使 250 多万亩农田受灾，苏联政府背信弃义的撤离工作，使国民经济陷入严重困难，农业总产量从 1957

年的7.8亿千克，下降到1959年、1960年的5.5亿千克，畜牧业倒退，肉、蛋、禽生产大幅下降，人民生活水平急剧下降，浮肿病蔓延[①]。农村劳动力年纯收入受三年灾荒影响，从1958年的252.11元降至168.37元，反映了错误农业政策的深远影响；经过调整，年纯收入到1962年升至412.04元，但此后又进入下降趋势，1977年为296.22元。而粮食困难时期的乱开山荒，造成水土流失日益严重，洪水含沙量逐年增多。这种情况的发展势必严重影响集体经济巩固，给山区生产造成毁灭性的损害；缩短下游水库的使用年限，给国家和群众造成损失[②]。

表4-6 1958—1977年北京市农村劳动力年纯收入变动情况

年份	平均每一劳动力纯收入（元）	比上年变动（%）	年份	平均每一劳动力纯收入（元）	比上年变动（%）
1958	252.11	−26.0	1963	295.93	−28.2
1959	220.85	−13.4	1964	269.11	−9.1
1960	168.37	−23.8	1965	276.42	2.7
1961	234.38	39.2	1966	280.27	1.4
1962	412.04	75.8	1977	296.22	—

资料来源：北京市地方志编纂委员会编《北京志·综合志·人民生活志》，北京：北京出版社，2007年。

注：1967—1976年缺少数据资料。

张文茂（2008）指出，郊区农村在改革前实际上已经处于农村产业革命的前期准备阶段或初期阶段，其主要标志是农村社队企业已经占到郊区经济构成的41.9%，如果按产值口径则已经占到51.9%，相当于工业化的初期阶段，农村经济处于由传统

① 曹子西主编：《北京通史》卷10，北京：中国书店出版社，1994年，页57。

② 《中共北京市委对顺义工委、怀柔县委关于解决山区盲目开荒问题的报告的批示》，见：北京市档案馆，中共北京市委党史研究室编：《北京市重要文献选编(1962)》，页598。

农业经济向以农村手工业为主导的产业革命阶段转变的关键时期。此时郊区的农业已不再是单纯的农业经济，但是由于长期受到高度集中的计划经济体制的限制，农村经济体制面临的各种矛盾仍旧十分突出，特别是高度集中统一的计划经济体制弱化了集体的合作经济属性，“一大二公”和逐级过渡的政策取向剥夺了农民的自主选择权，集体经济内部的平均主义倾向挫伤了农民的生产积极性以及高积累、低分配抑制了农民增收致富的合理需求等。据统计，1965—1978 年十三年间，全部郊区集体人均分配额，平均每年只增加了 4 元。1977 年郊区农村分配水平不足 80 元的核算单位有 4 285 个。[①] 因此，郊区农村产业升级速度仍相对缓慢，郊区不少农村和农户的生活仍处于贫穷落后的状态，亟须一场彻底的改革解放生产力，推动生产的加速发展。

① 北京市农业局史志办公室：《北京农业生产纪事（1949—1990）》，页 290。

第五章

家庭联产承包责任制与统筹城乡发展时期（1979—2010年）

1978年12月，中共十一届三中全会制定了《中国共产党关于加快农业发展若干问题的决定（草案）》和《农村人民公社工作条例（试行草案）》，总结了20余年农业方面的经验教训，要求各地认真纠正农村工作中的“左”倾错误，切实保护社会主义集体所有制和按劳分配的原则，建立健全生产责任制。这两个文件的颁布，推动了农业生产的恢复。据统计，1978—1984年，农业产值保持了平均7.7%的增长率；家庭联产承包责任制的推行也解决了上亿人的温饱问题，农村贫困人口绝对数量从2.5亿人下降到1.3亿人，贫困率从30.7%下降到15.1%。

社会主义建设的20年，受社会大环境的影响，北京市经济发展缓慢，在农业管理领域，与全国一样实行人民公社“三级所有，队为基础”的经营体制，这点与其他地区农业背景相同。但不同之处更多，作为特大城市郊区的首都农村，北京市农村在改革开放之前的农村专业化分工和工业化水平仍旧达到了相当的水平，超大城市辐射的影响也使京郊农村的发展带有了城郊型、都市型的特点（焦守田，2008）。其他方面，农田水利基本建设、农业品种改良和耕作制度及技术等方面都有了较大的进展。从1958—1977年相关数据演变的情况看，虽然经历了不断的政治风波，但作为首都郊区的北京市农村经济成效仍然较为明显，反映了首都农业发展的特殊性，这也使北京农业政策的制定有别于其他地区。

随着“四人帮”的垮台，经济建设逐步进入正轨，各项事业的改革逐步开展。1978 年前的北京郊区与全国其他地区农村一样，经济体制单一、管理过分集中、分配中的平均主义严重，严重影响劳动者的生产积极性。1965 年人均分配为 79 元，1978 年为 132 元，13 年间年均仅增长 4 元。亟须一场改革打破僵化的体制①。

需要指出的是，北京市郊区农业的现代化进程要快于全国一般农村，其在改革前就已经处于农村产业革命的前期准备阶段或初期阶段，郊区农业经济发展已经取得了很大的成就（张文茂，2008）。但与全国一样，北京市的改革也率先以在农村建立生产责任制的形式实现。焦守田（2008）认为，1978—1985 年是改革人民公社旧体制、建立以家庭经营为基础的统分结合的双层经营新体制阶段，通过这一阶段的改革，基本形成了一套比较符合郊区实际，以统分结合、双层经营为主要特点的经营管理方式。

经过改革开放初期的调整，北京市旧的经济体制框架已基本打破，传统的单纯“以粮为纲”被“以粮为纲，全面发展，因地制宜，适当集中”的方针取代，进入社会主义市场经济的建设期。这一时期，京郊农村继续完善双层经营的承包责任制，推进农业适度规模经营，改革农业经济管理体制，取消了农业生产指令性计划和农产品的统购统销制度，农业生产开始向商品化、专业化和现代化方向发展。此外，京郊继续推行以集体经济为主的适度规模经营，建立农副产品批发市场，在推进农业产业化、发展种养加贸工农一体化的路径上进行积极的探讨（袁振宇，1998）。2000 年之后，随着中国加入 WTO 和物质文化水平的提高，北京市进一步调整农业的功能，加快了土地确权与流转的改

① 温卫东（2008）指出北京市改革的历史分为起步阶段（1978—1982 年）、全面展开阶段（1983—1992 年）、深化和系统推进阶段（1993—2002 年）、攻坚阶段（2003 年至今）等 4 个阶段。

革，大力建设社会主义新农村，发展都市农业，北京郊区发展进入一个新的阶段。

随着改革开放的继续推进，北京市郊区农业功能也发生了明显的变化，改变了过去单一形式的农业生产功能，逐步形成以生产服务为基础，以生态服务为重点，以景观文化功能为特色的都市农业多元性发展格局。在农业生产功能方面，受到传统自给自足思想的影响，在一定时期内，城郊农业仍然要为城市提供一定份额的农副产品，生产功能作为北京农业基础功能的地位还不会改变。但是，北京市的粮食生产已退居北京农业的次要地位，保障蔬菜供给的菜篮子工程成为政策的重心之一。在生态功能方面，城郊农业是保障城市生态可持续发展不可或缺的天然屏障，具有缓冲消除城市污染，挡风阻沙的生态功能，是今后城郊农业关注的重点。随着农产品流通市场的发展使人们获得生产生活资料的渠道日益多样化，粮食自足已不是城乡市民关注的首要问题，人们会对环境、生态与食品的安全更为重视。在景观文化功能方面，它是在加入 WTO 后，北京农业逐步形成的一种新型的功能特点，主要体现在乡村休闲旅游和景点收入上。据估算，北京农业的景观文化功能所产生的价值量正以每年 10%左右的速度增加，发展潜力巨大，既保留传统的中国农耕文化，又提高了农民的收入，是一种新型时尚的农业发展模式，是都市城郊农业今后发展的一种重要特色。

基于以上改革开放以来京郊区农业发展的背景和农业功能的转变，这一时期的农业政策演变过程大致可以划分为社会主义市场经济建设期和统筹城乡经济发展期①，不同时期北京市农业政

---

① 张红宇（2009）将改革开放以来中国农业政策划分为 4 个阶段，分别是 1978—1984 年，农业政策的核心是构建基本经营制度；1985—1991 年，农业政策的核心是引入市场机制；1992—2000 年，农业政策的核心是建立市场经济体制；2000—，农业政策的核心是促进工农、城乡协调发展。这种划分有助于了解中国农业政策的演变。本书将北京市的农业政策划分为两个阶段主要是从市场经济建设和统筹城乡发展的角度考虑。

策的侧重点有所差别。

一、社会主义市场经济建设时期的农业政策（1979—2002年）

1986年1月21—26日，北京市委在贯彻学习中央一号文件的《关于一九八六年农村工作的部署》中，要求继续贯彻"服务首都，富裕农民，建设社会主义新农村"的方针，深化改革，促使郊区农村经济向专业化、商品化、现代化的方向迈进。1992年3月底，在市委召开的第一季度经济分析会上，北京市结合邓小平同志视察南方重要讲话，修订了郊区农村经济工作方针，把"服务首都，富裕农民，建设社会主义现代化新农村"修改为"服务首都，面向全国，走向世界，富裕民生，建设社会主义现代化新农村"。方针的修订设立了北京市农业政策制定的基本框架，围绕这个框架，北京市制定了农村经济体制改革的基本政策：平原地区推进并完善以集体经济为主的农业专业承包、适度规模经营和社会化服务体系。在山区和经济落后地区发展并完善家庭联产承包制，调动集体和家庭两个积极性，提高农业集约化水平和劳动生产率（宋秉彝，1993）。2002年之前，北京市的农业政策以此为中心，包括农产品流通政策、农业规模化经营政策、农民减负政策、农业技术政策、农业合作经济政策、发展都市农业政策等方面，其中很多政策是在前一阶段政策基础上的进一步提高与完善。

（一）土地制度变革——家庭联产承包责任制的确立

改革初期，北京市相关政策改革进展缓慢，1978年1月制定了"深入开展学大寨，高速度发展农业"的政策，以解决干部参加生产劳动问题，整顿人民公社经营管理。2月，又出台了《关于北京郊区建设大寨县六条标准的具体说明》，要求各县按照这个标准建设大寨县，进行农村改革的探索。随着十一届三中全会的召开，中央将全党工作重心转移到社会主义现代化建设上，并决定将《中共中央于加快农业发展若干问题的决定（草案）》和《农村人民公社工作条例（试行草案）》下发试行。北京市委根据会议精神，开展推行联产计酬责任制的工作。

1. 联产计酬责任制阶段　北京率先在昌平、大兴等地进行联产计酬试点[①]。1978年，昌平、大兴两县70%的生产队实行了"包产到作业组、联系产量计算报酬、超产奖励"的责任制试验。两区的成功试验为北京市在郊区全面推广联产计酬积累了宝贵的经验。1979年，全市1.1万多个基本核算单位中，有68%的单位建立不同形式的生产责任制。1980年年初，北京市委、市政府决定在全市普遍推广专业承包、联产计酬责任制，实行"四定一奖"（定地块、定劳力、定产量、定工分、超产奖励）。该年11月的农业会议中进一步指出1981年郊区改革的重点是"继续提倡、推广专业承包，联产计酬责任制。要求在劳动组织上，根据专业需要，分别建立专业队、专业组、专业户、专业工；计酬形式，在联产计奖罚的基础上，发展以产量计工、以产值计工和以纯收入计工等多种形式，提倡包开支或包部分开支"[②]。北京市的责任承包制逐渐在全市农村范围建立起来。

需要注意的是，北京市郊区改革并没有采取"一刀切"的方式，而是因地制宜地区别对待，且随着生产力的发展而不断地进行调整完善，建立了以专业承包为主体，包括包干到户等形式在内的多种样式的联产承包经营责任制。

据统计，到1980年年底，北京市有79%的生产队实行联产

---

① 其他地区，为了推行家庭联产责任制也进行了大量的宣传，比如密云，宣传岗位责任制等的好处，引起广泛重视；县、社两级分别举办训练班，先后训练了大队、生产队干部和科技人员共1万多名；组织各社队之间的年终总结评比，主要看实现"三增一降"（增产、增收、增贡献，降低开支）的情况等（占善钦，2010）。

② 北京市农村经济研究中心编：《北京市农村改革60年大事记（1949—2009）》，北京：中国农业出版社，2010年，页109。

计酬责任制，97%基本核算单位在农业方面建立了生产责任制。至1981年9月，据对12 119个大田种植业基本核算单位统计，已有11 753个单位建立了责任制，占97%；仍实行评工记分的还有366个单位，占3%。在建立了责任制的核算单位中，实行专业承包联产计酬的8 626个，占73.4%；实行小段包工、定额计酬的3 127个，占26.6%；专业承包联产计酬的形式，多数是承包到组（占74.8%）；部分是到劳力（占23.6%）；少数是到户（占1.6%）。联产计酬的办法是搞“四定”或“五定”，其中联产计奖罚的占1%；以产量、产值计工的占34%；以纯收入计工的占5%[①]。但此时的改革没有从根本上突破集体统一经营、统一分配的核算模式的藩篱，实行包产到组、到劳、到户的地方仍保持集体统一经营、统一分配的模式。由于包产到劳、到户的包干制度逐渐显现了生命力，使“经营方式起了变化，基本上变为分户经营、自负盈亏”，这种新形式“不同于合作化以前的个体经济，而是社会主义农业经济的组成部分；随着生产力的发展，它将会逐步发展成更为完善的集体经济”[②]。

2. 包干分配阶段　在包产到户、到劳、到组的地方，生产队在经济上仍占主体地位，而包干到户则不同，它“不同于合作化以前的私有的个体经济，而是社会主义农业经济的组成部分”。1982年开始在全国推广。

1982年1月，北京市委按照《全国农村工作会议纪要》精神，要求把完善责任制的重点由联产到组转向联产到劳，这种适应生产力的制度方式迅速发展。据统计，至6月底，大田种植业实行专业承包、联产到劳的队占实行责任制核算单位数的

① 北京市农村经济研究中心编：《北京市农村改革60年大事记（1949—2009）》，页109、111。

② 《全国农村工作会议纪要》，见：黄道霞，余展，王西玉主编：《建国以来农业合作化史料汇编》，北京：中共党史出版社，1992年，页992。

42.5%，专业承包、联产到组的占 35.5%，包产到户的占 6.2%，小段包工、定额计酬的占 15.8%[①]。但由于很多人将包产到户误解为分田单干，对其仍进行抵制。9 月，胡耀邦对抵制包产到户严重的大兴石佛大队进行批示，明确指出："北京郊区还有一些干部对责任制不通，甚至以各种借口来抵制，这一定要教育过来。"针对这一批示，北京市委于 10 月、11 月先后召开了两次会议，纠正以往认识的偏差，贯彻落实包产到户的政策，要求各地都必须建立责任制。自此，以家庭承包经营为主的包干分配责任制在郊区逐步推广。1982—1985 年，种植业中实行包干分配责任制的队分别达到了 69%、71.7%、86.7%和 96.9%（张文茂，2008）。1982 年年底郊区还出现了 48 572 个专业户、重点户，出现了一批专业队、专业组和其他形式的新的经济联合体。1983 年 1 月 22 日《人民日报》发表的社论《稳定和完善联产承包责任制》进一步推动了北京市联产承包责任制的发展，至该年年底已形成了"统分结合、双层经营"的新格局[②]。

在这一过程中，北京市一些相关的政策也不断进行调整。由于家庭联产承包责任制属于新生事物，许多经验都在不断试错的过程中进行总结，基层出现了"不敢管、不愿管、不会管"的问题，北京市从 1983 年起连续制定政策，以完善统分结合、双层经营体制，纠正把家庭承包看成是分田单干的错误观念，对农户开展"五统一"的管理服务，即统一种植区划、统一机械作业、统一良种、统一排灌、统一植保。与此同时，北京市进一步推行政社分设的政策。政社分设最初于 1981 年开始在丰台区黄土岗公社和昌平县沙河公社试点，1983 年中央一号文件下达后，全

---

① 北京市农村经济研究中心编：《北京市农村改革 60 年大事记（1949—2009）》，页 112。

② 北京市农村经济研究中心编：《北京市农村改革 60 年大事记（1949—2009）》，页 114、117。

市开始推行，至年底已有 241 个人民公社实行政社分设，建立了 241 个乡政府，2 575 个村建立了村民委员会。1984 年上半年基本完成，郊区原来的 269 个公社改建为 358 个乡，公社改变为集体经济联合组织，在加强基层政权的基础上，扩大了集体经济的自主权，有利于推动农业的进一步发展（曹子西等，1994）。

（二）农业“第二个飞跃”阶段——规模经营

农业“第二个飞跃”是邓小平同志提出的一个著名的论断。1990 年 3 月 3 日，邓小平指出：“中国社会主义农业的改革和发展，从长远的观点看，要有两个飞跃。第一个飞跃，是废止人民公社，实行家庭联产承包为主的责任制。这是一个很大的前进，要长期坚持不变。第二个飞跃，是适应科学种田和生产社会化的需要，发展适度规模经营，发展集体经济。这是又一个很大的前进，当然这是很长的过程。”[①]可见，规模经营是家庭联产承包责任制发展的必然产物。正如许经勇（2009）阐述的，这两个飞跃是相辅相成、相互联系的。因为人民公社的废除和家庭联产承包责任制的实施，使农民有了经营的自主权，市场机制在资源配置中起到了基础性的作用，包括劳动力在内的各种生产要素自由流动，为规模经营的发展创造了条件。

1. 规模经营政策 随着家庭联产承包责任制的推行，农村经济日益活跃，与此同时，由于农业比较利益偏低，农业生产机会成本较高，一些地区出现对种植业放松的倾向，个别地区甚至出现了撂荒，严重威胁着北京市的粮食安全。同时，土地规模狭小分散，落后的小生产格局阻碍了生产力的发展，导致郊区农业呈现出逐渐萎缩的趋势，这一情形引起北京市各级部门的高度重视。如何提高农业生产的专业化、社会化、商品化程度，通过利用现代农业科学生产技术和先进技术设备，促进农业生产向高

① 《邓小平文选》卷 3，北京：人民出版社，1993 年，页 355。

产、优质、高效的方向发展，提高农业劳动生产率和农业经济效益，将传统农业改造成现代农业成为重要的政策方向①。

从1985年开始，北京市针对有条件的地区推行规模经营。7月17日，北京市委农村工作部发出《关于完善和发展农业生产责任制，防止农业生产萎缩的意见》，《意见》针对郊区部分地区非农产业发展快、来钱门路多，而“户户分地、家家种粮”承包土地规模狭小、农业效益低，因而农民忽视农业，特别是忽视粮食生产，导致粮食产量徘徊不前的问题②，强调要继续坚持统分结合、双层经营，发挥集体经济的优越性和个人的积极性；条件具备的地区要积极引导土地适当集中，对土地过于零散的做适当的调整；加强以工补农与社会化服务；平原地区大面积粮食作物种植要坚持种植区划、耕播、良种、灌溉、植保的统一。这一文件首次提出“通过扩大土地经营规模，提高农业机械化水平和技术水平，来提高农业劳动生产率，提高粮食收益”。实际上，在这一文件出台前的1984年北京市就开始了改革的尝试，出现了一批承包土地大户，其中承包土地30亩以上的有800多户，100亩以上的有70多户。文件出台后，1986年4月，郊区承包大户已经达到2 165户，承包面积11万多亩，平均每户50多亩③。

农业规模化经营是从京郊农村的实际出发，坚持和发展农业联产承包责任制，朝着农业专业化、商品化、现代化目标前进的一种探索。规模经营在促进农业快速发展，保障粮食供应，防止

---

① 周新京（1991）认为规模经营出现的原因在于由于过分强调农民家庭生产积极性的决策导向……为技术进步基础较雄厚的北京农业带来一些消极的影响。1985年，北京历30年艰苦积累而形成的先进农业技术体系，遭到很大程度的破坏。其后果是粮食生产出现自20世纪60年代严重自然灾害以来的第一次下降，为此出台了规模经营政策。

② 北京市农村经济研究中心编：《北京市农村改革60年大事记（1949—2009）》，页123。

③ 李宗凌等编：《探索的足迹——北京市经济体制改革重大事件研究》，北京：经济管理出版社，1990年，页61～63。

农业萎缩方面发挥了重要作用，特别是顺义县的规模经营得到高度评价，1987 年，被国务院批准为农村改革实验区。7 月，副市长黄超在北京市农口第二季度经济分析会做了《深化改革，积极推进农业的专业分工和适度规模经营》的报告，提出完善规模经营机制、提高规模经营水平具体意见。经过一个半月调整，平原 6 个产粮县，实行不同程度、不同形式的规模经营的村队达到 74.9%。紧接着的次年 5 月 28 日“三夏”会上，黄超在《坚持改革，总结经验，进一步把郊区农业的规模经营推向前进》的报告中进一步指出：专业承包适度规模经营在夏粮生产中发挥了优越性，有力地保证了夏粮增产，它继承了联产承包责任制的优点，发育了富有活力的新的农业经营主体，成为农业现代化的新起点，推动了整个农村经济的专业化、社会化、现代化。

针对前一阶段农业规模经营的得失，1993 年 8 月 5 日，市委农工委和市政府农办印发了《关于深化改革，把农业规模提高到新水平的意见》，要求将经营目标从产量为主到效益为主；经营规模从小到大；农业用工从多到少；经营者素质从低到高；经营内容从一产到综合；经营形式从单一到多样；完善市场体系和服务体系，为规模经营创造好的外部环境；继续加强对农业的扶持，切实改善宏观管理。

2. 集体经济产权改革　规模经营的重要途径是推行集体经济。由于原有的农村集体经济组织存在诸多问题，必须进行改革才能适应社会的变化，而改革的核心是集体经济的产权制度和建立现代企业制度。

北京市郊区农村的改革过程中一直坚持完善和发展合作经济、保护集体积累的方针，期间虽有曲折，但所形成的雄厚经济实力和效率较高的社会组织职能仍旧为集体经济的发展奠定了坚实的基础。联产承包责任制实施过程中，政府仍旧允许其保留了集体经济的基本框架和其社会组织的功能，为统分结合双层经营的管理方针创造了条件，成为郊区经济稳定发展的推进器和郊区农民致富的保障。相对于其他地区，北京农村的经济改革初期已拥有了较强的实力，公社、大队、生产队三级业已形成固定的经济实体。

早在1982年，北京市在坚持责任制的前提下就认为，责任制必须搞，平均主义和“大锅饭”一定要打破；集体的优越性和个人的积极性要同时发挥，已形成的先进生产力不允许破坏，集体积累一定要保住；责任制的形式要因地制宜，不搞一刀切；责任制的发展和完善，要有利于商品生产的发展。为此，北京市在实行联产承包责任制的过程中，坚持大中型农机具等重要的生产资料归集体所有，统一管理；乡镇企业统一经营，集体承包。由此既保障了经营者与生产者的自主权，又形成了先进的生产力和专业分工。这种灵活政策的推行，促进了粮食生产、多种经营和乡镇企业的增长，集体经济总收入1985年较1982年增长了1.21倍，年均增长30.2%，人均集体分配569元，增长了1倍[①]。

1983年中央一号文件指出：“人民公社的体制，要从两方面进行改革。这就是，实行生产责任制特别是联产承包制，实行政社分设。”早在1981年北京市就在丰台黄土岗公社和昌平沙河公社实行过政社分设的试点，政社分设促进了乡级集体经济的发展。据统计，1983年郊区农村固定资产达21亿元，其中集体占了99.10%，1987年农村固定资产39.2亿元，集体占91.8%[②]。

随着集体经济的发展，农业各业的规模化水平有了显著提高，1990年的统计显示，粮食生产占51%，蔬菜60%，果树69%，渔业69.7%，养鸡64%，养猪50.6%（宋秉彝，1993）。

进入20世纪90年代，北京市加强乡镇企业的改革。1996

① 《当代中国的北京》编辑部：《当代中国的北京（上册）》，北京：中国社会科学出版社，1989年，页229。

② 李宗凌等编：《探索的足迹—北京市经济体制改革重大事件研究》，页57。

年3月14日，市政府召开乡镇企业改革工作会，提出乡镇企业改革的重点是进行企业制度创新，改变产权单一、产权封闭、企业消费失控、企业社会负担过重等问题。1998年，对乡镇企业的经济形式作出规定，指出乡镇企业财产组织形式应是有条件的集体经济、混合经济、合作经济、股份经济、个体经济并存。并进行乡镇企业二次改革，其主要目标是，大力推进资产重组，加强乡镇企业的结构调整，以产权改革为重点，大力推进乡镇企业的制度创新，积极推进科技进步，提高乡镇企业的技术创新能力，切实加强领导，为乡镇企业二次创业创造良好的外部环境等。

农业合作经济是发展社会主义市场经济、改革乡镇经济的重要补充。1991年随着乡镇企业的发展，市委、市政府发出《关于加强乡村合作社建设，巩固发展集体经济的决定》，《决定》要求统一对乡村合作经济组织性质、地位的认识；明确村合作社的职能和主要任务；实行统分结合，双层经营，搞好各业责任制。为宣传农业合作经济，北京市先后召开"农村股份合作制讲习"以及农业企业化和农村保险事业工作会等会议，以破除"统、管、包"和"等、靠、要"的传统计划经济观念，树立大生产、大市场、大流通的新观念，加快农业合作经济的发展。1992年，市委农工委发出《关于进行农村股份合作制试点的意见》。《意见》对进行股份合作制试点的指导思想、目的、类型、股权设置、收益分配、组织管理、方法步骤、相关外部政策和加强领导等做出了规定。1993年，进一步强调股份合作制要促进生产力发展，调动各方面积极性，要向广度和深度发展，要注重民主管理。股份合作制是探索公有制的新的实现形式。2000年2月21日，市农委和市财政局联合下发了《关于扶持和鼓励发展农民专业合作经济组织的意见》。《意见》规定了农民专业合作经济组织应具备的条件；规范了出资型合作、契约型合作、会员制型合作三种合作组织形式；制定了对农民专业合作经济组织的扶持标准和办法，对扶持农民合作经济组织资金的管理提出具体要求，并要求各区（县）政府部门对农民合作经济组织的发展要积极引导和扶持。2001年2月23日，市政府办公厅转发了市农委《关于发展本市农民专业合作经济组织的意见》，对郊区农民成立专业合作经济组织提出指导性意见。2002年6月5日，市农业产业化办公室、市农村合作经济经营管理站联合发出《关于印发北京市农民专业合作经济组织示范章程（试行）的通知》。《通知》指出：根据《北京市农民专业合作经济组织示范工作方案》的要求，市农村合作经济经营管理站拟出了《北京市农民专业合作经济组织示范章程（试行）》，供各区县制定示范性合作组织章程时参考。

（三）农产品流通与农业税收政策

1. 农产品流通领域改革

（1）统购统销政策的变革。旧有的统购统销政策下，北京市郊区面对首都市场，农产品销路畅通，一些地区出现只抓生产、不问流通的情形，为改变这种局面，北京市也进行了相应的改革。但在计划经济体制下，这种流通领域的变革主要是提高农副产品价格，下放管理权限，开展多渠道流通。其目的是缩小工农业产品价格"剪刀差"，促进农业生产发展，增加农民收入（张文茂，2008）。

1979—1984年底，中国经济体制改革的重点在农村，价格改革是从1979年大幅度提高农产品收购价格开始的。1978年以后，我国粮食产量连续跨越3亿吨、3.5亿吨和4亿吨三个台阶，人均粮食占有量接近400千克，农产品供给压力的减轻为流通领域的改革创造了条件（张红宇，2009）。1978年12月，中共中央决定提高粮食收购价，销售价格不动。1979年3月，国务院对农副产品价格时隔20年之后首次做出了重大调整，全国18种主要农副产品的收购价格，平均提高了24.8%，5月北京市也对本市粮价平均提高 19.58%，食用油脂每 50 千克统购价调高 27.18%，油料价格平均提高 23.48%，蔬菜提价 10%，生猪提价 19%，鸡蛋提价 30%。此后，又先后提高牛羊肉、牛奶、水产品的价格。1979 年经市革委会同意，先后在朝阳、海淀、丰台、石景山等 4 个区，在自发形成的市场基础上，恢复和重建集贸市场 93 个，年成交额 1 755 万元。

1980 年，北京市颁布《关于农副产品议购议销品种范围和价格原则的试行规定》，明确指出，议购议销的是三类农副产品、完成交售任务以后允许上市的二类农副产品以及用于议价农副产品为原料生产的食品；凡不属议购议销范围的农副产品，生产、经营单位仍要按照国家计划或原有的产销关系签订合同，由国营商业部门收购。1983 年 2 月，北京市政府发布了《关于发展郊区商品生产，搞活农村商品流通若干政策问题的暂行规定》，进一步调整畜禽产品的收购政策，规定生猪以及国营、集体鸡场的鸡蛋由商业部门按计划收购。同时放宽农副产品运销、贩运政策，允许郊区社队与商店直接挂钩，委托代销产品。至此，北京市先后 4 次提高相关农产品的价格。1983 年中央一号文件指出，“对重要农副产品实行统派购是完全必要的，但品种不宜太多。”1984 年的一号文件也指出，“要随着生产和市场供给的改善，继续减少统派购的品种和范围”。在此政策影响下，1983 年下半年至 1984 年，北京市陆续减少了实行统购派购的品种，到 1984 年，实行统购的农产品仅剩下部分粮食（稻谷、小麦、玉米）以及部分油脂油料（花生、菜籽、棉籽）和棉花 3 种；实行派购的二类农产品也减为生猪、蔬菜、核桃、栗子、杏仁、苹果和大兴、通县、顺义三县生产的西瓜等 9 种。

1984 年 10 月 20 日，党的十二届三中全会通过的《中共中央关于经济体制改革的决定》明确提出，改革的基本任务是建立起具有中国特色的、充满生机和活力的社会主义经济体制，促进社会生产力的发展，为打破计划经济体制创造条件。针对党中央的重要政策精神，1985 年年开始，北京市委、市政府提出京郊农村经济进一步改革、调整、搞活的意见，郊区农村进入以改革统派购制度，进一步调整产业结构，积极发展商品生产为主要内容的改革阶段。作为一个消费性城市，蔬菜等农副产品的供应是首都居民的重中之重，因此，统购统销率先由此打开突破口。全国范围内，统派购品种从 1980 年的 183 种减少到了 38 种，实行了 32 年的统购统销政策开始瓦解。1985 年，统购统销政策取消。

这些改革，大大促进了农产品集贸市场的出现。到 1985 年年底，全市城乡集贸市场总数达到 590 个。其中，近郊区 374 个，远郊区 216 个。

需要注意的是，20 世纪 80 年代中期以后，粮食以外的其他农产品的购销和价格，均已经放开，实行市场调节，只有粮食价格尚未放开。它的变革相对农副产品较晚，最初实行的是一种“双轨制”的运行机制，即虽然取消了粮食的统购，实行的是合同订购与议价收购相结合的流通方式，这主要是因为在当时环境下，全面放开的条件尚不成熟，农民承担的负担会因此而加重，故而采取了“双轨制”的管理方式（许经勇，2009）。随着全国粮食储存量的增加，从 1991 年起，中央启动第二轮粮食购销体制的改革，在《关于进一步搞活农产品流通的通知》中，指出各地可以在保证完成国家订购的前提下，对粮食实行常年放开的政策。1992 年又允许放开粮食经营的地区，提出实施方案。这标志着第二轮粮食购销体制的改革正式开始。北京市在此政策下开始了放开粮食经营的实验。从 1992 年 6 月 1 日起，允许突破居民购粮的地域限制，持粮票、粮证，在全市任何粮店都可以购粮。1993 年 5 月 10 日，北京市放开居民粮油销售价格，取消 1955 年就开始的凭票证供应办法，粮票停止使用，实行市场调节。1993 年年底结束粮食价格的“双轨制”。1998 年 8 月 20 日，市政府印发了《贯彻国务院关于进一步深化粮食流通体制改革决定的通知》，粮食流通体制改革全面展开，正式迈向市场化。

（2）蔬菜等农副食品领域的变革。早在1982年3月，市委《关于进一步改进首都蔬菜产销工作的决定》中明确指出，要进一步贯彻近郊区农业以蔬菜为主的方针。1984年5月，丰台区蔬菜农商联营公司正式成立并开始营业，进行蔬菜产供销的改革尝试。1985年，北京市制定《调整生猪等副食品购销政策和价格的实施方案》和《关于改革北京蔬菜供销体制的意见》，取消实行了30余年的粮油统购统销制度，改为合同定购，同时调整农村粮油购销价格。从该年的5月10日起放开生猪、蔬菜、海水鱼等农副产品，实行有指导的议购议销。取消后实行以合同订购为主的多渠道、多形式购销。此后，又先后放开牛羊肉、禽、蛋等副食品价格。但此时由于“北京市蔬菜市场放而不开，菜少又贵”①，社会舆论不满。为此，5月30日，北京市委市政府召开蔬菜工作会议，决定“要坚持改革，搞活蔬菜市场，继续发挥国营菜店的主要渠道作用，搞活购销，平抑物价，国营菜店实行集体经营；菜店必须坚持以菜为主，凡不经营的可以收回来，租赁给其他集体单位或农民、职工；菜农要保证蔬菜种植面积，种足、种好；要大开城门，允许外地蔬菜进京；鼓励机关、团体、学校，菜店等与乡、村直挂和联营，减少中间环节”②。至1986年，北京市在实行多成分、多形式、多渠道的经营以后，蔬菜流通渠道发生了重要变化。以上改革措施，彻底打破了计划经济体制下的农产品购销体制，为建立社会主义市场经济体制打下了基础，开始了新的尝试（焦守田，2008）。

为了增加蔬菜供应的渠道，保证市场流通的顺畅，北京市继续拓展了蔬菜产地的范围，由近郊发展到远郊。1986年10月3

---

① 《北京日报》1985年5月31日援引新华社30日讯。

② 北京市农业局史志办公室：《北京农业生产纪事（1949—1990）》，北京：北京出版社，1993年，页318。

日，北京市政府批转市农办《“七五”期间郊区现代化商品菜基地建设意见》中，明确指出要“立足本市，稳定提高近郊，大力发展远郊，充分利用外埠优势”，将市郊建成稳产、高产、优质、低耗、高效的具有竞争力的商品菜生产基地。在1988年、1990年的相关政策中，北京继续强化这一政策，并强调要“以需定产，产大于销”，充分满足北京市的市场供应需要，“不仅生产现代化，加工、贮存也应现代化，为市场增加更多的蔬菜品种”。经过改革，“七五”期间，北京市蔬菜供应实现由近郊向远郊的转移，建设了一批现代化蔬菜基地，实行了多渠道上市。

1987年11月25日，北京市政府转发了国务院《关于坚决制止抬价抢购农副产品的通知》。要求从1988年起，农副产品的采购分为两个渠道，一是将市郊生产的生猪、鲜蛋、蔬菜都列入本市的合同定购品种之内；二是对于合同定购任务以外的产品，继续实行多渠道经营，自由购销，并设立了农副产品市场协调小组。这种模式持续到1992年，该年市政府常务会议做出关于加快蛋、菜、肉产销体制和价格改革的决定。并放开蛋、菜、肉产销体制，为了改善和加强政府对首都副食品市场的宏观控制和间接管理，有效地运用经济杠杆调节供求，平衡产销，确保市场供应和物价的基本稳定，经市政府批准，物价系统建立了蛋菜肉产供销全过程的调查分析监测调控制度。年底，北京放开蛋、菜、肉（含猪、牛、羊肉）价格，取消鸡蛋、猪肉和牛羊肉定量凭票供应办法。城镇职工每人每月补贴12元，大、中专学生每人每月补贴8元。北京市希望通过1～3年的时间，建立起以市场为导向、市场组织与建设相对规范、产销衔接紧密通畅的蛋、菜、肉产销新机制。1994年开始，北京市成立市“菜篮子”和粮棉油工作领导小组，同时撤销市蔬菜办公室，其行政管理职能由市政府农办负责，并开始加强科技在蔬菜生产中的作用，以提高劳动生产率。各种农产品的流通机制进一步与市场挂钩。

2. 农业税收政策变革　北京市响应国家号召，切实采取措施减轻农民负担，减免农业税收，不仅将减负工作视为经济行为，而且看成政治任务。农业税在历史上一般都是征收粮食，从1985年起改为按粮食“倒三七”价（30%按原统购价，70%按原超购价）折征代金，即由征实物（粮食）改征现金。1986年，北京市执行财政部《关于农业税征收减免若干问题的通知》。对贫穷的革命老根据地、少数民族地区、贫瘠山区和在乡的烈军属、革命残废军人以及因缺乏劳动力或者其他原因而纳税确有困难的纳税人，给予减征、免征农业税照顾；农作物遭受自然灾害，依歉收程度，按照“轻灾轻减，重灾多减，特重全免”的原则，减免农业税。1992年，北京市财政局下发了《关于调整我市农业税征收计价的通知》。《通知》根据财政部有关文件的决定，从1992年起，将北京市农业税计税价格从0.531 6元/千克调整为0.650 6元/千克。此后北京市出台了多项减税政策。据统计，仅1995年，北京市在农民负担管理方面取消了22项、暂缓执行9项、修订15项涉及农民负担的项目，取消了要求农民出钱、出物、出工。修订的15项达标升级活动全部落实后，每年可减轻农民负担4亿元。

北京市的减负政策开始于1990年。此年10月，市政府办公厅发出《关于切实做好减轻农民负担工作的通知》，为此成立了北京市减轻农民负担监督管理小组，监督管理小组办公室设在北京市农村合作经济经营管理站。1996年元旦开始在全市实施农民负担监督卡制度，要求6月15日前要把农民负担监督卡发到每一户农民手中，农民负担监督卡成为农民手中的“明白卡”。1998年，市委要求坚决把向农民乱收费、乱集资、乱罚款和各种摊派全部停下来，把农业税据实征收的政策落到实处，管好用好提留统筹费。

为了扎实推进农村税费改革，2000年7月5日，市委、市政府下发了《关于郊区农村税费改革试点工作的意见》。《意见》确定了郊区税费改革试点工作的指导思想、基本原则和主要内容，决定成立由市委组织部、农工委等12个有关部门组成的农村税费改革领导小组，统一领导全市的农村税稽改革工作。选择昌平区为试点单位。《意见》还要求切实加强对试点工作的领导，做好税费改革试点工作。9月19日，农村税费改革试点工作动员大会在昌平区召开。大会提出，要认真落实市委、市政府《关于郊区农村税费改革试点工作的意见》精神，采取有力措施把乡村集体经济和乡镇企业负担减下来。在不增加农民整体负担的前提下，妥善处理改革力度和各方面承受能力的关系；采取以农业税收为主的方式，实行规范的分配制度和简便易行的征收方法。农村税费改革要与精简乡镇机构、完善县乡财政体制和健全农民负担监督体制相结合，坚持思想工作先行，让农民自觉履行合法义务。2002年5月15日，市农村税费改革领导小组发出《关于做好2002年农村税费改革工作的通知》。《通知》指出：本市自2000年下半年开始在昌平区进行农村税费改革试点，取得了阶段性成果。根据中央农村税费改革领导小组的部署，经市委、市政府批准，2002年本市农村税费改革，要进一步完善昌平区试点，同时在全市范围内开展与农村税费改革有关的配套改革。

2002年6月17日，市农村工作负担监督管理领导小组公示：主要涉农收费项目及收费标准和减轻农民负担的“八个不准”。涉农收费项目和收费标准的新监督卡发到了农户手中。9月4日，市委召开电视电话会议，贯彻中央减轻农民负担会议精神，就切实做好北京市减轻农民负担工作提出三点意见：高度重视减轻农民负担工作的重要意义，认真贯彻落实中央关于减轻农民负担的各项任务，加强对减轻农民负担工作的领导。

（四）农村金融与社会保障政策

1. 农村金融政策 这一阶段，北京市在农村金融领域的重要政策调整是将农行北京分行予以恢复，并于1995年设立农业发展银行北京分行，同时相关政策性业务归后者管理。此外，十一届三中全会以后，京郊农村信用合作社开始了以恢复“三性”（组织上的群众性、管理上的民主性、经营上的灵活性）为主要内容的全面改革。农村信用合作社经过恢复整顿，也重新发展起来。1996 年以来，根据党中央、国务院关于农村信用社的一系列方针政策，进行了管理体制的重大改革，与中国农业银行脱离了长达数十年的行政隶属关系，在中国人民银行的监督管理下，独立地开展农村金融活动。2000 年 1 月 16 日，经中国人民银行总行批准，北京市农村信用合作社联合社正式挂牌成立，这是全国第一家省级信用联社。此外，北京市为了支持郊区经济的发展，还成立了京华信托投资公司和农业合作基金会。

随着家庭联产承包责任制的实施，农户需要直接承担的经济责任和意外风险产生，客观上为农业保险的恢复创造了条件。1983 年该项业务恢复，各地纷纷推出了养鸡保险、西瓜雹灾保险、粮食作物（小麦、玉米、水稻）保险、养殖业保险等险种。农业保险的收益显著，仅到 1995 年，农业保险承担的种植业、养殖业保险风险金额即达到了 43 亿元，保费累计收入 6 612.8 万元，提供经济补偿 8 450.7 万元，赔付率 127.8%（《农业经济综合志》）。

表 5－1　1983—1995 年北京市农业保险相关情况

单位：万元

年份	保险费	赔款	赔付率%	效益	年份	保险费	赔款	赔付率%	效益
1983	2	6	300	−4	1990	625.2	1084.6	173.5	−459.4
1984	17.4	1.5	8.6	15.9	1991	1044.9	1057.1	101.2	−12.2
1985	51	4.9	9.6	46.1	1992	1938.2	1343.1	69.3	595.1
1986	106.2	125.5	118.1	−19.3	1993	606.5	1047.1	172.6	−440.6
1987	397.4	649.2	163.4	−251.8	1994	522.8	914.3	114.9	−391.5
1988	335.8	395.5	118.1	−60.7	1995	331.1	864.4	261.1	−533.3
1989	565.9	872.2	154.1	−306.3					

资料来源：北京市地方志编纂委员会编《北京志·综合经济管理卷·金融志》，北京：北京出版社，2001 年；《中国农业全书》总编辑委员会编《中国农业全书·北京卷》，北京：中国农业出版社，1999 年。

2. 农村社会保障政策　改革开放以后，人们在基本生活条件获得解决后，对社会保障提出了更多的需求，北京市率先在全国建立农村社会保障制度。1987年，北京市根据国务院颁布的《关于探索农村基层社会保障制度的报告》，在顺义县木林乡、大兴县黄村镇大庄村、朝阳区十八里店乡老君堂村进行农村养老保险试点。1995年，市政府下发《关于加快建立农村社会保险制度的通知》，全市推开以个人缴费为主、集体补助为辅、国家给予政策扶持的个人储蓄积累式农村社会养老保险模式，建立了农村养老保险制度。

1997年，北京市提出积极推进农村社会保障体系建设，着手在京郊农村建立农村社会保障制度基本框架和保障服务网络，逐步完善层次不同、标准有别、相互配套的农村社会保障体系。2003年，推行新型农村合作医疗制度和完善农村三级卫生服务网络建设。

（五）农业科技推广政策

随着经济形势的好转，科学技术日益受到重视。周新京（1991）指出，由于与全国农村的改革步骤有所不同，北京农村改革是产业结构调整在先，体制结构调整在后，由此引起先进技术应用结构的相应变动，即从粮食生产领域的集中应用，转向畜禽、蔬菜、林果、水产等行业的全面应用。

从1985年开始，京郊开始推行科技体制改革，1986年，北京市将旨在把科学技术送往农村，把为振兴农村服务的《“星火计划”纲要》印发到农村，并要求在三五年内，大力组织开发和推广10项农业系统工程；抓好100个技术先进、经营管理好、经济效益高的乡镇示范企业；组织1 000名专家、工程技术人员流向农村，或在乡镇企业兼职；培养1万名农村技术骨干。截至1987年上半年，京郊共有13个区县建立了科技领导小组，全郊区半数以上的乡（镇）建立了科技管理组织，建立和充实各种科技服务组织的乡（镇）占80%以上，农民专业技术研究会发展到482个，兴办各种民办科技机构314个。14个郊区县建立起不同形式和不同层次的科研（教学）生产联合体398个，科技人员领办或承包企业55个，中央各部与郊区县合作项目1 812项，其他各种形式的科技交流合作项目1 250项。各地纷纷建立了农民专业技术研究会，至1990年已有1071个，拥有会员1.6万多人，并涌现出一批由专业协会、研究会牵头的蔬菜专业村，[①] 各乡设置了科技管理机构，配备管理干部1361名；96%的乡成立了农民专业技术学校，累计培训农民300余万人次；共组建科技服务组织1 611个，成员20 211名；农民专业技术研究会1 056个，会员18708名。同时，各县区还成立农民大学16所，向农村输送毕业生5 000余名；科研机构下设实验点80余个，常年在农村从事攻关研究的科研人员200余名（周新京，1991）。

需要指出的是，规模经营政策的出台也刺激了科技水平的进步。据研究，从1985年到1990年，北京农业在粮食生产领域共推广应用了130余项先进技术。1990年，北京的粮食亩产已达到574千克，比1978年提高50%，比1984年提高30%。

（六）都市农业政策的试验

作为特大城市的郊区，北京农业有着独特的性质，随着城市居民需求的变化，北京市提出发展都市农业的方针来指导郊区农业的调整。随着北京市城市的发展以及全国市场一体化格局的形成，北京农业已从原先的供应城市生活需要的功能转变成为城市居民提供休闲的功能，现实的转变要求郊区的农业“必须跳出农业看农业，站在消费者的角度，根据城市发展功能的需要来开发农业。要依托首都的科技、人才优势，把现代高科技广泛运用到都市农业中，增加农业产品的附加值。”这就要求必须大力发展

① 《北京日报》1990.5.25。

都市型现代农业，形成资源节约、技术密集、功能多样、品质安全的都市型现代农业体系。

郊区都市型农业的最初起源在1994年，快速发展则是在20世纪90年代的后期。朝阳区最早提出发展都市型农业的总体思路，发展了以多功能为特点的都市型农业。此后，海淀区发展了观光村、民俗村（户）旅游，开展了农产品采摘活动。

1996年1月8—9日，市委在市农口京郊农业发展思路汇报会上要求，副业工作安排上要体现“两个转变”，研究三个方面的问题：一是北京的农业要发展成特色农业，突出发展名、特、优、新产品；二是搞特色农业要以市场为导向，农业经营和生产要实现一体化；三是确保市场供应。同年11月2日，时为代市长的贾庆林在顺义县调研时强调，要把农业抓得很紧很紧，要有京郊特色。

京郊特色农业主要体现在观光农业上。据统计，1996年底，郊区旅游企业427家，从业人员5.8万人，旅游固定资产总值41.5亿元，年接待游客3 600万人次，郊区旅游业总收入15亿元。京郊形成了以海淀区锦绣大地、昌平小汤山农业园、顺义“三高”示范园、朝阳“蟹岛”等为代表的一批农业科技园区。

1998年，北京市“九五”时期农村发展规划明确提出都市农业的发展方向，标志着北京市的都市型农业由此步入从规划到实施，从理论到实践的发展阶段，开始大力发展适合城市景观要求的景观型农业。此后，适应农业可持续性发展的生态农业、设施农业和籽种农业，适合居民观光游览需要的休闲观光农业，适合科技示范的高科技农业纷纷出现（张文茂等，2008）。北京市为此成立了观光农业工作领导小组，并提出了“六种农业”的概念，分别是设施农业、籽种农业、精品农业、加工农业、创汇农业和观光农业。

都市型现代农业的发展必须注意与生态环保相结合。2002年，贾庆林在视察延庆县后指出，要树立做成精品旅游区的指导思想，在道路、水系、旅游服务设施等各方面，高标准高品位地搞好配套。要始终把旅游资源的开发和环境保护紧密地结合起来，要运用先进的理念和可持续发展的要求，边建设边保护，这一精神成为北京市郊区发展观光农业的重要指导思想。

二、统筹城乡发展、建设社会主义新农村时期的政策演变（2003—2010 年）

虽然改革开放后，北京郊区的农业有了迅猛发展，但与全国其他地区一样，计划经济体制下形成的城乡二元结构没有从根本上打破，制约郊区农村经济社会发展的各种深层次矛盾依旧存在，农村经济总量不足，基础设施和公共服务设施薄弱、城乡差距十分明显，农民问题得不到妥善解决，会影响农村的发展和稳定，影响农民的富裕，而且会影响全市的现代化进程，“离开农民的小康就没有全市的小康，离开郊区的现代化就没有首都的现代化”①。郊区的作用愈发明显。2003 年初，北京市委书记刘淇在郊区农村工作会议上指出：“郊区发展空间广阔、投资成本低、发展资源丰富，蕴藏着加快首都经济发展的巨大潜力，是首都可持续发展的战略新区，是建设国际化大都市的重要发展区。”

解决郊区问题的重要途径就是统筹城乡发展，使工业反哺农业、城市支持农村。“必须统筹城乡、区域和经济社会协调发展，促进农民增收”②。2004 年 3 月 24 日，市委书记刘淇在全市郊区工作会议上强调，要以科学发展观为指导，牢固树立统筹协调发展思想，坚持以人为本，以求真务实精神，切实解决“三农”问

① 《关于推进郊区城市化，促进农民增收的意见（2004.3.23）》，《关于统筹城乡经济社会发展推进社会主义新农村建设的意见（2006.3.22）》，见：北京市社会主义新农村建设领导小组综合办公室编：《北京市强农惠农政策文件资料选编》，2008 年，页 1、45。

② 《关于统筹城乡经济社会发展推进社会主义新农村建设的意见（2006.3.22）》，页 23～24。

题，严格保护耕地，加快郊区工业化、城市化和现代化步伐，实现城乡统筹协调发展。2006年3月22日，市委、市政府下发了《关于统筹城乡经济社会发展推进社会主义新农村建设的意见》。《意见》附3个文件：《关于促进农村产业发展的意见》、《关于加快村庄基础设施和公共服务设施建设的意见》、《关于加快发展农民专业合作组织化程度的意见》，对统筹城乡发展做出了纲领性的指导。7月6日，市政府提出将政府功能从“城市政府”转变为“城乡协调发展的政府”。北京市农业的发展要根据首都的特点，“农村产业发展必须纳入全市经济总体格局，依托首都科技、人才、资金、信息等方面的优势，接受首都经济的强大辐射……发展符合首都经济发展方向的优势产业。积极推进区域产业分工共同发展，加快城乡经济一体化进程”[①]。

从总体看，2004年以来，北京市即以推进郊区城市化，促进农民增收为目的，以都市农业为中心，贯彻统筹城乡发展方针，进一步完善各项农业政策，增加农民收入，农村社会出现稳定发展、快速增长的局面。

（一）土地制度改革——农村土地的确权与流转

随着郊区经济的发展，农村土地问题日益成为焦点问题。如何保障耕地基本数量、保障农民的根本利益成为农业政策制定中的重要问题。北京市多次强调要“实行最严格的耕地保护制度，保护基本农田，保护粮食综合生产能力。”这是从粮食安全角度出发的要求。

1. 土地确权　在家庭联产承包责任制推行之初，确定的承包期限是30年。这一适应生产力发展的政策取得显著成效，中

---

① 《关于统筹城乡经济社会发展推进社会主义新农村建设的意见（2006.3.22）》，见：北京市社会主义新农村建设领导小组综合办公室编：《北京市强农惠农政策文件资料选编》，页45。

央1997年16号文件决定继续延长30年，北京市委于1997年和1998年先后两次下发文件，落实延长土地承包期30年不变的政策。据2002年年底对3 990个村的调查，除70个村因村规划无承包地外，已有3 096个村采取多种形式落实了土地延包政策，占应落实村总数的78.9%。2008年10月召开的十七届三中全会，重申土地家庭承包制是党在农村的基本政策，并要求现有的土地承包关系保持稳定且长久不变，由原先的“长期不变”改为“长久不变”，反映这种制度的长期性、稳定性、不改变性（许经勇，2009）。延长承包年限是保证农民劳作积极性的重要保障。

北京市按照国家政策，对于已经获得农民广泛认可和支持的家庭联产承包责任制，政府予以坚决支持，要求各级部门全面落实农户土地承包经营权，“建立土地承包经营权登记制度，完善土地流转合同、登记、备案等制度。”但是，一些地区仍存在承包未落实到位，流转的经济补偿未落实等问题，这些问题随着农村税费改革和粮食直补政策的实施，“农户从承包经营土地中获得收益的增长很快，农民要求承包土地、明确土地经营权的呼声日益高涨”①，正确处理土地的确权与流转问题关系社会的稳定。

2. 土地流转 在推动农村城市化和郊区工业化的进程中，农村集体建设用地的资产性质逐渐显现出来，以出让、转让、出租、入股等形式流转农村集体建设用地使用权呈逐步扩大的趋势，土地流转对于农业现代化有着重要的意义。因为，随着北京进入工业化进程的后期阶段，郊区未来十几年将是完成农村城市化、城镇化的最后阶段。这种发展趋势将会吸引更多的农村人口和资源向城市、城镇集中。在政府统筹下实行土地的流转有助于加快城镇化的进程（张文茂，2008）。此外，土地流转也是农村

① 《关于积极推进农户土地承包经营权确权和流转的意见》，见：北京市社会主义新农村建设领导小组综合办公室编：《北京市强农惠农政策文件资料选编》，页502。

劳动力大量非农转移的必然，是规模经营和产业结构调整的需要。因此，1998年，市委农工委、市政府农办下发了《关于建立北京市农村集体土地承包经营流转机制的意见》，提出农户在自愿、公平、有偿、效率原则的基础上，可以将自己的土地承包经营权转包给其他单位或个人。转包可以采用转包、出租、互换、转让和入股等多种形式。到2002年，累计已有11.6万户转让出了3.53万公顷土地。2003年，为保障土地流转过程中加强农村集体建设用地管理，北京市召开了郊区农村集体用地流转经验交流会，要求“将农民长期而有保障的土地承包经营权落到实处”，同时鼓励农民大胆进行土地流转。对农村集体土地的开发可以根据情况采取国家开发、企业开发和集体自我开发等形式①。并出台了《关于积极推进农村土地承包经营权流转的意见》。

在此基础上，2004年，市委市政府根据国务院2003年颁布的《农村土地承包法》，出台了《关于积极推进农户土地承包经营权确权和流转的意见》，明确指出土地确权的范围是“除‘四荒’地外，农民集体所有和国家所有依法由农民集体使用的耕地、林地、草地，以及其他依法用于农业的土地，都应当纳入确权土地范围。绿化隔离带等绿化用地，按照‘谁占地、谁补偿’的原则，落实农户土地承包经营权，确保农民土地收益。”将土地确权分为确权确地、确权确利、确权确股三种形式②。经过这次确权，确权到户的土地达到32.65万公顷，占98.5%。其中农户自己经营的21.38万公顷，占65.5%；自愿流转的土地达到11.26万公顷，占34.5%。到2005年，北京市完成土地确权

① 《在郊区农村集体建设用地流转经验交流会上的讲话》，见：北京市农村工作委员会编：《北京市农村工作委员会2003年文件汇编》，2003年，页13～26。

② 《关于积极推进农户土地承包经营权确权和流转的意见》，见：北京市社会主义新农村建设领导小组综合办公室编：《北京市强农惠农政策文件资料选编》，页502～503。

任务 496.1 万亩，占应确权面积的 99.8%。确权的同时，北京市继续推进土地的流转，到 2007 年年底，全市流转土地 214.6 万亩，占确权面积的 45%（焦守田，2008）。

京郊农村土地问题矛盾的焦点是城乡二元土地制度造成的农村集体土地不能流转，不能满足农业现代化和农村城镇化的发展需要。因此，张文茂（2008）指出，农村深化改革的一个重要的难点问题，是如何加快农村土地的流转集中，实现节约化利用。北京市在土地确权的基础上，根据发展多元化规模经营的需要，北京市鼓励农户按照依法、自愿、有偿的原则，积极进行土地承包经营权流转以及农村集体建设用地使用权流转试点，要“按照依法自愿有偿原则，搭建农地流转信息平台，健全农户土地承包经营权流转市场。”2009 年，北京市正式建立了农地流转信息平台管理制度。

北京市注意保障农户土地权益。对于农民的房屋居住权，北京市要求“对符合政策规定的集体经济组织的房屋、企业用地，发放房产使用权证。对农民依法在宅基地上建设的住宅，发放房产证。”对于经济发展过程中产生的征地问题，北京市探索建立“实物补偿”和“征地留用”制度。要求“实行征地多元化补偿安置，依法管理使用征地补偿费，切实保障农民的土地收益。”同时在国家征用农村集体土地时，留出一定比例的建设用地，用于农村集体经济组织发展二三产业、安置农民就业。

（二）集体经济产权改革与新型农业合作组织的建立

1. 集体经济产权变革 乡镇集体经济的发展对农民生产经营权和收益权的保护起到了积极的作用，截至 2002 年年底，郊区共有乡镇集体经济组织 198 个，村级集体经济组织 4 038 个。乡村两级集体资产总额达到 1 380.2 亿元，集体净资产总额 610.1 亿元，在农村经济中具有不可替代的作用。但其中也存在诸如产权不清、管理不严、资产流失等问题，这些问题主要是集体经济组织内部长期以来形成的共同共有的产权制度带来的制度性弊病①。早在1992年，北京市就开始集体经济的改革探索工作。2000年以后，北京市对集体经济产权改革的思路逐渐完善，对不同发展进程中的集体经济区别对待，"具备条件的地方，要加大产权改革工作力度、加快推进速度。暂不具备条件的，要做好集体资产所有权、集体经济组织成员身份界定等基础性工作。已经进行改革的乡村集体经济组织，要完善管理制度，发展壮大新型集体经济。"2003年制定了《北京市乡村集体经济产权制度改革办法》，明确指出改革的目标是"资产变股权、农民当股东"，建立与市场经济接轨的产权清晰、权责明确、政企分开、管理科学的集体经济组织运行机制②。2004年《关于积极推进乡村集体经济产权制度改革的意见》中，明确指出，集体经济产权改革的中心是按照"资产变股权、农民当股东"的方向，培养发育股份合作经济，建立起与市场经济接轨的产权清晰、权责明确、政企分开、管理科学的新型集体经济组织，其形式有社区股份合作制、社区型企业股份合作制和土地股份合作制等，改革的地点主要在城市化和工业化进程较快、集体经济实力较强、集体资产数额较大、农民群众又有强烈要求的乡村进行③。北京市希望通过改革"使新型集体经济成为农民就业的重要载体和增加收入的重要渠道"④。经过改革，到2008年年底，北京市已累计完

① 《关于〈北京市乡村集体经济产权制度改革办法〉的说明》，见：北京市农村工作委员会编：《北京市农村工作委员会2003年文件汇编》，页422～423。

② 《北京市乡村集体经济产权制度改革办法》，见：北京市农村工作委员会编：《北京市农村工作委员会2003年文件汇编》，页412～421。

③ 《关于积极推进农户土地承包经营权确权和流转的意见》，页509。

④ 《关于推进郊区城市化，促进农民增收的意见》、《关于进一步加强农村工作提高农业综合生产能力加快郊区城市化的意见》、《关于加快都市型现代农业和农村经济发展扎实推进社会主义新农村建设的意见》，见：北京市社会主义新农村建设领导小组综合办公室编：《北京市强农惠农政策文件资料选编》，页8、19、35、50。

成改制单位466个①。

2. 新型农业合作组织的建立

为了提高农民在现代农业中的竞争力，北京市将农业合作组织的建设发展作为农村重要的工作内容，在合作组织的政策支持、资金赞助以及队伍建设等方面都做出了规定。

为了鼓励专业合作组织发展，从2004年起，北京市要求各级政府安排专项资金，支持农民专业合作组织开展信息、技术、培训、质量标准与认证、市场营销等服务。有关金融机构支持农民专业合作组织建设标准化生产基地、加工企业和购置农产品运销设备等，政府财政给予贴息②。2006年开始，北京市每年从中择优选择一批与农户建立稳定联系、带动能力强、示范作用明显、规范化发展的农民专业合作组织予以扶持③。此外，北京市还对合作经济组织及其所办加工、流通实体适当减免税费，对其进行的农产品保鲜、加工、信息网络等设施建设予以补贴④。农业金融组织积极向合作组织提供支持，“政策性农业保险和银农合作项目要向农民专业合作组织倾斜”⑤。

此外，北京市还支持农民发展其他服务性组织，筹建农民专业合作社培训学校，支持农民专业合作社建立行业协会等。比如

---

① 《关于本市推进乡村集体经济产权制度改革工作有关情况的通报》，见：《北京农村年鉴》编委会编：《北京农村年鉴（2010）》，北京：中国农业出版社，2011年，页25。

② 《关于推进郊区城市化，促进农民增收的意见》，见：北京市社会主义新农村建设领导小组综合办公室编：《北京市强农惠农政策文件资料选编》，页7。

③ 《关于促进农民专业合作组织发展的意见》，见：北京市社会主义新农村建设领导小组综合办公室编：《北京市强农惠农政策文件资料选编》，页530。

④ 《关于进一步加强农村工作提高农业综合生产能力加快郊区城市化的意见》，见：北京市社会主义新农村建设领导小组综合办公室编：《北京市强农惠农政策文件资料选编》，页14。

⑤ 《关于切实加强农业农村基础建设进一步促进城乡经济和社会发展一体化的若干意见》，见：北京市社会主义新农村建设领导小组综合办公室编：《北京市强农惠农政策文件资料选编》，页96。

成立农产品行业协会和农村法律、会计、咨询等中介服务组织，为农民维护合法权益提供有效服务①。再如发展农业经纪人队伍，培育农产品代理商、批发商②。培养和建立专业合作组织专职辅导员队伍，建立健全市、区县、乡镇、村四级培训体系等③。

（三）农产品流通与农业税收政策

1. 农产品流通政策 北京市积极推动现代化农产品流通体制的建设。2004年开始，北京市要求积极发展农产品现代物流、连锁经营、电子商务等新型业态和流通方式，并加快重点大中型农产品批发市场的改制与改造，支持农产品检验、储存、加工等基础设施建设④。针对不同性质的农产品加工和需求，北京市要求“大型的农产品龙头企业，可以与现代流通企业对接，成为大宗农副产品的供应商，加快发展农产品配送经营”，此外还要“发展城乡联营的便利店和农村超市”。

对于关系农民所需的生产资料，北京市要求“加强农业生产资料市场管理，规范农资企业的经营行为，实现货源充足、价格基本稳定。进一步整顿和规范农村市场秩序，坚决打击制售假冒

---

① 《关于加快都市型现代农业和农村经济发展扎实推进社会主义新农村建设的意见》，见：北京市社会主义新农村建设领导小组综合办公室编：《北京市强农惠农政策文件资料选编》，页36。

② 《关于加快都市型现代农业和农村经济发展扎实推进社会主义新农村建设的意见》，见：北京市社会主义新农村建设领导小组综合办公室编：《北京市强农惠农政策文件资料选编》，页49。

③ 《关于切实加强农业农村基础建设进一步促进城乡经济和社会发展一体化的若干意见》，见：北京市社会主义新农村建设领导小组综合办公室编：《北京市强农惠农政策文件资料选编》，页87。

④ 《关于进一步加强农村工作提高农业综合生产能力加快郊区城市化的意见》，见：北京市社会主义新农村建设领导小组综合办公室编：《北京市强农惠农政策文件资料选编》，页14。

伪劣商品和商业欺诈等坑农伤农行为。”①

为了保障粮食安全，北京市结合都市农业发展实际，从2004年开始从粮食风险基金中拿出40%（约合1.1亿元）的资金，用于小麦、玉米的直接补贴②。补贴标准根据情况不断调整。2007年，北京市的调整标准为：小麦的综合补贴标准调整为58元/亩，种植补贴为50元/亩，良种补贴为20元/亩；玉米的分别为18元/亩，20元/亩，12元/亩③。2009年又进一步进行了调整，玉米有所提高，小麦出现下降。小麦、玉米两者的农资综合补贴均为45元/亩，种植补贴、良种补贴分别为：50元/亩、20元/亩；20元/亩、12元/亩④。

2. 农业税收政策 随着统筹城乡经济的发展，取消农业税开始提上政府制定政策的日程。2003年3月26日，市委、市政府按照《中共中央国务院关于进行农村税费改革试点工作的通知》和《国务院关于全面推进农村税费改革试点工作的意见》要求，2003年在全市全面推进农村税费改革，改革的主要内容为：取消乡统筹费、取消农村教育集资等专门面向农民征收的行政事业性收费及政府性基金和集资、取消屠宰税、取消统一规定的劳动积累工和义务工、调整农业税政策、原征收农业特产税的土地改征农业税、改革村提留征收使用办法等。8月5日，市地税局、市财政局共同研究的农村税费改革方案出台，本市农民人均税负降低一半。2004年开始，市政府坚持“多予、少取、放活”

① 《关于统筹城乡经济社会发展推进社会主义新农村建设的意见》，见：北京市社会主义新农村建设领导小组综合办公室编：《北京市强农惠农政策文件资料选编》，页49。

② 《关于实施粮食直补工作的报告》，见：北京市农村工作委员会编：《北京市农村工作委员会2004年文件汇编》，2004年，页551～555。

③ 《关于调整2007年本市粮食直补标准的通知》，见：北京市社会主义新农村建设领导小组综合办公室编：《北京市强农惠农政策文件资料选编》，页194～195。

④ 《关于2009年度北京市粮食直补的意见》，见：《北京农村年鉴》编委会编：《北京农村年鉴（2010）》，页23～24。

的方针，继续实行免征农业税及其附加的政策，加大对因免征农业税而减少收入的乡镇的转移支付力度。同时要求各级部门要“健全农民负担监督机制，全面清理整顿乱摊派、乱收费行为，防止农民负担反弹。”

对于因农村税费改革而对乡镇政府日常工作所带来的困难，北京市制定了精简乡镇政府机构与转变乡镇政府职能、财政扶持村级组织正常运转的政策，要求各乡镇强化乡镇政府的社会管理和公共服务职能，“搞好村级干部精简，压缩后勤服务人员。建立村级公益事业筹资的新机制，搞好‘一事一议’。积极推进农机、水利设施的产权制度改革，搞活资产和经营机制，扶持农机、水利等社会化服务组织的发展。”① 2004—2007年，北京市为维持村级组织正常运转，给予2 156个村平均每个村4.49万元，全部约1亿元的资金补助②。

2006年1月1日，废弃《农业税条例》，中国全面取消农业税，延续了2 600多年的“皇粮国税”退出了历史舞台。为了巩固农村税费改革的成果，2007年，北京市制定了《关于做好清理化解乡村债务工作的实施意见》，要求各区县对2006年12月31日以前乡镇政府和村民委员会形成的债权和债务进行全面核实，分类清理。从当年开始，北京市在近郊区、远郊平原地区和山区县选择部分地区，作为化解乡村债务的试点。从锁定旧债、控制新债、清收债权、化解债务和政府扶持等方面开展试点工

---

① 《关于进一步加强农村工作提高农业综合生产能力加快郊区城市化的意见》，《关于进一步加强农村工作提高农业综合生产能力加快郊区城市化的意见》，见：北京市社会主义新农村建设领导小组综合办公室编：《北京市强农惠农政策文件资料选编》，页19～20、36。

② 《关于农村税费改革后对部分村给与资金补助的请示》，见：北京市农村工作委员会编：《北京市农村工作委员会2004年文件汇编》，页808。

作。同时要杜绝向农民乱收费、防止发生新的乡村债务①。

（四）农村金融与社会保障政策

1. 农村金融政策 北京市完善各种金融政策，鼓励各金融单位对农业发展进行各种政策优惠，完善农业贷款绿色通道，设立农业发展合作担保资金。在严格监督、有效防范金融风险的前提下，运用贴息、补助等多种经济杠杆，提高涉农贷款的风险补偿水平，吸引金融资金和各种社会资金更多地投向农业和农村，加大对“三农”的支持力度。

北京市鼓励建立形式多样的农村金融组织，要求涉农金融机构积极改革，应对入世后的新变化。对于农村信用合作社，北京市要求它根植于“三农”，积极参与城市化，通过大力发展生产，促进农民增收，完成资本积累②。信用社要大力推行小额信贷。经过政策调整，2005 年 2 月，国务院批准组建全国首家省级股份制农村商业银行—北京农村商业银行，为农业发展提供更直接的支持。针对农村储蓄多外流的情况，北京市要求“采取有效办法，引导区县及区县以下吸收的邮政储蓄资金回流农村。”③ 推动县域内银行业金融机构将一定比例新增存款投放当地④。北京市还放开了对银行主体的管理，“鼓励在区县域内设立多种所有

---

① 《关于做好清理化解乡村债务工作的实施意见》，见：北京市社会主义新农村建设领导小组综合办公室编：《北京市强农惠农政策文件资料选编》，页 543～548、560。

② 《牛有成副市长在北京市 2003 年度支农工作会议上的讲话》，见：北京市农村工作委员会编：《北京市农村工作委员会 2003 年文件汇编》。

③ 《关于进一步加强农村工作提高农业综合生产能力加快郊区城市化的意见》，见：北京市社会主义新农村建设领导小组综合办公室编：《北京市强农惠农政策文件资料选编》，页 20。

④ 《关于切实加强农业农村基础建设进一步促进城乡经济和社会发展一体化的若干意见》，见：北京市社会主义新农村建设领导小组综合办公室编：《北京市强农惠农政策文件资料选编》，页 106。

制的社区金融机构、允许私有资本、外资等参股。”[①]

对于农业企业，北京市要求“农业银行和其他商业银行要按照有关规定，加强对龙头企业的信贷服务，切实解决龙头企业收购资金紧张的问题。农业发展银行对符合条件的农产品生产、流通或加工转化为主的龙头企业可以提供贷款。”[②]

北京市加大对农户的支持力度，拓展农村担保办法，全面推行农户小额信用贷款和农户联保贷款，支持民间自发建立发展信贷担保事业，探索建立更加贴近农民和农村需要、由自然人或企业发起的小额信贷组织。引导农户发展资金互助组织，允许区县域内依法建立区域性担保基金或担保机构，解决农户和农村中小企业贷款担保难问题；扩大农户小额贷款和农户联保贷款，探索实行动产抵押、仓单质押、权益质押等担保形式[③]。小额信贷在山区作用明显。由于 2000 年之后北京市政府禁伐、禁牧、禁采力度加强，建立了山区生态林补偿机制，切实保护郊区生态资源，山区农民传统的就业增收渠道减少，小额信贷对于山区农民开展生产起到了积极的作用[④]。

北京市进一步完善了“银农合作”制度，支援农业产业化经营龙头企业建设、农业主导产业标准化基地建设、郊区工业区基础设施建设、中心镇和试点小城镇基础设施建设，扶持消除低收

---

① 《关于统筹城乡经济社会发展推进社会主义新农村建设的意见》，见：北京市社会主义新农村建设领导小组综合办公室编：《北京市强农惠农政策文件资料选编》，页 36。

② 《关于进一步加强农村工作提高农业综合生产能力加快郊区城市化的意见》，见：北京市社会主义新农村建设领导小组综合办公室编：《北京市强农惠农政策文件资料选编》，页 15。

③ 《关于推进郊区城市化，促进农民增收的意见》，《关于进一步加强农村工作提高农业综合生产能力加快郊区城市化的意见》，见：北京市社会主义新农村建设领导小组综合办公室编：《北京市强农惠农政策文件资料选编》，页 10、20。

④ 《李进山同志在 2004 年“银农合作”工作会议上的讲话》，见：北京市农村工作委员会编：《北京市农村工作委员会 2004 年文件汇编（上）》，页 107～108。

入村、山区发展特色产业项目等，并探索建立风险补偿新机制[①]。

北京市加快推进政策性农业保险制度，培育政府、企业及农户共同构成的风险保障机制，鼓励商业性保险机构开展农业保险业务[②]。2007年3月，为完善农业支持保护体系，在总结历年试点经验、借鉴国际国内成功做法的基础上，制定了《关于建立北京市政策性农业保险制度的方案（试行）》，要求“十一五”期间，政策性农业保险覆盖主要种养业生产项目的30%。财政给予参保农民50%的保费补贴[③]。5月，市政策性农业保险工作协调小组办公室组织召开“北京市政策性农业保险启动大会”，与入选的3家商业性保险公司签署了政策性农业保险合作协议，标志着北京市政策性农业保险制度正式建立。

2. 农村社会保障政策 2003年以后，北京市继续出台农业保障政策，在农村最低生活保障制度、新型农村合作医疗制度、农村养老保险制度等方面继续完善，按照“多层次、广覆盖、应保尽保、循序渐进”的原则，逐步建立健全与农村经济社会发展水平相适应、与城市社会保障制度相衔接的农村社会保障体系。

对于农村低保政策方面，北京市要求“做到应保尽保并逐步提高保障标准”，农村低保要根据经济发展和人民生活水平的提

---

① 《北京市2003年银农合作重点项目指南》，见：北京市农村工作委员会编：《北京市农村工作委员会2003年文件汇编》，页124～161；刘春广：《深化支农方式改革 推进郊区信用体系建设》，见：北京市农村工作委员会编：《北京市农村工作委员会2004年文件汇编》，页111～124。

② 《关于统筹城乡经济社会发展推进社会主义新农村建设的意见》，《关于切实加强农业农村基础建设进一步促进城乡经济和社会发展一体化的若干意见》，见：北京市社会主义新农村建设领导小组综合办公室编：《北京市强农惠农政策文件资料选编》，页36、52、106。

③ 《关于建立北京市政策性农业保险制度方案（试行）的通知》，见：北京市社会主义新农村建设领导小组综合办公室编：《北京市强农惠农政策文件资料选编》，页181～184。

高予以调整，为此 2006 年 4 月专门出台了《关于建立本市农村居民最低生活保障标准调整机制的意见》，就农村低保标准的确定依据、测算方法等做出详细的规定。5 月，市民政局正式出台农民低保标准调整机制。全市农村低保平均标准为每人全年 1 580元[①]。新机制实施后，区县仍有很大调整自主权。2009 年 1 月 1 日起，北京市农村低保对象实行分类救助，不再实行“一刀切”的救助标准。

对于农村居民最为关心的医保问题，北京市要求“建立以大病统筹为主的新型合作医疗制度，按照个人缴费、集体扶持和政府补助的办法，健全合作医疗筹资机制。”[②]

北京市新型农村合作医疗 2002 年试点、2004 年全面开展，一直被列入北京市解决“三农”问题和缓解京郊农民“看病难，看病贵”的重点工程。2006 年 5 月召开的农村合作医疗工作会中指出，推进农村合作医疗是解决“三农”问题的重要一环，要以科学发展观为指导，以人为本推进农村合作医疗。2007 年 8 月就调整和完善新型农村医疗筹资标准和补偿出台政策，以缩小农村与城镇居民基本医疗保障水平之间的差距，实现新型农村合作医疗制度的补偿模式由以大病统筹为主转向住院和门诊统筹兼顾转变。当时的政策是计划 2010 年初步建立覆盖农村居民的基本医疗保障制度，使参加新型合作医疗的农民住院补偿水平达到 60%，门诊补偿水平达到 40%。2007 年筹资水平提升到人均

---

① 《关于推进郊区城市化，促进农民增收的意见》，《关于进一步加强农村工作提高农业综合生产能力加快郊区城市化的意见》，《关于建立本市农村居民最低生活保障标准调整机制意见的通知》，《关于进一步加强农村工作提高农业综合生产能力加快郊区城市化的意见》，见：北京市社会主义新农村建设领导小组综合办公室编：《北京市强农惠农政策文件资料选编》，页 7～8、19、381。

② 《关于推进郊区城市化，促进农民增收的意见》，见：北京市社会主义新农村建设领导小组综合办公室编：《北京市强农惠农政策文件资料选编》，页 7～8。

220元，2008到2010年调整为320元、420元、520元[①]。

表5-2　2003—2007年北京郊区农民合作医疗保险制度政策变化

	2003	2005	2007
参与方式	政府组织引导，农民自愿参加	政府组织引导，农民自愿参加	政府组织引导，农民自愿参加
筹资类型	以农民大病医疗统筹为主，多种形式并存	坚持以大病医疗统筹为主，兼顾受益面的原则	—
资金筹集	多方筹资，合理负担	坚持多方筹资、合理负担、稳定增长的原则	坚持统一标准、分类补助、因地制宜
资金使用	以收定支，保障适度	坚持区县统筹原则	坚持区县统筹、合理补偿、扩大受益面
实施办法	先行试点，分批实施，逐步推广	坚持因地制宜、以收定支、保障适度、稳步推进的原则	坚持专款专用、加强监督、专项审计
制度建设	—	—	坚持积极推进、逐步完善、加强监督

为了将农民的看病难问题落到实处，北京市围绕基层卫生医疗问题，建立了覆盖农村的社区卫生服务网络，并落实“亿万农民健康教育”工作，逐步建立农民健康档案。实施农村卫生人才工程，逐步做到每个农村社区卫生服务站都有经过培训的医务人员。加强农村药品管理，规范药品供应渠道，开展药品集中配送，建立药品安全环境[②]。同时，北京市认识到直接为农民服务

① 《关于调整和完善本市新型农村合作医疗筹资标准和补偿意见的通知》，见：北京市社会主义新农村建设领导小组综合办公室编：《北京市强农惠农政策文件资料选编》，页394～396。据北京市卫生局2010年调查结果，市筹资水平已达到520元标准，参合率达到96.74%，参合农民的门诊补偿水平达到40%。

② 《关于统筹城乡经济发展推进社会主义新农村建设的意见》，见：北京市社会主义新农村建设领导小组综合办公室编：《北京市强农惠农政策文件资料选编》，页32。

的乡村医生是“农村三级医疗队伍的重要组成部分，是农村基层卫生工作的主力军”①，因此，为“切实维护乡村医生合法权益和保持队伍稳定，实现广大农村居民人人享有基本卫生保健服务的目标”，专门出台了《关于建立健全乡村医生社会养老保险制度与基本待遇保障机制的意见》，对乡村医生养老制度的基本标准、补助政策等做出了详细的规定。比如前者根据医生的就业年限每人每月分别可领取养老金300元；补助标准按照市、区县、个人按4：4：2的比例承担趸缴部分②。

对于农民的养老问题，北京市也要求“按照分类指导、循序渐进的原则，不断完善农村养老保险制度”，特别是要“加快解决失地农民的养老保障问题”。2005年年底发出《北京市农村社会养老保险制度建设指导意见》，规定市、区两级财政从次年起对参加社会养老保险的农民进行政府补贴。2006年1月1日《北京市村社会养老保险制度建设指导意见》指出，要改革现行农村社会养老金领取模式，改变以往养老金“一经领取，终身不变”的状况，市、区县两级政府安排专款、村集体预留资金，补贴农民参加农村社会养老保险，并将根据物价等因素适时提高养老金水平。2007年年底市政府出台的《关于印发北京市新型农村社会养老保险试行办法的通知》中对养老保险费的缴纳、养老风险待遇等做出了规定，北京市规定，新型农村社会养老保险待遇由个人账户养老金和基础养老金两部分组成。后者为每人每月

---

① 《关于建立健全乡村医生社会养老保险制度与基本待遇保障机制意见的通知》，见：北京市社会主义新农村建设领导小组综合办公室编：《北京市强农惠农政策文件资料选编》，页399。

② 《关于建立健全乡村医生社会养老保险制度与基本待遇保障机制意见的通知》，见：北京市社会主义新农村建设领导小组综合办公室编：《北京市强农惠农政策文件资料选编》，页399～402。

280元[①]。同时，市政府还专门出台了针对城乡无社会保障老年居民养老保障的办法，该政策对具有北京市户籍、年满60周岁，且不享受社会养老保障待遇的人员给予每人每月200元的老年保障待遇[②]。

（五）农业科技推广与农民培训政策

1. 农业科技推广政策 北京市建立了以政府为主导、社会力量广泛参与的多元化农业科研投入体系，把农业科研投入放在公共财政支持的优先地位，重点加强在农业生物技术、良种选育技术、动植物疫病控制技术、食品安全控制技术、节水灌溉技术、农产品加工技术、农业工厂化技术、可持续农业技术、农业标准化体系建设等领域的创新。2007年，北京市制定了《关于推进基层农业技术推广体系改革工作的实施意见》，文件指出原有基层农业技术推广体系中存在职能交叉、队伍不稳、机制不活等问题，要建立与都市型现代农业和社会主义新农村建设相适应的农业技术推广体系[③]。

针对以往科技服务组织主要由政府负责而形成的相对单一薄弱的情形，北京市要求"创新农业科技服务组织，鼓励和支持各类企业、社会团体、科研院所、中介机构等开展农业科研和推

---

① 《关于印发北京市新型农村社会养老保险试行办法的通知》，见：北京市社会主义新农村建设领导小组综合办公室编：《北京市强农惠农政策文件资料选编》，页404～410。

② 《关于北京市城乡无社会保障老年居民养老保障办法的通知》，见：北京市社会主义新农村建设领导小组综合办公室编：《北京市强农惠农政策文件资料选编》，页412～413。

③ 《关于推进基层农业技术推广体系改革工作的实施意见》，见：北京市社会主义新农村建设领导小组综合办公室编：《北京市强农惠农政策文件资料选编》，页186。

广，实现农业科技工作多元化、社会化。”① 其后将其明确为“建立以市属院所及中央在京科研机构为核心、以科技型支柱企业为龙头、以新型推广服务组织为基础的农业技术科研推广体系”②。“加强农村科技协调员队伍、农民田间学校公益性农业技术推广服务体系建设”③。对科技创新与推广，北京市要求“市和区县政府要安排专项资金，用于扶持农民专业技术协会、农业科技示范企业、农业科技示范户等开展农业科技推广普及工作”④。

在此期间，为北京都市型现代农业建设、郊区农民增收致富提供强有力的科技支撑，更大范围、更高程度地整合首都科技和人才资源，2003年开始，北京市开展郊区信息服务体系建设，在市九次党代会中提出了“以信息化为先导，加快经济结构的战略性调整”的方针⑤。2005年3月15日，北京市还推行了组织实施“科技入户工程”，提高科技示范户的能力。北京市农业科技入户工程的目标是，构建政府推动、市场机制引导、多方合作互动的新型农业科技网络。力争到2010年，在全市13个郊区县选定100个重点示范乡镇、500个重点示范村，培育1万个科技示范户，辐射带动20万农户；重点示范区内主要先进适用技术入户率和到位率达到90%以上，示范户人均纯收入每年提高8%

---

①④ 《关于进一步加强农村工作，提高农业综合生产能力，加快郊区城市化进程的意见》，见：北京市社会主义新农村建设领导小组综合办公室编：《北京市强农惠农政策文件资料选编》，页14。

② 《关于统筹城乡经济发展推进社会主义新农村建设的意见》，见：北京市社会主义新农村建设领导小组综合办公室编：《北京市强农惠农政策文件资料选编》，页53。

③ 《关于切实加强农业农村基础建设进一步促进城乡经济和社会发展一体化的若干意见》，见：北京市社会主义新农村建设领导小组综合办公室编：《北京市强农惠农政策文件资料选编》，页96。

⑤ 《关于郊区信息服务体系建设工作的实施意见》，见：北京市农村工作委员会主编：《北京市农村工作委员会2003年文件汇编》，页113。

以上，农业科技进步贡献率每年提高1个百分点[①]。

对于耕地，北京市采取科技手段进行严格的检测保护，“搞好基本农田分等定级管理和动态监测，建立耕地质量动态监测预警系统，推广测土配方施肥，提高农田有机质含量。运用先进技术，改造中低产田，加强污染农田的治理和改良。”北京市的目标是2010年以前，小流域治理完成50%以上，水土流失治理面积完成80%以上，农业节水灌溉面积提高到95%以上[②]。

针对新时期动植物疫病频发的趋势，北京市还健全动植物疫病防控体系，对重大动物疫病实施免费强制免疫，健全村级动物防疫员队伍，进一步加强良种资源保护力度[③]。

2. 农民服务培训政策 随着郊区城乡一体化的发展，北京郊区富余劳动力不断增加。据2004年的统计，约有20万～30万富余农民需向非农产业转移。但郊区富余劳动力普遍存在非农劳动技能不高、科技文化素质偏低的问题，成为制约农民脱离土地、进入二三产业就业的瓶颈[④]。为了扶持农民适应统筹城乡经济发展的新需求，北京市先后出台了多项为农民提供培训服务的政策，实行城乡统一的就业管理和扶持政策。

北京市意识到对农民扶持的关键在于提高农民本身的能力，因此加强对农村劳动力的职业技能培训，培养“技能型”、“专业

---

① 北京农业信息网：《北京启动农业科技入户工程 整合首都科技资源》，http://www.agri.ac.cn/JingJiaoDT/Zonghe/200506/1536.html。

② 《关于进一步加强农村工作，提高农业综合生产能力，加快郊区城市化进程的意见》，见：北京市社会主义新农村建设领导小组综合办公室编：《北京市强农惠农政策文件资料选编》，页47。

③ 《关于开展动物防疫工作监督检查的通知》，《关于进一步加强从外埠引进畜禽管理，严防畜禽传染病的紧急通知》，《关于扶持保护郊区畜禽良种资源的通知》，见：北京市农村工作委员会编：《北京市农村工作委员会2003年文件汇编》，页167～170、182～185、186～189。

④ 《关于做好2004—2010年北京市农村富余劳动力转移培训工作的意见》，见：北京市农村工作委员会编：《北京市农村工作委员会2004年文件汇编》，页432。

型"、"创业型"、"带动型"、"管理经营型"、"储备型"等多种类型的农民，使其有文化、懂技术、会经营①。据调查，2005年之前，北京市农村实用人才不足万人，仅占乡村劳动力的0.6%左右，初中以下学历占近60%，在三个产业中的分布分别是76.5%、7.7%、15.8%。实用人才仍以传统产业为主，市场营销、技术推广、旅游管理与开发等新兴产业人才较为短缺②。就郊区村干部而言，2002年仅有8.5%具有大专以上学历。虽然有各类农业（农民）培训机构2 000多个，但未形成统一的培训体系，定位不明确③。

为此，从2003年开始，北京市为了推进郊区城市化，促进农民增收，就开始大力推行加强郊区农村中等和高等教育，培养一批适应郊区经济发展的留得住、用得上的中高等技能型人才的政策；鼓励各类教育培训机构和用人单位开展"定向招生、定单培训、定岗就业"，逐步使农村劳动力在就业前达到初、中级职业技能水平。对经培训合格、取得资格证书的农民，给予培训费用补贴，并扶持一批市级富余劳动力转移培训示范基地④。

2005年，北京市又对具体农民人才培养数量做出规定：重点选拔培养500名典型优秀实用人才；区县选拔培养3 000名带

---

① 《关于统筹城乡经济社会发展推进社会主义新农村建设的意见（2006.3.22）》，见：北京市社会主义新农村建设领导小组综合办公室编：《北京市强农惠农政策文件资料选编》，页28。

② 《关于加强农村实用人才队伍建设的意见》，见：北京市社会主义新农村建设领导小组综合办公室编：《北京市强农惠农政策文件资料选编》，页418。

③ 《关于大力发展农村职业教育，全面实施农业现代化培训工程，加速农村人才培养，提高农村劳动者素质的意见》，见：北京市农村工作委员会编：《北京市农村工作委员会2003年文件汇编》，页72～73。

④ 《关于推进郊区城市化，促进农民增收的意见（2004.3.23）》，见：北京市社会主义新农村建设领导小组综合办公室编：《北京市强农惠农政策文件资料选编》，页7～8；《关于做好2004—2010年北京市农村富余劳动力转移培训工作的意见》，见：北京市农村工作委员会编：《北京市农村工作委员会2004年文件汇编》，页435。

动型优秀实用人才；乡村两级完成2万名左右创业型实用人才的培养①。北京市要求“十一五”期间，全市每年培训农村劳动力30万人次，5万人实现非农就业②。到2010年，郊区农村劳动者中的中职（高中）以上学历达到40%以上，大专学历达到6%以上③。2005年、2006年，北京市为使培训更有针对性和实用性，提出要加强农民培训基地建设，加大“三教统筹”力度，提出建立覆盖全市、城乡一体的农村劳动力转移就业管理服务体系，“各郊区县分别建成一个集培训、示范、指导于一体的多功能成教中心（社区教育中心）……80%以上的行政村建立村成人文化技术学校”，“每个区县重点办好一至两所中等职业学校”④。对农民的培训要“充分利用各种教育资源，紧密结合开发区企业及其他新兴产业的用工需求”，“大力培育新兴支柱产业，发展壮大区域经济，努力实现促进经济增长与扩大就业的良性互动，促进农村劳动力向城镇集聚和向非农产业转移。”北京市提出了实施“郊区农村地区紧缺人才培训专项建设”、“郊区村村通数字化远程教育专项建设”、“郊区现代化农业实用技术培训专项建设”、“郊区农村富余劳动力转移培训专项建设”等项目⑤。到2010年，依托各种资源为郊区农村培养5万名各类管理和专业技术人

---

① 《关于加强农村实用人才队伍建设的意见》，见：北京市社会主义新农村建设领导小组综合办公室编：《北京市强农惠农政策文件资料选编》，页419～420。

② 《关于推进北京市农村劳动力培训与就业工作的意见》，见：北京市社会主义新农村建设领导小组综合办公室编：《北京市强农惠农政策文件资料选编》，页426。

③ 《关于进一步加强郊区农村教育工作的意见》，见：北京市社会主义新农村建设领导小组综合办公室编：《北京市强农惠农政策文件资料选编》，页367。

④ 《关于进一步加强郊区农村教育工作的意见》、《关于加强“三教统筹”推进郊区农村成人教育服务社会主义新农村建设工作的意见》，见：北京市社会主义新农村建设领导小组综合办公室编：《北京市强农惠农政策文件资料选编》，页367、370、450。

⑤ 《关于进一步加强郊区农村教育工作的意见》，见：北京市社会主义新农村建设领导小组综合办公室编：《北京市强农惠农政策文件资料选编》，页371～372。

才。对于吸纳本市农民稳定就业、增收效果突出的劳动密集型企业，政府给予优惠政策，比如对因绿化隔离地区建设、资源枯竭或受到保护性限制导致闲置的农村劳动力和享受农村低保的劳动力，吸纳其就业的用人单位所需经费列入区县就业再就业资金，且每招一人，市就业再就业资金将给予 200 元的一次性岗位补贴①。此外，为提高农村劳动力就业的组织化程度，北京市要求健全市、区县、乡镇、村四级就业服务体系，强化乡镇就业服务功能。

（六）都市农业政策的全面推广

2003 年之后，北京市都市型现代农业实践在全市范围展开。2004 年开始，北京市在文件中正式使用“都市型现代农业”的概念来概括北京农业的功能，并要求全面落实“221 行动计划”，以发展生态、集约、高效的都市型现代农业为目标，以首都中高端市场需求为导向，推进农业结构调整②。2004 年郊区旅游观光农业收入已超过 30 亿元，平谷大桃、昌平苹果、大兴西瓜、门头沟樱桃、怀柔密云的燕山板栗、房山磨盘柿等业已形成规模和区域特色。

2005 年 4 月，北京“三农”工作会议中将先前的“六种农业”进一步浓缩为“四种农业”，分别是籽种农业、循环农业、

---

① 《关于推进北京市农村劳动力培训与就业工作的意见》，见：北京市社会主义新农村建设领导小组综合办公室编：《北京市强农惠农政策文件资料选编》，页 434。

② 《关于进一步加强农村工作，提高农业综合生产能力，加快郊区城市化进程的意见（2005.1.28）》，见：北京市社会主义新农村建设领导小组综合办公室编：《北京市强农惠农政策文件资料选编》，页 13。所谓“221 行动计划”的核心是摸清市场需求和农业资源两张底牌，搞好科技和资金两个支撑，在摸清两张底牌、抓好两个支撑的基础上搭建一个农业信息平台。具体文件参见《关于实施“221 行动计划”，推进北京农业现代化的意见》，《关于做好 2004—2010 年北京市农村富余劳动力转移培训工作的意见》，见：北京市农村工作委员会编：《北京市农村工作委员会 2004 年文件汇编》，页 458～476。

休闲农业和科技农业。针对本次会议的精神，北京市在11月先后出台了《关于加快发展北京都市型现代农业的指导意见》和《北京都市型现代农业评价指标体系实施意见（讨论稿）》，其他的涉农文件中也将发展都市农业作为郊区经济发展的重点。2006年4月10日颁布的《关于发展都市型现代农业的政策意见》中对发展都市型农业的指导思想、扶持重点与环节等都做出了详细的规定。这一文件认为发展都市型农业的目标是实现郊区农业"由单一功能向多功能转变，由注重生产向注重市场转变，由粗放型向集约型转变，由城郊型向都市型转变，使郊区农业和城市发展相互融合、相互依托、和谐发展"。发展的重点为区域优势特色产业、优势种业和设施农业三个方面①。针对这一要求，市郊对各类型农业的发展制定了有针对性的政策，使郊区各区县的发展更有针对性，比如对于设施农业，北京市明确指出，这是一种通过汇集土地、资金、技术和劳动力等要素，形成的以资金密集、技术密集、劳动力密集为主要特征的集约高效型产业，它可以吸纳农民就业和农民增收致富，还可以增强农业综合生产能力和实现农业产业结构调整②。

（七）山区生态林补偿机制与沟域经济发展

山区沟域经济是发展都市农业的重要组成之一（王有年，2010）。北京市山区总面积占全市总面积的62%，达10 400平方千米。作为首都可持续发展的生态屏障和重要基础，也是现代化建设的薄弱环节，北京市从2004年起开始大力开拓山区资源，市委书记刘淇先后七进深山，调研山区发展策略，探索建立有利

① 《关于发展都市型现代农业的政策意见》，见：北京市社会主义新农村建设领导小组综合办公室编：《北京市强农惠农政策文件资料选编》，页145～147。

② 《关于发展设施农业的意见》，见：北京市社会主义新农村建设领导小组综合办公室编：《北京市强农惠农政策文件资料选编》，页164。

于山区生态环境建设的长效机制，在实现山区可持续发展，建设好首都的大环境的同时实现农民增收，加快山区农村建设小康社会的途径。山区经济发展成为统筹城乡经济发展的重要环节。2004 年市政府出台《关于建立山区生态林补偿机制的通知》，经区划界定的山区集体所有的生态林，总面积为 60.8 万公顷，月人均补偿 400 元，补助人数全市近 4 万人，补偿年限从 2004 年开始。生态林补偿资金由市、区（县）两级财政分别安排，列入本级财政预算，专款专用。市、区（县）财政按 8∶2 比例投入[①]。2005 年又制定了《关于实施富民养山工程加快山区发展意见的通知》，全面规划山区经济的发展转型[②]。从 2005 年起，根据市委市政府的调研结果，北京按照 18 个区县之间不同的自然条件、发展环境、资源禀赋、人口经济发展基础等比较优势和承担的不同功能，将北京划分为首都功能核心区、城市功能拓展区、城市发展新区和生态涵养保护区四大功能区。其中，门头沟、房山、平谷、怀柔、密云、延庆 6 个远郊区县是生态涵养保护区，这 6 个区县山区占辖区面积均在 60%以上，是北京的生态屏障和水源保护地和可持续发展的关键区域。北京市希望通过这一区域的建立，“加强生态环境的保护与建设，引导人口相对集聚，引导自然资源的合理开发与利用，发展生态友好型产业，成为首都坚实的生态屏障和市民休闲游憩的理想空间”[③]。

2006 年 11 月 21 日召开的北京市山区工作会议上，时任北

---

① 《关于建立山区生态补偿机制的通知》，见：北京市社会主义新农村建设领导小组综合办公室编：《北京市强农惠农政策文件资料选编》，页 239～241。

② 《关于实施富民养山工程加快山区发展意见的通知》，见：北京市社会主义新农村建设领导小组综合办公室编：《北京市强农惠农政策文件资料选编》，页 253～266。

③ 《中共北京市委、北京市人民政府关于区县功能定位及评价指标的指导意见（2005.5.30）》，http：//www.chinalawedu.com/falvfagui/fg22598/133582.shtml。

京市市长王岐山强调，把山区作为社会主义新农村建设的重中之重，统筹城市与农村、平原与山区的发展，实现城乡一体化，加快山区基础设施建设和软环境建设，加快山区经济结构调整步伐，构建社会主义和谐社会首善之区，努力实现山区跨越式发展。为此，北京市陆续出台了一系列加快山区开发的文件，这些政策强调要突出山区的生态功能，发掘山区资源，拓展生态富民渠道，加大山区农户搬迁力度、扶持山区产业发展、完善矿业环境恢复治理责任机制，大力培育山区生态产业等[①]。

其后，北京市发展都市型现代农业的思路日益完善。在2006年3月颁布的《关于统筹城乡经济社会发展推进社会主义新农村建设的意见》的附件《关于促进农村产业发展的意见》中进一步明确要求“全面开发农业的生产功能、生活功能和生态功能”，近郊区发展园艺型农业，远郊平原地区和浅山区发展具有市场竞争优势的大宗农产品生产基地建设，山区农业成为首都的生态屏障和城乡居民休闲度假的场所[②]。2007年进一步指出：“发展都市型现代农业，是本市农业发展的基本方向和新农村建设的首要任务，是京郊农民增收的客观要求，也是迎接奥运、保证食品安全的现实需要。”因此，北京市要求以培育“优良生态、优美景观、优势产业、优质产品”为着力点，积极探索农村产业发展新路子，把农业发展与文化创意产业发展结合起来，增加农业附加值，创造新的消费方式，大力发展都市型现代农业。实现市郊农业由传统农业转向现代农业，农业功能由生产型向服务型

① 《关于进一步加强农村工作，提高农业综合生产能力，加快郊区城市化进程的意见（2005.1.28）》，《关于统筹城乡经济社会发展推进社会主义新农村建设的意见（2006.3.22）》，《关于加快都市型现代农业和农村经济发展，扎实社会主义新农村建设的意见（2007.2.14）》，见：北京市社会主义新农村建设领导小组综合办公室编：《北京市强农惠农政策文件资料选编》，页16～17、27、84～85。

② 《关于统筹城乡经济社会发展推进社会主义新农村建设的意见（2006.3.22）》，页45～46。

转变的目的[①]。针对种植业、养殖业等不同的产业，市农委等希望通过结构调整，到2010年初步形成“五圈九业、优质品群”的都市型现代农业布局[②]。2008年，北京市第二次山区工作会议提出了“沟域经济”的概念。“沟域经济”全面提升了山区的发展水平，2009年山区农民人均年收入首次突破万元大关，达到10 518元，山区95%以上的宜林荒山实现了绿化，林木覆盖率达到了71%，76.86万公顷生态林年增碳汇967万吨，山区77%的水土流失面积得到治理[③]。

2009年，为更好地发挥农业的生态服务功能，北京市专门出台了生态作物补偿标准，小麦为40元/亩，牧草为35元/亩[④]。在相关政策的保障下，都市农业已成为北京市未来一段时期农业政策的核心所在。

三、小结

改革开放后的30余年，北京市经过不断改革[⑤]，农业经济取得迅猛发展。北京市积极遵照中央提出的农村经济体制改革方向，密切结合京郊农村经济社会发展的实际情况，在农村经营体制、农产品流通体制、乡镇企业产权制度、集体经济管理等多个领域不断深化改革，郊区农业实现了从计划经济到市场经济的转

---

① 《关于加快都市型现代农业和农村经济发展，扎实社会主义新农村建设的意见（2007.2.14）》，见：北京市社会主义新农村建设领导小组综合办公室编：《北京市强农惠农政策文件资料选编》，页79～80。

② 《关于北京市农业产业布局的指导意见》，见：北京市社会主义新农村建设领导小组综合办公室编：《北京市强农惠农政策文件资料选编》，页196～200。

③ 《“沟域经济”：北京山区发展的新模式——访北京市委常委、市农村工作领导小组组长牛有成》，见：《中国经济导报》，2010.4.13。

④ 《关于北京市生态作物补贴的意见》，《北京农村年鉴（2010）》，页23。

⑤ 焦守田（2008）认为，北京农村改革呈现出统分结合双层经营发展的同步性、经营制度具体实现形式的多样性、改革进程的曲折性、农村体制改革的综合性以及城乡改革发展的统筹性等特点。

变，由传统的农业社会进入到工业化进程的后期阶段，统筹城乡发展、建设都市农业成为北京市农业政策的核心所在。

从北京市农业政策制定演变的情况看，2002 年之前的政策主要是围绕解放生产力，建立适应市场经济体制的各项制度开展。各种政策的推行调整了农业产业结构，1997—2003 年，在农业总产出中种植业所占份额从 55.4%下降到 45%，养殖业的比重从 45.6%上升到 55%。产业结构的调整为北京郊区农业的进一步发展创造了条件。此外，截至 2003 年年底，全市相对比较规范、已纳入区县登记备案管理的农民专业合作经济组织 1 473个，入社农户 42.6 万户，资产总额 33.8 亿元。郊区规模以上的农业产业化龙头企业已达 1 070 家；边远山区乡镇实现增加值 66 亿元，地方财政收入 5.1 亿元，农民人均劳动所得 4 960 元；边远山区乡镇实现增加值 66 亿元，地方财政收入 5.1 亿元，农民人均劳动所得 4 960 元。

2003 年之后，北京市围绕统筹城乡发展，推进新农村建设，发展都市农业。初步统计，2005—2010 年，北京市农业观光园从 1 012 个增加到了 1 303 个，经营总收入从 78 810 万元增加到 177 958.4 万元；民俗旅游总收入从 31 402 万元增加到 73 471.6 万元，设施农业收入从 186 214.9 万元增加到 407 236.5 万元。都市农业政策成效明显。

表 5-3　北京市都市农业部分成效

项　目	2005 年	2006 年	2007 年	2008 年	2009 年	2010 年
农业观光园个数（个）	1 012	1 230	1 302	1 332	1 294	1 303
生产高峰期从业人员（个）	40 729	52 828	51 392	49 366	49 504	42 561
接待人次（万人次）	892.5	1 210.6	1 446.8	1 498.2	1 597.4	1 774.9
经营总收入（万元）	78 810	104 929.4	131 492.3	135 807.8	152 434.3	177 958.4
从事民俗旅游实际经营接待户（户）	7 268	8 726	10 323	9 151	8 705	7 979

（续）

项　　目	2005 年	2006 年	2007 年	2008 年	2009 年	2010 年
从事民俗旅游接待的人数（人）	14 070	18 253	20 750	19 421	19 790	16 856
民俗旅游接待人次（万人次）	758.9	982.5	1 167.6	1 205.6	1 393.1	1 553.6
民俗旅游总收入（万元）	31 402	36 544.7	49 550.4	52 914.4	60 895.4	73 471.6
种业收入（万元）	59 370.9	77 459.9	99 132.8	109 343.5	128 410.7	145 734.1
设施农业播种面积（公顷）			30 331	33 889	36 203	36 811
设施农业收入（万元）	186 214.9	211 092.2	281 238.7	281 654.3	339 094	407 236.5

资料来源：北京统计局编《北京统计年鉴（2011）》，北京：中国统计出版社，1992 年。

改革开放之后农业政策的调整推动了农业在宏观和微观层面发生巨变，农业经济变化显著。农林牧副渔各业生产总值从 1978 年的 11.5 亿元增加到 2010 年的 328 亿元，其中农业总值由 8.9 亿元增加到 154.2 亿元。人均创造各业产值从 1990 年的 8 507 元增加到 54 579 元，农业由 5 537 元增加到 35 130 元。

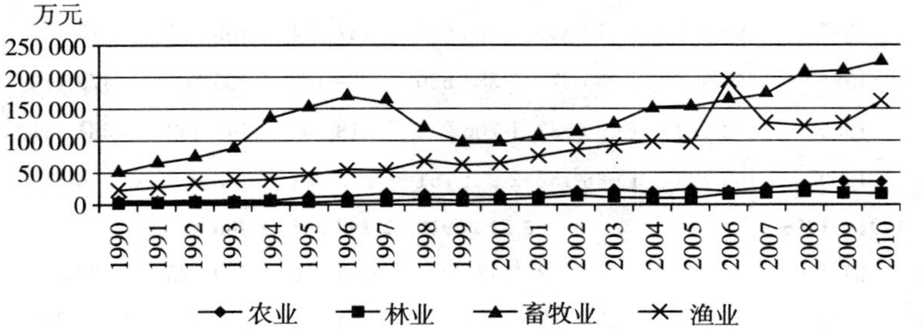

图 5－1　1990—2010 年北京市平均每一从业人员创造农、林、牧、渔业产值

资料来源：北京统计局编《北京统计年鉴（2010）》，北京：中国统计出版社，2010 年。

随着工业化的发展与集体经济产权制度的变革，北京市乡镇企业数量增幅明显。从1978年的4 075个增加到2008年的159 194个，总收入从78 822万元增加到32 488 379万元，利润总额从21 868万元增加到1 753 681万元。

表5-4　1978—2008年北京市乡镇企业变化情况

年 份	企业个数	企业人数（人）	总收入（万元）	利润总额（万元）	工资总额（万元）	固定资产
1978	4 075	225 800	78 822	21 868	11 086.5	32310
1979	4 796	263 400	100 999	29 680	14 470.5	43 233
1980	5 329	313 650	121 420	31 828	18 531.6	57 266
1981—1985			**1 515 432**	**291 982**	**233 418**	
1981	5 928	345 769	142 477	31 177	22 656	71 827
1982	6 767	401 943	180 772	36 480	28 596	87 008
1983	8 891	506 093	254 037	52 944	38 890	108 417
1984	14 274	724 304	375 735	71 296	64 917	150 726
1985	65 661	869 964	562 411	100 085	78 359	201 460
1986—1990			**6689 802**	**910 301**	**639 061**	
1986	76 903	957 149	676 082	109 450	92 674	293 086
1987	91 242	1 017 399	900 091	137 474	109 411	377 005
1988	96 942	1 085 372	1 382 636	189 125	135 569	479 170
1989	103 223	1 068 583	1 706 242	218 301	147 452	584 081
1990	103 785	1 088 152	2 024 751	255 951	153 955	706 137
1991—1995			**2 512 6910**	**2 298 261**	**1 486 897**	
1991	101 129	1 112 763	2 477 066	283 110	179 275	823 859
1992	99 919	1 151 597	3 227 374	354 701	218 381	956 280
1993	115 536	1 249 939	5 423 522	538 849	287 297	1 326 388
1994	74 073	1 205 940	8 581 787	780 481	356 410	1 550 956
1995	74 275	1 015 068	5 417 161	341 120	445 534	1 877 917
1996—2000			**3 653 7670**	**2 161 242**	**2 942 764**	

（续）

年 份	企业个数	企业人数（人）	总收入（万元）	利润总额（万元）	工资总额（万元）	固定资产
1996	77 069	1 012 021	5 830 494	330 194	510 529	2 272 477
1997	44 640	889 629	5 968 499	315 373	509 817	2 591 709
1998	78 686	923 758	6 955 904	376 678	565 666	2 989 128
1999	102 448	959 716	8 191 709	518 748	625 005	3 388 923
2000	118 754	1 014 117	9 591 064	620 249	731 747	3 931 311
2001—2005			**88 685 791**	**5 536 030**	**6 082 335**	
2001	133 361	1 063 923	11 335 618	353 276	829 111	4 750 852
2002	134 025	1 135 814	14 078 611	983 581	1 027 279	5 629 362
2003	150 877	1 208 258	17 538 333	1 202 315	1 251 706	6 682 141
2004	158 039	1 355 937	21 039 185	1 473 843	1 433 585	8 016 400
2005	156 416	1 362 274	24 694 044	1 523 015	1 540 654	9 084 331
2006	156 849	1 361 794	25 898 366	1 497 534	1 553 960	10 467 035
2007	166 911	1 396 602	29 670 844	1 644 965	1 692 313	10 502 753
2008	159 194	1 399 682	32 488 379	1 753 681	1 945 349	10 745 238

资料来源：北京市统计局编《北京统计年鉴（2011）》。

从微观层面看，农民个人收入呈现出递增趋势。改革前20年中，京郊农村居民家庭人均纯收入由125元增长到162元，累计只增加37元，年均增长1.6%，农民收入长期处于低水平徘徊的局面。1978年之后，农民收入进入增长的轨道。这种增长分为几个阶段，1978—1985年收入增长阶段，这一阶段主要是随着以家庭联产承包责任制为主的经营体制改革以及市场化政策的推行，农民收入快速增长；第二阶段为1986—1996年，以工资收入和家庭收入为主阶段，呈现缓慢波动增长特征，这一阶段主要受改革效应减弱的影响，但乡镇企业的发展保证了农民收入的增长；第三阶段从1997年起，收入进入高速增长阶段（杨丽，2008）。据统计，1978—2008年间，农民家庭人均纯收入的绝对数从 225 元增加到 10 747 元。从指数看，若以 1978 年为 100，2008 年已达到了 1 323.3，增幅高达 1 223.3%。

表 5-5 北京郊区农民收入变动

单位：元

年份	人均年纯收入	生产性收入	工资性收入	家庭经营纯收入	非生产性收入	财产性收入	转移性收入
1978	225	211	178	33	14		14
1979	249.99	223	185	38	27	12	15
1980	308	273	225	48	35	10	25
1981	361	314	262	52	47	20	27
1982	430	389	323	66	41	12	29
1983	519	450	309	141	69	11	58
1984	664	602	412	189.95	62	8	54
1985	775	734	439	295	41	16	25
1986	823	775	436	339	48	18	30
1987	916	862	506	356	54	15	39
1988	1 063	996	600	396	67	23	44
1989	1 231	1 155	658	497	76	32	44
1990	1 297	1 226	705	521	71	21	50
1991	1 422	1 316	831	485	106	50	56
1992	1 569	1 438	946	492	131	51	80
1993	1 855	1 756	1 109	647	98.96	38	61
1994	2 422	2 263	1 485	778	159	72	87
1995	3 208	2 973	1 893	1 080	235	88	147
1996	3 563	3 326	2 318	1 008	237	85	152
1997	3 762	3 571	2 586	985	191	63	128
1998	4 029	3 788	276 4.97	1 023	241	99	142
1999	4 316	4 018	2 882	1 136	298	103	195
2000	4 687	4 278	2 938	1 340	409	175	234

（续）

年份	人均年纯收入	生产性收入	工资性收入	家庭经营纯收入	非生产性收入	财产性收入	转移性收入
2001	5 274	4 771	3 356	1 415	503	245	258
2002	5 880	5 130	3 672	1 458	750	466	284
2003	6 496	5 521	3 909	1 612	975	610	365
2004	7 172	6 141	4 358	1 783	1 031	601	430
2005	7 860	6 735	4 774	1 961	1 125	617	508
2006	8 620	7 216	5 224	1 992	1 404	773	631
2007	9 559	7 862	5 676	2 186	1 697	927	770
2008	10 747	8 430	6 354	2 076	2 317	1 199	1 118

资料来源：北京市统计局，国家统计局北京调查总队编《北京六十年（1949—2009）》，北京：中国统计出版社，2009年。

30余年来，北京市农村贫困人口大幅减少，1980年尚有89.1万人，到2008年仅剩下了2.2万人，这种变化可以从恩格尔系数中看出，其数值变化从1978年的63.2%降低到2008年的34.3%。根据国际公认的恩格尔系数在30%～39%为富裕、低于30%为最富裕的标准，北京市农民已达到了富裕水平。2010年的人均粮食消费量为312.6元/年，较2009年下降11.1%。从农村居民的日常支出看，人均总支出从1978年的219元增加到2008年的10 166元，其中人均税费支出从1983年的11元降低到2008年的2元，财产性支出也呈下降态势；而生活性消费支出明显上升，从1978年的人均185元增加到了2008年的7 656元。

通过政策调整，北京市的经济基础和产业结构业已发生根本变化，进入工业化后期阶段。其他成就方面，张文茂（2008）总结认为，京郊的基础设施成效显著，社会事业发展加快；城镇化进程加快，城乡统筹力度加大；生态环境成效显著，生态屏障功能得到提升；农村民主政治渐趋成熟，农民面貌焕然一新。

表 5-6　1978—2008 年北京市农村居民家庭人均支出

单位：元

年　份	人均家庭总支出	家庭经营费用支出	购置生产性固定资产支出	税费支出	生活消费支出	财产性支出	转移性支出
1978	219	27			185		7
1979	235	23			205		7
1980	290	23			257		10
1981	350	29			307		14
1982	411	45			345		21
1983	498	75	2	11	384		26
1984	559	80	6	7	435		31
1985	726	144	38	15	510		19
1986	857	158	11	21	645		22
1987	943	165	21	22	705		30
1988	1 246	253	41	30	883		39
1989	1 356	282	11	44	976		43
1990	1 372	277	17	51	981		46
1991	1 585	330	21	63	1 100		71
1992	1 684	350	45	52	1 179		58
1993	1 713	270	52	34	1 309		48
1994	2 175	311	67	28	1 676		93
1995	3 080	399	46	38	2 433		164
1996	3 272	319	57	40	2 655		201
1997	3 379	324	90	39	2 795		131
1998	3 617	393	58	50	2 945		171
1999	3 938	491	100	48	3 132		167
2000	4 518	631	56	32	3 441	62	296
2001	5 099	747	56	23	3 871	27	374
2002	5 548	777	68	22	4 206	50	425

（续）

年 份	人均家庭总支出	家庭经营费用支出	购置生产性固定资产支出	税费支出	生活消费支出	财产性支出	转移性支出
2003	5 886	762	75	32	4 655	4	358
2004	6 275	887	62	12	4 886	16	412
2005	7 201	1 055	92	12	5 515	25	502
2006	7 935	1 219	105	10	6 061	8	532
2007	8 866	1 359	124	9	6 828	3	543
2008	10 166	1 582	136	8	7 656	16	768

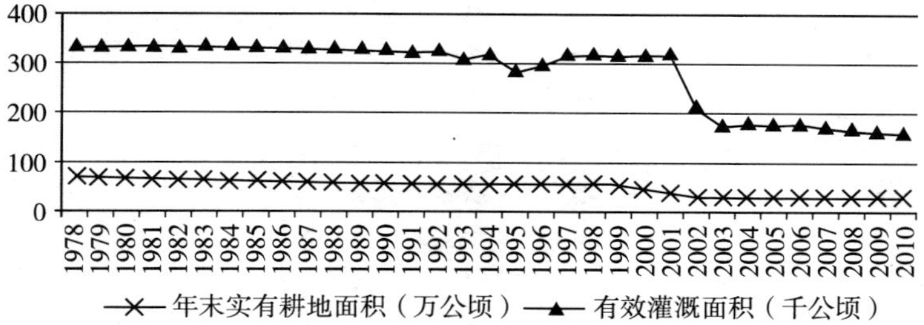

图 5-2 1978—2010 年北京市耕地变化

资料来源：北京市统计局编《北京统计年鉴（2011）》。

但是，北京市在都市化农业的发展过程中，也面临着一些重要问题，一些学者对此进行了总结归纳，如焦守田（2008）认为，北京市的农业政策还面临着如下问题需要解决：城乡统筹发展的目标与差距进一步拉大的矛盾；农村市场经济发展的目标与政府现行资源管理法规的矛盾；现代农业的专业化生产与小规模兼业经营的矛盾；农民利益与社会公共利益的矛盾；经济发展需求与资源环境约束的矛盾。王新（2008）部分观点与其相似，同时认为农村土地产权制度改革之后、财政支农政策的完善等方面也需要引起关注。夏占义（2008）则指出农村养老保险制度设计的不合理、城乡社会保障不能有机衔接等是影响农村社会保障的重要问题。更需引起警惕的是，近些年来，由于受人口增长、经济发展和城市化发展以及成本收益考量，北京市耕地面积近些年来大幅下降。1991—2008 年间，北京市耕地总面积发生了很大变化，从 1991 年的 41.12 万公顷减少到 2008 年的 23.17 万公顷，耕地总面积减少了 43.65%，耕地年均减少 2.43%。受此影响，粮食产量出现递减趋势，从 1978 年的 186 万吨下降到 2010 年的 115.7 万吨。这种局面也促使政府改变以往的粮食政策，改为大力发展都市农业。但耕地面积的减少也必须给予足够的认识。此类问题的提出为北京市下一步制定有针对性的农业政策提出了具有参考意义的方向。

第六章

北京市农业政策演变特征与绩效评价

新中国成立后的60余年中，北京市农业生产发生了巨大的变化，人民的需求也经历了从满足温饱到日常休闲的转变，农业功能发生了根本性的变化。农业基本功能的转变影响农业政策的制定。

一、北京市农业政策演进的阶段

本书将北京市农业政策的演进阶段划分为4个阶段，实际上这4个阶段也是中国当代经济演进的基本脉络，也是史学界公认的分期方法。概括而言，从北京市农业政策演进的基本脉络看，这种演变可以以1978年改革开放为界[①]，分为两大阶段，每一阶段又包含了若干分期。

总体看来，改革开放之前与全国其他地区的差别不大，农业都是以服务于工业发展，服务于城市需要为中心展开。但是1978年之后，随着改革开放逐渐向纵深发展，北京作为首都的农业特色日益凸显。

---

① 张文茂（2008）以1978年为限，以粮食问题的解决为标志，将这一进程进行了划分，他认为，农村现代化的进程必须经历三个历史发展阶段：以粮为纲阶段，大致为从新中国成立后到20世纪70年代中期；以推进农村工业化进程为主的农村产业结构调整阶段，大致到90年代末；以城乡统筹为基础的城乡一体化发展阶段，大体是20世纪初开始。

（一）改革开放前的农业政策

改革开放之前农业政策的制定主要围绕“农村保障城市供给”的战略目标，从巩固政权稳定、确保粮食安全的角度出发，在保证人民基本温饱问题得以解决的前提下，发展副食品的供给。相关政策主要是确保人们生存所需要的基本条件，因此农业政策制定的核心是如何确保增产，合作化的推行、农业技术的改进与推广都与这一政策密切相关，这一目标在 20 世纪 70 年代基本实现，其标志是大规模的农田水利基本建设初步完成和粮食问题基本解决。

这一阶段以“文革”为标志可以分为两段。“文革”前的指导方针是“发展蔬菜和副食品生产，保证首都人民生活供应”，即农业发展要围绕城市的需求来发展。新中国成立初期，北京市粮食供给主要来自其他地区的调拨，由于缺乏足够便利的交通条件，北京居民需要的必需生活用品都要由郊区来生产，比如蔬菜、水果、奶、蛋、肉等基本的农产品。为了缓解粮食供给紧张的局面，北京市政府在那一时期农业的主要政策目标就是通过土地改革、减免农业税等手段来增加农业产出，为北京市提供充足的农产品。之后所进行的一系列生产关系的变革也都是以增加农业产出为主要目标。

“文革”十年，以“阶级斗争”为纲，忽视了农业生产，实行“大生产”的农业政策，其后果是生产力的大倒退。但集体化的生产方式却促进了水利工程等公共产品的建设。

（二）改革开放后的农业政策

随着改革开放之后经济的全面发展，20 世纪 80 年代以后，北京市的粮食生产已退居次要地位，保障蔬菜供给的菜篮子工程成为政策的重心之一，但种植区域逐步由近郊转向远郊；全国性市场的形成促进了农产品流通市场的发展，农业生产彻底摆脱了自给自足的生产状态，市场化的发展使人们获得生产生活资料的渠道日益多样化，粮食自给已不是城乡市民关注的首要问题，物质文化水平日益提高的人们开始追求旅游休闲，人们对环境、生态与食品的质量更为重视。作为首都的北京制定的政策主要是确保统筹城乡发展、发展都市农业。京郊区农业政策的演进方向是推动农业现代化的建立。城乡居民生活需求的转变，使农业功能发生根本转变。

这段时期可以划分为 4 个阶段：

1978—1983 年，以“服务首都，建设新农村”为主要指导方针，市委市政府调整完善农村各项经济政策，改革经营方式，落实家庭联产承包责任制，推行专业承包等一系列的制度变革成为了政策主要目标。改革解决了京郊农民的温饱问题，城市的“菜篮子”、“米袋子”得到进一步丰富。

1983—1990 年，主要政策方针是“服务首都，富裕农民，面向全国，建设社会主义现代化农村”。市委市政府通过调整农产品流通市场，建立起了农产品的价格“双轨制”，保证了农产品价格的基本稳定。这个阶段还出现了乡镇企业发展的高潮；同时，由制度带来的生产力的释放已经基本结束，而以科技为内涵的新型农业开始出现。此时农业科技的原创功能尤显突出。

1990—2000 年，农业政策的主要发展方针是“服务首都，富裕农民，面向全国，走向世界，建设社会主义现代化农村”，总目标是向市场经济转变，因此放松了对农产品市场的管理，减少了对农产品价格和流通渠道的控制。导致一些新问题出现，如农业生产水平下降；农民收入增长缓慢，甚至下降；农村发展滞后；农村发展环境进一步恶化，水资源、土地资源进一步短缺；劳动力向非农产业转移难等。不过随着 1998 年以来的农业政策变革引导农业结构调整向纵深发展，对北京郊区的农业发展起到了重要的推动作用。

2000 年之后，随着我国加入 WTO，城区的扩展和农村城市化增速，市民对农业及农村地方特色等需求日增，农业对生态环境的作用受到重视，农产品质量安全日益突出，农业生产的集约化加速，农业科技基本普及，农户数量下降，农业对农民增收的作用显著弱化，面临国际农产品市场的竞争等。2008 年 12 月中共北京市委十届五次全会通过了《中共北京市委关于率先形成城乡经济社会发展一体化新格局的意见》，对首都郊区中远期发展提出明确目标。如何重新认识首都“三农”问题，成为创新发展的前提与关键。

检讨这些政策，毫无疑问，多数政策在促进农业生产的发展方面起到了积极的作用，但其中也走过了不少弯路。这些经验的积累与检讨对我们未来农业政策的制定有着重要的意义。

二、北京市主要农业政策变化特征

对于近些年北京市农业政策变化特征，已有学者进行过总结，如杨秋玲等（2005）认为，总的趋势是政策环境趋于宽松，国家干预趋于减少。典型的案例是从“以粮为纲”到结构调整的转变，1997 年尚提出 20 世纪末 430 万亩农田和 382 万亩粮田 1 亩不能再减。但随着 1999 年鼓励“六种农业”政策的出台，农业结构调整拉开了序幕；再如从“保供”农业到市场农业政策的转变，20 世纪 90 年代中期的农业政策还带有较为明显的计划经济和短缺经济的色彩，随着粮食供给短缺时代的结束，政策对象从“米袋子”变为“菜篮子”，蔬菜种植面积的扩大和养殖业的发展带动农业结构调整。但就具体的农业政策而言，从其历史演变的过程中，仍体现出一些需要重视的环节。

（一）土地政策——从满足温饱的提供者到统筹城乡经济中的确权流转

新中国成立初期，北京与全国各地一样都面临着百废待兴的局面，经济发展的压力巨大。当时的首要任务是解决百姓的温饱问题，而温饱问题的解决主要依靠农业。因此，当时政策的制定主要围绕这一中心。农业发展的根本在于土地，能否保证农民拥有土地，是保证农民生产积极性，乃至政权稳定的关键所在。

北京市在新中国成立初期的前三年主要是继续推行土地改革运动，完成新民主主义革命阶段的基本任务。1949 年 5 月 31 日由北平市军事管制委员会公布《关于北平市辖区农业土地问题的决定》，拉开北京市土改的序幕。北京市的土改工作分三个阶段完成。1949 年 10 月下旬开始的第一批 73 个村，1950 年 1 月初完成；1950 年 1 月初开始的第二批 102 个村，2 月底完成；1950 年 3 月初开始的第三批 88 个村，4 月初完成。

在土改的过程中，各级政府坚持解放战争时期的土地改革基本方针，并注意到作为首都这样一个特大城市与其他城市的土改存在着根本不同，考虑了北京将来用地需求、郊区人多地少的现实，在实践中将没收的土地收归国有，而不是归农民私有；在保证贫雇农获得土地的基础上，更注意要维护社会稳定，同 1947 年以前的土地改革政策相比，一个重大的变化就在于：把征收富农多余的土地财产的政策，改为保存富农经济的政策，妥善处理了与富农的关系。这一时期土地问题的解决主要是基于粮食安全的考虑。

土改基本完成后，进入社会主义改造时期。当时土地经营方式主要是以小土地私有制为基础的农民个体经营。这种个体的、分散的、落后的建立在个体私有制基础上的小农经济，难以进行规模经营和抵御自然灾害，严重制约着农业生产，不能满足工业发展和人民生活对农产品的需求，各级政府通过互助合作的形式将农民组织起来。农民通过土地入股的形式加入合作社，在合作化早期，这一政策形式在促进生产发展方面起到了积极的作用。但由于这一时期的土地政策过于强调合作化、集体化、国有化，“一大二公”成为土地政策内容的主流观。特别是进入合作化的后期和人民公社阶段，土地由集体统一经营，全部入社，把农民所有、统一经营的土地制度变革为集体所有、统一经营的土地制度。从长期看，这一土地政策严重阻碍了生产力的发展，影响了社员生产的主动性。

纵观改革前北京郊区土地政策的演变，它适应了新中国成立初期特殊的政治环境以及农民对土地的渴求，解决了人们迫切需要解决的温饱问题，并根据大城市近郊与远郊的基本特征进行了有针对性的政策设定，成效显著。合作化与人民公社运动虽然是一种土地政策高度集中的形式，对农民生产积极性形成阻碍，但它在一定程度上实现了规模经营，提高了农民抵御自然灾害的能力，使农民增产增收，为工业化建设的发展积累了丰富的资本。

高度集中的管理体制不适应生产力的发展，因此，和全国其他地区一样，“文革”后北京农村改革的首要任务都是打破旧有的土地制度的束缚，促进农民生产积极性的发挥，而联产承包责任制的实施有力地促进了生产的发展。概括而言，这一时期土地政策主要是围绕推动“一大二公”为特征的人民公社土地政策逐步解体和确立集体所有、家庭承包经营为特征的土地政策而进行规划制定的。

需要注意的是，北京市推行联产承包责任制并没有按照“一刀切”的方式进行，而是呈现出以专业承包为主体，包括包干到户等形式在内的多种样式的联产承包经营责任制。这也是考虑了北京经济发展的现实要求。

为了进一步加强农民生产的积极性，北京市响应国家号召，延长土地承包的年限。中共北京市委根据中共中央 1997 年 16 号文件关于延长土地承包期的指示精神，于 1997 年和 1998 年先后两次下发文件，落实延长土地承包期 30 年不变的政策。2007 年之后更是确保土地的承包期长久不变，以保障农民的财产权，促进生产的发展。

随着改革开放的进一步发展，人民物质生活水平的提高，对农业的要求已经从单纯的满足生活需要转向了为休闲旅游提供环境，加之市场一体化的形成，小规模的土地收益已较以往大规模下降，北京市政府针对这一局面，陆续出台了鼓励农民进行土地确权与流转的政策，在保障农民权益的同时，鼓励条件具备的地区积极引导土地适当集中，对土地过于零散的做适当的调整，推动规模经营的开展。从未来一段时期看，在保障粮食安全基础上的土地自由流转仍是一个重要的发展趋势。

（二）农业合作政策——从高度集中的合作化到自愿参加的合作社

中国自古以来就是以自耕自足为中心的自然经济的生产方式，这种一家一户的劳作方式无法利用先进的生产工具，无法开展规模化的生产，不能积累工业化发展所需要的资本，不能有效抵御自然灾害的侵袭，因此经济长期处于停滞落后状态。特别是明清以后，随着西方对现代化生产技术的使用，中国却仍故步自封，远远地落在后面。新中国成立后，在土地改革完成后，党和政府开始推行合作化政策。其目的源于国家对重工业发展的高度重视，希望尽快建立起独立的现代工业体系，因此逐步转向了高度集中统一的计划经济体制，推行高度合作化的人民公社体制。合作化政策的推行改变了自给或半自给的自然经济状态，原先的小农个体经营逐步被农业合作社、人民公社的集体经营所代替。

北京市合作化政策的制定有较为丰富的经验积累，它的形成是一个诱致性制度变迁的过程。在 1950 年出台相关政策以前，就已经有了临时性的互助组形式，这些互助组起到了很好的示范作用，被政府以制度的形式固定推广。1950 年 3 月，北京市委、市政府在春耕开始前召开的郊区扩大干部会议上，提出了建立互助组的相关政策。

这一时期的农业合作社虽然有了较快速的发展，但也暴露出了不少问题。北京市通过这几次会议，要求纠正互助合作运动中的形式主义和急躁冒进做法，并进一步解决互助组内部等价互利的问题，使农业社建起了生产计划、劳动管理、财务分配等项制度，一批不合格的合作社被淘汰。

北京市农业合作政策推行过程中，针对一些特殊的情况制定了有针对性的政策，比如相比其他农村，北京菜区合作社中较早出现了“土地不分红”的分配形式，但北京市没有强制性要求所有的合作社都推行这种北京菜区因独特原因形成的特殊合作形式，而是要按照各个合作社的情况灵活执行。

但是在合作化政策的推动中，受“左”倾错误思想的影响，一些政策的制定带了浓厚的冒进倾向，而且这种倾向不是仅仅一般认为的开始于 1955 年下半年，有研究认为，早在 1952 年、1953 年和 1954 年这三年中都出现过冒进的偏向，只是得到了及时的纠偏，尚未出现较大的影响（郭晓燕，2008）。客观地看，由于如何建设一个新中国是一个需要不断探索的过程，出现这种偏差是可以理解的。但从 1957 年开始的全国性范围的“大跃进”大大超越了当时的生产力发展水平和农民的思想觉悟，在高级社和人民公社化的实施过程中，由于不断剥夺农民群众生产上的自主权，甚至侵占私有财产，平均主义大锅饭和干活大拨轰，干扰了按劳分配的原则，限制了农民生产与生活，导致“农民合作经济组织的性质逐步淡化，农村集体实际上变成了完成国家粮食生产任务的生产车间，统购统销的政策又使农村集体经济组织失去了农产品的销售权，流通领域完全被国家计划控制，农民和农村集体经济组织完全失去生产经营和产业拓展选择的自主权。”正如张文茂（2008）指出的，高度集中统一的计划经济体制弱化了集体的合作经济属性，“一大二公”和逐级过渡的政策取向剥夺了农民的自主选择权；集体经济内部的平均主义倾向挫伤了农民的生产积极性；高积累、低分配抑制了农民增收致富的合理需求。从 1983 年开始北京市进行政社分设的改革，人民公社体制解体，集体经济的发展进入新的阶段。

1985 年，北京市委农村工作部发出《关于完善和发展农业生产责任制，防止农业生产萎缩的意见》，意味着规模经营得到政策上的保障。

农村联产承包责任制这一适应社会生产力发展的政策实施以来，农民获得了生产的主动性与自主权，政社分设、统分结合、双层经营的管理制度，使平均主义的分配方式从根本上打破，多劳多得、按劳分配成为农业发展的重要激励手段。这一转变也恢复了集体经济本应具有的合作经济的属性，农业规模经营成为历史发展的必然。北京市相关政策着力于加强合作经济的组织和制度建设、法制建设，2000 年以来，农业范围的合作化趋势更加明显，北京市出台了支持合作社发展的政策。这种基于自愿互利基础上的互助合作不同于以往的合作化，是一种适应市场经济发展的制度形式。

（三）农产品流通政策——从计划经济的统购统销到市场经济的自由流通

新中国成立初期的北京面临着资源极度短缺的困境，特别是粮食的匮乏曾引发了 4 次粮价波动，迫使政府从外地调拨粮食以缓解危机。新中国成立后，为了控制有限的资源，北京市的主要政策是严厉打击涨价之风，通过《粮食交易所交易管理暂行规则》和《取缔非法商业行为暂行办法》等法令法规，抑制了涨价之风。但在当时，粮食尚是可以自由流通的，农民除缴纳农业税外，粮食可自由买卖。1953 年开始，由于主要粮食产区遭受灾害，加上私商的囤粮，粮价居高不下，这种局面不仅威胁到社会稳定，而且不利于农业的社会主义改造和工业化的发展。这种局面引起中央的高度关注，随着 1953 年 10 月 16 日《关于实行粮食的计划收购与计划供应的决议》的颁布，一个长达 30 余年的农产品流通政策——统购统销出台。

北京市制定的粮食统购政策分为两个阶段，根据粮食统购的办法分为“自报公议”和“三定”两个阶段。前者为 1953 年、

1954年，后者指1955—1957年。根据北京的实际情况，北京的统购政策从面粉开始。1956年，随着合作化的发展，原先的“三定”政策不适应新形势的需要，北京市专门出台了各区县调整粮食收购量的政策，并禁止自由市场和投机倒把等不法行为。

除了粮食的统购统销，北京市专门针对影响国计民生的蔬菜等副食品的购销进行了政策上的构建。北京市认为，导致蔬菜供应不足的主要原因在于个体经济，故而鼓励菜区及有特殊条件的地区在群众自愿的条件下试办土地不分红的高级社，以供应首都的需求。自1954年春开始强化“产销结合合同”的实施，合同的形式分为“随市价包销”、“定价包销”两种，这一政策促进了菜农合作化运动和对自由市场私营菜商的社会主义改造，使蔬菜产销逐步走上计划化和解决大城市蔬菜产销矛盾的有效办法。此外，从1954年开始对生猪实行“派养派购”政策，由市食品公司委托郊区供销合作社根据派购单按期收购。其他农副食品，北京市坚持实行统购、派购，只有极少数产品议价收购（但议价有个幅度），实行收购重要农副产品奖售工业品，并且适当调整地区差价和季节差价等。由于生产的发展，特别是城区没有开放“自由市场”，对农村集市贸易加强了领导和管理，并且不断打击投机倒把活动，农副产品收购任务完成较好。

由于北京这一特大城市需求旺盛，郊区面对首都市场，农产品销路畅通，从而，统购统销政策的实行导致北京一些地区出现只抓生产、不问流通的情形。为改变这种局面，北京市也进行了相应的政策变革。但在计划经济体制下，这种变革主要是提高农副产品价格，下放管理权限，开展多渠道流通。1979年后，北京市响应政府号召，提高部分农产品的收购价格。1980年，颁布的《关于农副产品议购议销品种范围和价格原则的试行规定》对议购议销进行了详细的规定。1983年2月，北京市政府发布了《关于发展郊区商品生产，搞活农村商品流通若干政策问题的暂行规定》，进一步调整畜禽产品的收购政策。随着1984年中共中央《关于经济体制改革的决定》的出台，从 1985 年起，北京市郊区农村进入以改革统派购制度，进一步调整产业结构，积极发展商品生产为主要内容的改革阶段。通过制定《调整生猪等副食品购销政策和价格的实施方案》和《关于改革北京蔬菜供销体制的意见》，取消实行了 30 余年的粮油统购统销制度，改为合同定购，同时调整农村粮油购销价格。经过一系列政策调整，加之各种农产品的日益丰富，1993 年 5 月 10 日，北京市放开居民粮油销售价格，取消现行凭票证供应办法，粮票停止使用，实行市场调节。1994 年开始，北京市成立市“菜篮子”和粮棉油工作领导小组，同时撤销市蔬菜办公室，其行政管理职能由市政府农办负责，并开始加强科技在蔬菜生产中的作用，以提高劳动生产率。1998 年 8 月 20 日，市政府印发了《贯彻国务院关于进一步深化粮食流通体制改革决的通知》，粮食流通体制改革全面展开。张文茂（2008）认为，从北京农产品流通体制的改革可以看出，20 世纪 80 年代，郊区农业处于一个由计划调节与市场调节的转换过程中，其中计划调节的力量逐渐减弱，市场调控的因素逐渐增加。90 年代以后，以放开粮油价格，实行市场调节为主要标志，郊区农业经济开始进入以市场机制为主要调节手段的新时期。

随着现代化技术的进步，从 2004 年开始，北京市要求积极发展农产品现代物流、连锁经营、电子商务等新型业态和流通方式，并加快重点大中型农产品批发市场的改制与改造，支持农产品检验、储存、加工等基础设施建设，北京市农产品流通进入全新的发展阶段。

三、北京市农业政策成效

经过 60 余年的农业政策的不断调整，北京市农业的生产条件、物质基础、生产技术等都发生巨大的变化，在耕地面积减少的情况下，保持了经济的迅猛发展。

（一）农业生产总值不断增加，但所占比重逐渐降低

北京市农业生产总值在新中国成立之初仅为0.64亿元，在1970年的5.8亿元的基础上，经过改革调整不断发展，增加到2010年的154.2亿元，从其生产总值的发展趋势看，总体处于增长态势。但增长最快的时期还是在改革开放之后，特别是人民公社解体后，随着联产承包责任制的实行和生产技术的改进，农业效益明显，从长期徘徊于3亿～6亿元，到1982年突破10亿元之后，增长势头迅猛，2007年更是突破了100亿元，达到115.5亿元。需要注意的是，随着北京特大都市功能的演变，农业在北京国民经济中所占的比例呈下降的态势，1949年为23.10%，1957年社会主义农业改造完成时仅占10.64%，1959年、1960年甚至下降到了10%以下。从1961年开始至“文革”前期仍保持在10%以下，但从1972年开始，降到了10%以下，2000年之后低于2%，2010年后低至0.9%，说明随着都市农业这一功能的转变，二、三产业在经济总额中的贡献日益突出，从侧面印证了北京市推进城市功能转型的实效明显。

（二）农产品产量大幅提高，近些年呈现下降态势

1949年以来，北京市主要农产品的产量大幅提高，消费的品种日益丰富。从粮食产量看，新中国成立初期仅为41.70万吨，1958年达到84.40万吨，但此后在错误政策的影响下，产量出现下降的趋势，在1959—1961年的三年灾荒期间，分别下降到57.90万吨、55.20万吨、60.80万吨。1962年经过政策的调整，又开始回升到79.20万吨。1965年突破100万吨，达到119.20万吨，1983年突破200万吨，达到201.50万吨。2000年之后，随着人口增长、经济发展和城市化发展，特别是土地种植业收益日渐降低，耕地面积逐年下降（李论等，2008），由2000年前的50万公顷下降到2001年的38万公顷，2007年仅为

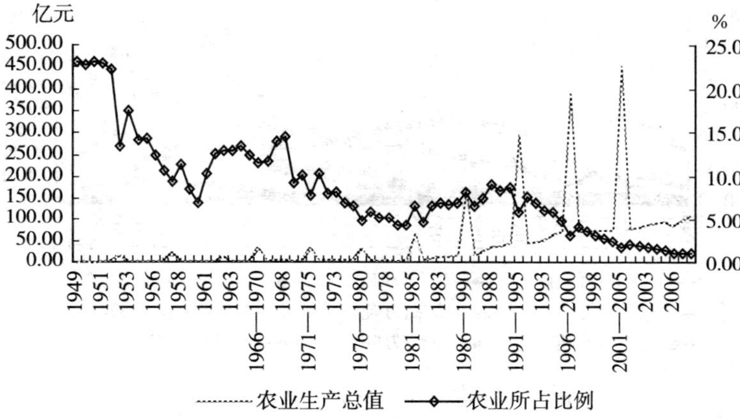

图 6-1　北京农业生产总值变化

资料来源：北京市统计局，国家统计局北京调查总队编《北京六十年（1949—2009）》，北京：中国统计出版社，2009 年；北京市统计局编《北京统计年鉴 2006》，北京：中国统计出版社，2006 年。

29.5 万公顷。在此影响下，粮食产量呈下降态势。最低的 2003 年曾达到 58 万吨，此后有所回升，2008 年为 125.50 万吨。目前，北京市现有人均耕地 0.014 公顷，仅占我国人均耕地面积的 15.85%，是我国人均耕地资源最少的地区之一。这也是北京市大力推行都市农业政策的重要考虑。

其他产品中，蔬菜产量、肉类产量、牛奶产量总体也呈现上升态势。蔬菜产量的大幅增加出现在 1958 年，在相关政策的支持下，由新中国成立初的 10.50 万吨突破 100 万吨，增加到 102.30 万吨。1982 年之后达到 208.30 万吨，1989 年突破 300 万吨，为 331 万吨，最高的 2002 年一度达到了 507.40 万吨。近些年，随着市场一体化的发展，北京更多地从外地获得蔬菜，加上耕地面积减少、蔬菜利润下降等因素的影响，产量出现下降的态势。即使如此，2008 年的蔬菜产量仍有 321.30 万吨。肉类也在 2004 年之后出现下降态势，这种趋势是人们更加追求健康因

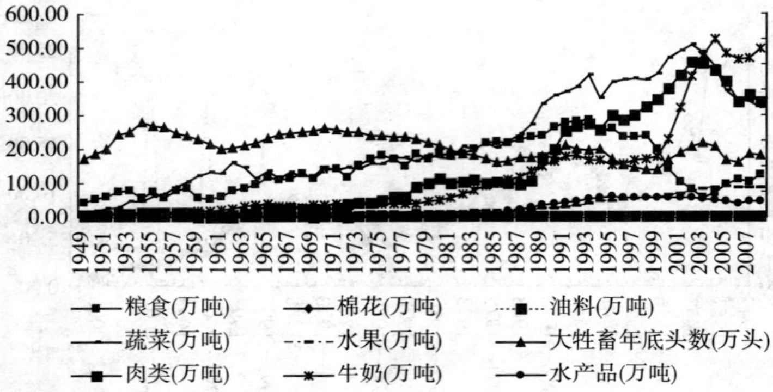

图 6-2　北京市主要农产品产量变化

资料来源：北京市统计局，国家统计局北京调查总队编《北京六十年（1949—2009）》；北京市统计局编《北京统计年鉴 2007》。

素的结果。但与之相对应的水果、牛奶、水产品却一直呈现出上升态势。水果从 1952 年的 3.4 万吨增加到 85.10 万吨，牛奶从 1949 年的 0.20 万吨增加到 66.40 万吨，水产品从 1949 年的 0.20 万吨增加到 6.10 万吨。

从各种主要农产品的变化不难判断，新中国成立 60 年来，北京市农业政策对保护农业增长方面作用显著。近些年来，部分农产品产量的变化印证了北京市都市农业政策调整的成效显著。

（三）农业生产条件显著改善，农田灌溉成效明显

经过 60 余年的政策调整，北京农村的生产条件发生了明显的变化。农业机械总动力、有效灌溉面积、化肥施用量、农作物基本品种等都取得了显著的成就，科技进步不断推进各项生产取得突破。

在新中国成立初开始施行的合作化政策的影响下，农田灌溉取得了十分明显的成效。新中国成立前，北京市种植业主要是旱作，靠天吃饭现象严重，新中国成立初郊区耕地中除了少数的菜

田和水稻田外，97%的耕地是旱田，春旱秋涝现象严重，有效灌溉面积仅占总耕地数的2.68%。北京市政府通过各种政策兴修水利、疏挖河道，20世纪50年代后期已建成大小水库80余座，70年代灌溉面积达到450多万亩。随着城市人口的增加以及工业的发展，地下水资源日益紧张，农业生产用水转向井灌。90年代中期，90%以上的耕地实现用水灌溉，1995年的有效灌溉面积达到81.89%。2008年达到258万亩。

需要注意的是，即使是在“文革”十年动荡期间，北京市也注意提高灌溉面积。10年间，年均灌溉面积所占比例为67.8%，反映出北京市对农业的高度重视以及集体化时期的力量。

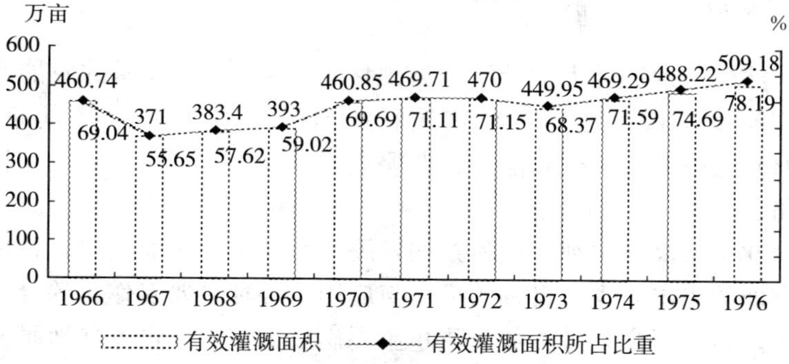

图6-3　北京市“文革”期间耕地灌溉面积变化

资料来源：北京市统计局，国家统计局北京调查总队编《北京六十年》；北京市统计局编《北京统计年鉴》。

科学技术是第一生产力。现代生产技术的发展使农业机械摆脱了千百年来遗留下来的简单而笨重的生产工具，也摆脱了依靠人畜劳动的局面。农业生产机械总动力从1957年的仅仅2万千瓦增加到2000年的400万千瓦以上，由于农业产业结构调整，近些年出现下降。

科技是农业政策实施的重要辅助力量。北京郊区地处华北平原北端，缺水、多风、积温不足，使农作物、畜禽、菜果等品种

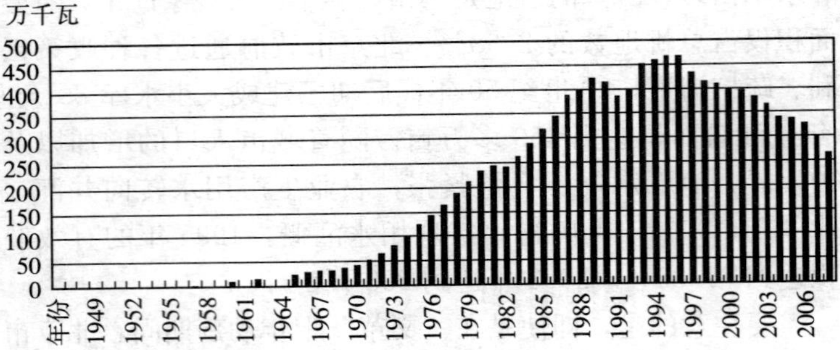

图 6－4　1949—2008 年北京农业机械总动力变化

资料来源：北京市统计局，国家统计局北京调查总队编《北京六十年》；北京市统计局编《北京统计年鉴》。

的天然生产速率都大大低于南方地区，“相对传统技术的效能和适应范围来说，这里已经到达农业产区的边缘”（周新京，1991），这种境况迫使北京农业坚持不懈地从科学技术上寻找出路。

北京市高度重视农业科技的发展，大力推广农业技术，种植业方面的突出表现在良种的推广与应用，各种主要农作物的合理密植，努力提高复种指数，防止主要病虫危害，大量发展地膜覆盖栽培技术，积极改进蔬菜栽培技术等 6 个方面（董四留，1999）。新中国成立以来，玉米、小麦、水稻、白薯、高粱以及蔬菜中的白菜、黄瓜、番茄、甘蓝等主要的农作物品种实现了良种化。许多品种先后经过了若干次的改良，比如小麦就实行了 6 次良种更换，推广优秀小麦品种 50 多个，面积在 100 万亩以上。

表 6－1　20 世纪 50 年代以来北京市小麦品种演进

种植时间	推广种植品种
1949—1957	五花头、大红芒、大白芒、光葫芦头、白芒炸、红芒炸、定县 72、燕大 1885

（续）

种植时间	推广种植品种
1958—1964	农大183、碧蚂1号、华北187、农大90、早洋麦
1965—1971	农大311、北京8号、农大183、农大36
1972—1982	农大139、东方红3号、北京10号、红良4号、有芒白4号、北京15号、吕梁849、京作348
1983—1990	丰抗2号、5号、7号、8号、13号、京双7号、9号、12号、16号、长丰1号、农大142、农大146
1991以后	京411、京冬6号、8号、CA8866、京437、北农2号、农大015

资料来源：北京市地方志编纂委员会编《北京志·农业卷·种植业志》，北京：北京出版社，2001年。

玉米品种也先后经过了多次改良。从20世纪70年代以来开始全力推行杂交玉米，90年代已经全面实现了玉米的杂交良种化。

表6-2　20世纪50年代以来北京市玉米品种演进

种植时间	特点	推广种植品种
1950—1959	以农家品种及改良农家品种为主	白马牙、黄马牙、白磁、墩子黄、英粒子、金皇后、东陵白、华农2号
1960—1969	双交种推广阶段	农大3号、6号、7号、维尔156、小八趟、罗马尼亚311、409、白马牙、朝鲜白马牙、英粒子
1970—1977	单交种试验、示范到大面积推广	中原单4号、白单2号、4号、胜利104号、105号、丰收101号、103号、105号、京早2号、黄白单1号
1978—1987	更换第二代单交种	京杂6号、京早7号、黄417、京白10号、中2号、京黄113、京早8号、中原单4号
1988—1990	以多品种群体接班的方式更换第三代单交种	大60、沈单7号、掖单2号、4号、京黄127、京早8号、京单841

（续）

种植时间	特点	推广种植品种
1991 以后	以紧凑株型密植夺高产，同时开始注重优质	掖单 4 号、5 号、11 号、12 号、13 号、掖单 52 号、唐抗 5 号

资料来源：北京市地方志编纂委员会编《北京志·农业卷·种植业志》。

（四）农民收入大幅提高，农业劳动力大量减少

新中国成立 60 年来，特别是改革开放之后的 30 年，北京市农村居民的收入大幅提高。排除通货膨胀等因素，农民人均收入从 1956 年的 136.15 元增加到 2008 年的 10 747 元，2009 年为 11 986元，2010 年更是达到 13 262 元，增幅显著。其中，1956—2010 年间，农民的生产性收入由 123.48 元增加到 9 864 元，非生产性收入从 12.67 元增加到 3 398 元。60 年间，除了“文革”十年资料不全，仅 1959—1961 年三年灾荒期间出现过下滑的趋势。

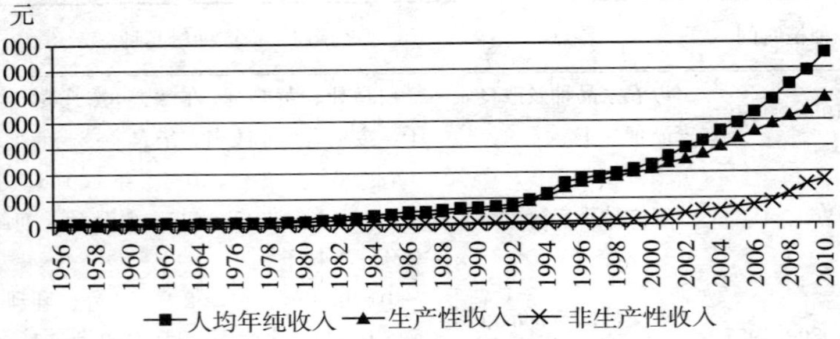

图 6-5　北京市农村居民年人均纯收入变化

资料来源：1956—2008 年来源于北京市统计局，国家统计局北京调查总队编《北京六十年（1949—2009）》；2009 年、2010 年来源于北京市统计局编《北京统计年鉴》。

注：1956—2008 年、1965—1974 年资料缺失。

表 6-3　1963—2008 年北京农业劳动力变化

单位：万人

年份	合计	农业	林业	牧业	渔业	年份	合计	农业	林业	牧业	渔业
1963	113.5	102.1	0.9	4.3	0.1	1991	80.3	69.1	5.4	4.8	1
1974	130.1	119.2	3.5	7.2	0.2	1992	74.6	64.7	4.3	4.6	1
1975	122	109.8	3.2	8.8	0.2	1993	72.5	61.8	5	4.6	1.1
1976	124.1	110.7	3.7	9.4	0.3	1994	68.7	58.2	4.7	4.6	1.2
1977	121.7	107.9	3.7	9.9	0.2	1995	65.5	55.1	4.7	4.4	1.3
1978	120.7	106.7	3.7	10.1	0.2	1996	66.9	57.5	4.2	4.1	1.1
1979	115.9	102.2	4.2	9.3	0.2	1997	65.3	55.6	4.2	4.4	1.1
1980	113.3	99.8	4.8	8.4	0.3	1998	67.7	56.4	4.1	6.1	1.1
1981	112.6	98.8	5.2	8.3	0.3	1999	71.1	57.2	4.9	7.8	1.2
1982	110.1	96.4	5.4	8	0.3	2000	69.7	53.5	6.2	8.8	1.2
1983	112.2	101.1	5.3	5.4	0.4	2001	67.9	50.3	7.3	9.1	1.2
1984	101.1	91.2	5.1	4.3	0.5	2002	64.1	45.9	7.8	9.3	1.1
1985	90.2	80.5	4.9	4.1	0.7	2003	59.5	41.3	8.4	8.8	1
1986	86.1	76.1	5.4	3.8	0.8	2004	57.9	39.7	9.2	8.1	0.9
1987	84.6	73.8	5.8	4.1	0.9	2005	58.6	40.1	9.9	7.7	0.9
1988	81	68.3	6.5	5.2	1	2006	65.7	49.4	8.5	6.3	0.5
1989	83.4	70.7	6.4	5.3	1	2007	61.5	44.6	9.2	6.9	0.8
1990	82.5	70.5	5.9	5.1	1	2008	61.8	45	9.3	6.7	0.8

资料来源：北京市统计局，国家统计局北京调查总队编《北京六十年（1949—2009）》。

随着统筹城乡经济政策的持续推行，北京市农村劳动力的数量大量减少。1963 年农村中有 113.5 万人从事农业生产，“文革”期间人口有所增加，1974—1976 年分别达到 130.1 万、122 万、124.1 万人。改革开放后，随着家庭联产承包制和规模经营制度的实施，农村劳动力获得大量解放，至 1985 年已低于了100万人，2008年为61.8万人。其中从事农业生产的劳动力同时期分别为102.1万、119.2万、109.8万、110.7万、80.5万、45万人。相比之下，林业、牧业、渔业人口呈上升态势，这在反映北京市农业功能转变的同时，也应与北京市推行的都市农业、保护生态的政策相关。

四、小结

北京市农业经过60余年的发展，成就显著。从其演进的过程看，农业政策在其中发挥着重要的作用，北京农业政策的调整明显地受到国家政策的影响，且较全国其他地区反应更为迅速明显，有些政策甚至是在北京市进行试验的基础上推至全国的。当然，北京市作为首都，作为中国的政治、经济、文化的中心，人口众多，投入巨大，经济发展态势良好，相关政策有其自身的特点，虽然有些政策在先行先试方面走在全国前面，但在提供地区借鉴时，各地仍需根据各自的实际情况进行调整。

从北京市总的农业政策变化趋势看，北京市在响应国家号召，推动农业发展方面起到了重要的作用。但在改革开放前，农业政策服务于政治需要的特征明显，“文革”期间虽然农业建设有所发展，但农业生产总体进展缓慢，受社会环境的影响，特别是“四清”、“社教”运动以及长达十年的“文化大革命”导致农业政策无法得到贯彻执行，农业陷入一种停滞状态。再如新中国成立初合作化发展时期部分干部不根据实际生产需要，从便于掌握或者片面追求“高级形式”的角度出发而盲目发展互助组和合作社的冒进作风严重挫伤了群众的生产积极性，特别是一些不切实际的高指标的出现成为诱发1959—1961年三年饥荒的重要原因；“以粮为纲”政策的实施也影响了农业的综合发展。

改革开放之后，随着国家政策环境的变化，北京市农业政策进行了重大调整。北京市的粮食生产已退居北京农业的次要地位，保障蔬菜供给的菜篮子工程成为政策的重心之一，全国性市场的形成促进了农产品流通市场的发展，市场化的发展使人们获得生产生活资料的渠道日益多样化，粮食自足已不是城乡市民关注的首要问题，人们对环境、生态与食品的安全更为重视。随着中国加入 WTO 和 2008 年北京奥运会的成功举办，北京农业的现代化水平得到极大提升，特别是在规模经营、都市特色农业、拓展山区经济等方面的成效显著，郊区的支农政策转向引导安全食用农产品体系建设和生态环境建设，农业政策进一步按照适应市场机制和竞争力的方向进行调整。在未来的一段时期，发展都市农业、开发沟域经济、进行规模化经营将是北京市农业政策的主要走向。这些政策的调整，有利于充分利用农业资源，体现农业的多功能性，进而建立高效的现代农业产业体系，以此提高农业生产力，缩小城乡差距，增加农民收入。

总结北京农业发展 60 年的历史，不难看出一个重要结论：农业的发展与三个主要因素密切相关：政策、科技和投入。其中，政策是重中之重，这一经验对全国也是适用的。因此，需要按照国家相关农业政策，根据城乡统筹的思路，加大对农业和农村的支持，建立健全农业支持与农业保护制度，特别是在适应国际经济环境、适应全球气候变暖引发的农业变化等几方面加强调整。以此为基点，继续坚持科学技术是第一生产力的观点，以科技创新促进农业生产的发展，同时完善国家的相关农业立法，特别是在农村土地保护、农业金融等领域出台或完善相关法律，切实保证农民权益。此外，随着国民经济发展日益迅猛，人们物质文化水平日渐提高，都市农业获得了新的发展机遇，北京市走生态涵养发展之路，促进科技、农业、旅游、文化融合的思路将成为全国其他地区，特别是中大型城市的重要参考。

参　考　文　献

《当代中国的北京》编辑部．1989. 当代中国的北京［M］．北京：中国社会科学出版社．

《中国农业全书》总编辑委员会．1999. 中国农业全书：北京卷［M］．北京：中国农业出版社．

北京市档案馆，中共北京市委党史研究室．2003. 北京市重要文献选编［M］．北京：中国档案出版社．

北京市档案馆．1995. 国民经济恢复时期的北京［M］．北京：北京出版社．

北京市地方志编纂委员会．1999. 北京志：综合管理志：劳动志［M］．北京：北京出版社．

北京市地方志编纂委员会．2003. 北京志：商业志：供销合作商业志［M］．北京：北京出版社．

北京市地方志编纂委员会．2004. 北京志：商业志：粮油商业志［M］．北京：北京出版社．

北京市地方志书编纂委员会．2000. 北京志：综合经济管理卷：财政志［M］．北京：北京出版社．

北京市地方志书编纂委员会．2000. 北京志：综合经济管理卷：计划志［M］．北京：北京出版社．

北京市地方志书编纂委员会．2001. 北京志：农业卷：种植业志［M］．北京：北京出版社．

北京市地方志书编纂委员会．2001. 北京志：综合经济管理卷：金融志［M］．北京：北京出版社．

北京市地方志书编纂委员会．2001. 北京志：综合经济管理卷：税务志［M］．北京：北京出版社．

北京市地方志书编纂委员会．2003. 北京志：政务卷：民政志［M］．北京：北京出版社．

北京市地方志书编纂委员会．2007．北京志：农业卷：畜牧志［M］．北京：北京出版社．
北京市地方志书编纂委员会．2007．北京志：综合卷：人民生活志［M］．北京：北京出版社．
北京市地方志书编纂委员会．2008．北京志：农业卷：农村经济综合志［M］．北京：北京出版社．
北京市科委软科学处．2005．国内外农业公共支持政策对北京农业发展的借鉴研究［J］．高科技与产业化（1）：14－17．
北京市农村工作委员会．北京市农村工作委员会历年文件汇编［G］．
北京市农村经济研究中心．2008．北京市纪念农村改革开放三十周年理论研讨会交流材料选编［G］．
北京市农村经济研究中心．2010．北京市农村改革发展60年大事记［M］．北京：中国农业出版社．
北京市农业局史志办公室．1993．北京农业生产纪事：1949—1990［M］．北京：北京出版社．
北京市社会主义新农村建设领导小组综合办公室编．2008．北京市强农惠农政策文件资料选编［G］．
毕小刚，等．2008．北京市农村水务投入政策与运行管理机制［J］．中国水利（1）：41－42．
薄一波．1991．若干重大决策与事件的回顾：上卷［M］．北京：中共中央党校出版社．
曹子西．1994．北京通史［M］．北京：中国书店出版社．
陈海秋．2002．建国以来农村土地制度的历史变迁［J］．南都学坛：人文社科版（5）：70－79．
陈涛，王东．关于北京郊区支农政策调整变化及其效果的研究［EB/OL］［20121121］．http：//www.bjdcyj.gov.cn/swyjs/dykw/cx/wqsh/wtdy_2003/wtdy_2003_11/t20031223_91462.htm.
陈云．1982．陈云文稿选编：1949—1956［M］．北京：人民出版社．
杜玲，等．2009．北京市粮食直补政策效果及问题分析［J］．中国农学通报（12）：295－299．
冯涛．2007．农业政策国际比较研究［M］．北京：经济科学出版社．
高其荣．2011．1958—1965年中国农业税政策演变及效果［J］．湖南农业大学学报：社会科学版（5）：68－72.

郭晓燕.2008.京郊农业互助合作运动的冒进偏向与纠偏努力［J］.北京党史（9）：17－20.

郭心义，田彩云，赵乐.2010.北京市政策性农业保险巨灾风险防范机制探索［J］.北京农业职业学院学报（1）：32－35.

何忠伟，等.2010.北京农村小额贷款公司支农探讨［J］.中国集体经济（1）：98－99.

何忠伟，蒋和平.2003.我国农业补贴政策的演变与走向［J］.中国软科学（10）：8－13.

贺雪峰.2004.乡村研究的国情意识［M］.武汉：湖北人民出版社.

贺雪峰.2008.什么农村，什么问题［M］.北京：法律出版社.

蒋学雷，孙东升.2005.新农业政策的经济影响分析［J］.农业经济问题（1）：95－102.

焦守田.2008.光辉的历程，成功的实践：北京郊区农村改革开放三十年的回顾与展望［J］.农村工作通讯（20）：32－34.

李成贵.1999.中国农业政策：理论框架与应用分析［M］.北京：社科文献出版社.

李洪庆，刘黎明.2010.现代城郊农业功能定位和布局模式探讨：以北京市为例.城市发展研究（8）：62－67.

李论，等.2011.北京市耕地资源动态变化及其驱动力分析［J］.安徽农业科学（29）：18218－18220.

李伟.2008.中国共产党农业政策的历史演变及现实思考：以1949—1978年为例［J］.沈阳师范大学学报：社会科学版（3）：51－54.

李伟群，等.北京市统筹城乡发展中的农地问题研究［J］//2004统筹城乡发展北京论坛会议交流论文.

李宗凌，等.1990.探索的足迹：北京市经济体制改革重大事件研究［M］.北京：经济管理出版社.

刘斌，张兆刚，霍功.2004.中国三农问题报告：问题·现状·挑战·对策［M］.北京：中国发展出版社.

刘裕清.1985.北京市郊区土地改革运动述评［J］.党史研究（6）.

陆和健.2004.1949—1952年的农业税收与新中国国民经济的恢复［J］.扬州大学税务学院学报（2）：29－32.

彭红碧，杨峰．2010. 我国农业国内支持存在的问题及对策［J］．前沿（15）：91－94.

珀金斯．1984. 中国农业的发展：1368—1968［M］．上海：上海译文出版社．

蒲应龚，等．2009. 北京农村信贷的宏观制度［J］．中国农学通报（23）：516－522.

齐福全．2008. 北京市农村经济体制改革的回顾与展望［J］．北京社会科学（5）：23－30.

钱克明．2003. 中国“绿箱政策”的支持结构与效率［J］．农业经济问题（1）：41－45.

钱克明．2005. 2004 年中央“一号文件”执行效果调查分析［N］．农民日报 2005－04－02.

沈滨，柳建平．2003. 中国农村土地制度变革与农业绩效［J］．生产力研究（1）：6－8.

实业．1992. 试析北京郊区土地改革基本经验的现实意义［J］．北京党史（2）：30－33.

宋秉彝．1993. 北京农业现代化与深化农村改革途径的探讨［J］．农业现代化研究（10）：326－328.

庹国柱，赵乐，朱俊生．2010. 政策性农业保险巨灾风险管理研究：以北京为例［M］．北京：中国财政经济出版社．

王荣梅．2008. 海淀区人民公社化运动的特点［J］．北京党史（1）：27－29.

王涛，刘拥军，王秀清．2007. 北京都市农业发展的理论与政策［M］．北京：中国农业出版社．

王晓川，等．2007. 北京市农村集体建设用地规划管理研究［J］．城市发展研究（4）：114－119.

王新．2008. 京郊农村改革 30 年的回顾与思考［J］//北京市纪念农村改革开放三十周年理论研讨会交流材料选编［G］．

王有年．2010. 北京沟域经济理论与实践［M］．北京：中国农业出版社．

温卫东．2008. 北京改革开放历史进程简述［J］．北京党史（6）：12－15.

文化，王爱玲，陈俊红．2005. 聚焦都市农业：农业在首都经济发展中的地位与作用［M］．北京：中国经济出版社．

吴重庆．2002．农村研究与社会科学本土化［J］．浙江学刊（3）：92-94．
肖海峰．2005．农业政策学教程［M］．北京：中共中央党校出版社．
谢荫明，陈煦，温卫东．2008．北京改革开放简史［M］．北京：中央文献出版社．
邢孝兵，徐洁香．2004．工业化发展阶段与我国农业国内支持政策调整［J］．经济学家（5）：33-37．
许建文．2007．中国当代农业政策史稿［M］．北京：中国农业出版社．
许经勇．2009．新中国农村经济制度变革六十年研究［M］．厦门：厦门大学出版社．
许新年，王东．2006．建国初期“增产节约运动”的由来［J］．党史纵横（3）：111-114．
杨德祥．2000．农业政策学［M］．北京：中国农业大学出版社．
杨秋玲，等．2005．1998—2003年北京市农业政策评价［J］．北京农业职业学院学报（3）：16-20．
杨学成．1990．农业经济学［M］．南京：江苏人民出版社．
叶明勇．2009．新中国三大农业政策与农村社会经济结构变迁［J］．中国社会科学院研究生院学报（5）：5-14．
叶堂林，等．2005．我国农业各政策变量对农民收入提高的效果及对策研究［J］．经济师（2）：16-17．
伊海龙．2006．北京农村经济合作组织发展分析［D］．北京：中国农业大学．
尤国珍．2010．评析解放后北京郊区土改中的富农政策［J］．北京党史（3）：9-11．
袁振宇．1998．北京市经济开发的现在与未来［M］．北京：经济管理出版社．
占善钦．2010．一九七九年：启动中的农村改革：以北京密云县为中心的考察［J］．党史研究与教学（4）：10-18．
张红宇，赵长保．2009．中国农业政策的基本框架［M］．北京：中国财政经济出版社．
张文茂．2009．京郊农村改革30年研究［M］．北京：中国农业科学技术出版社．
张晓山，李周．2009．新中国农村60年的发展与变迁［M］．北京：人民出版社.
张永东.2010.1949年后中国农村制度变革史[M].中国台湾:自由文化出版社.
赵德馨,苏少之.1992.两种思路的碰撞与历史的沉思:1950—1952年关于农业合作化目标模式的选择[J].中国经济史研究(4):1-12.
赵冈.2006.中国土地制度史[M].北京:新星出版社.
赵晓峰.农村政策研究:缘何重要,何以可为?[EB/OL][20121121] http://www.snzg.com.cn/ReadNews.asp?NewsID=2827.
赵友福.1992.京郊农村的土地改革(上)[J].北京党史(2):34-39.
赵友福.1992.京郊农村的土地改革(下)[J].北京党史(3):29-34.
赵友福.2004.总结历史经验搞好京郊的土地问题[J].北京社会科学(4):58-64.
赵有福,田根生.2006.京郊农村人民公社化运动初探[J].北京党史(3):13-18.
赵子征,彭高军.2004.北京二元城乡结构现状与对策分析.2004统筹城乡发展北京论坛文集[C].
郑有贵.2001.对影响中国农业政策制定的若干理论的回顾与辨析[J].中共党史研究(6):42-47.
郑有贵.2009.新中国"三农"政策的四次重大选择[J].中国经济史研究(3):41-47.
中共北京市委党史研究室.1994.社会主义时期中共北京党史纪事:第1辑[M].北京:人民出版社.
中共中央文献研究室.1992.建国以来重要文献选编[M].北京:中央文献出版社.
中共中央文献研究室.1993.毛泽东年谱:下卷[M].北京:人民出版社.
钟甫宁.2003.农业政策学[M].北京:中国农业出版社.
钟甫宁.2009.农业经济学[M].北京:中国农业出版社.
钟冷.2007.解放初期北京市海淀区的土地改革运动[J].北京党史(1):28-31.
周五一.2005.北京市农村人民公社的兴衰[J].北京党史(1):8-12.
周新京.1991.北京郊区科技兴农评述[J].学习与研究(3):31-33.

朱四海．2005．我国农业政策演变的两条基本线索［J］．农业经济问题（11）：9－15．
祝遵璜．1988．北京郊区的土地改革［J］．北京党史（2）：7－13．
祝遵璜．1988．北京郊区的土地改革：续［J］．北京党史（3）：2－7．
庄小琴．2000．农业经济学［M］．北京：气象出版社．
宗义湘．2007．加入 WTO 前后中国农业政策演变及效果［M］．北京：中国农业科学技术出版社．
Daniel G. Maxwell. 1995. Alternative food security strategy：a household analysis of urban agriculture in Kampala［J］. World Development，23（10）：1669－1681.
Justin Yifu Lin. 1990. Collectivization and China's Agricultural Crisis in 1959—1961［J］. *Journal of Political Economy*，98（6）：1228－1252.
Justin Yifu Lin. Household Farm，Cooperative Farm，and Efficiency：Evidence from Rural De－collectvization in China［M］//林毅夫．1999．制度、技术与中国农业的发展．上海：上海三联书店，上海人民出版社．

图书在版编目（CIP）数据

北京农业政策的发展与演变：1949～2010 / 范明著．
—北京：中国农业出版社，2013.1
（农业经济史丛书）
ISBN 978-7-109-17509-9

Ⅰ.①北…　Ⅱ.①范…　Ⅲ.①农业政策－研究－北京市－1949～2010　Ⅳ.①F327.1

中国版本图书馆CIP数据核字（2012）第308426号

中国农业出版社出版
（北京市朝阳区农展馆北路2号）
（邮政编码100125）
责任编辑　穆祥桐　孙鸣凤

中国农业出版社印刷厂印刷　　新华书店北京发行所发行
2013年1月第1版　　2013年1月北京第1次印刷

开本：850mm×1168mm　1/32　　印张：8.25
字数：202千字　　印数：1～2 000册
定价：30.00元